PREFACE

많은 외래어의 도입과 한글의 변형형태들이 많이 나타나는 작금의 세태입니다. 그렇다고 현대흐름에 있어서 무시할 수만도 없는 현상인 것 같습니다. 그러나 기본은 어디서나 있어야 된다고 생각합니다. 한글에 있어서 한자는 그런 부분에서 많이 부합하고 있지 않나 생각해 봅니다. 한자를 많이 알면 알수록 보다 풍성한 표현과 본래 뜻을 알 수 있습니다.

그러나 한자를 외우고 사용하는 것이 쉽지만은 않은 현실입니다. 평소에 많이 사용하지 않기에 그럴 것입니다. 그래도 기본적인 것은 알아야 하지 않을까 생각합니다. 그런 의미에서 수험생 분들을 위해 최대한 쉽게 다가가기 위해 노력을 많이 하게 되었습니다. 부수를 통한 연상을 통해 어떻게 해서든 쉽게 외울 수 있는 방안을 강구했습니다. 그리고 많이 쓰이는 단어들과 사자성어를 담아서 평소에 상식적으로 알면 좋겠다고 생각하는 것들을 담아보려고 노력했습니다. 한자를 습득할 수 있는 제일 좋은 방법은 노트에다가 직접 써가면서 소리 내어 읽고 분량을 정하여 꾸준히 암기하는 것이 제일 좋습니다. 쉬운 방법이지만 꾸준함이라는 자기 자신과의 싸움에서 어떻게 보면 쉬울 수도, 어떻게 보면 어려울 수도 있다고 생각합니다. 그러나, 수험생 분들 모두가 잘 할 거라 믿습니다.

물론 시험에 합격하는 것이 가장 큰 이유가 될 수 있겠지만, 시험 이후에도 혹시 사용할 수 있을 것도 염두해 두면서 만들어 보게 되었습니다. 지속적으로 공부하다 보면 반복되어지는 부분이 많이 있을 것입니다. 흐름을 잡을 수만 있다면 한자 공부 역시 지루함보단 지식을 넓혀가는 하나의 장이 되지 않을까 생각해 봅니다. 어차피 하는 것, 긍정과 자기계발로 생각해서 유익이 되었으면 합니다.

책이 나오는데 있어서 많은 분들의 도움이 있음을 다시 한 번 깨닫게 됩니다. 집필과 편집과 책이 나오는데 있어서 관리와 책임을 맡으신 분들이 있습니다. 모두 합력하여 선을 이루는데 있어서 연합하지 않았다면 이렇게 책이 나올 수 없었을 것입니다. 보이지 않는 곳에서 노력하신 모든 분들에게 정말 감사합니다.

부디 수험생 분들께서도 열심히 노력하셔서 좋은 열매가 있기를 바라겠습니다. 인내를 가지시고 계획대로 하신다면 모두 다 좋은 결과를 맺을 수 있을 것입니다. 합격을 기원하겠습니다. 잘 하실 수 있을 것입니다. 화이팅!

INFORMATION

1. 시험과목

등급	시행시간	시험과목	문항수	배점	과목별 최소합격점수	만점 및 합격점수	비고
1급	80분	한자 어휘 독해	50 50 50	4점 6점 8점	120점 180점 240점	900/810점	국가공인자격
2급	80분	한자 어휘 독해	50 40 40	4점 6점 8점	120점 144점 192점	760/608점	국가공인자격
3급	60분	한자 어휘 독해	40 40 40	4점 6점 8점	96점 144점 192점	720/576점	국가공인자격
4급	60분	한자 어휘 독해	40 35 35	4점 6점 8점		650/455점	등록민간자격
5급	60분	한자 어휘 독해	40 30 30	4점 6점 8점		580/406점	등록민간자격
6급	40분	한자 어휘 독해	45 30 15	4점 6점 8점		480/288점	등록민간자격
7급	40분	한자 어휘 독해	40 20 10	4점 6점 8점		360/216점	등록민간자격
8급	30분	한자 어휘 독해	30 15 5	4점 6점 8점		250/150점	등록민간자격
9급	30분	한자 어휘	20 10	4점 6점		140/84점	등록민간자격

상공회의소 한자 시험은 자격기본법 제28조에 의거 2007년도 11월에 1, 2, 3급이 국가공인자격으로 인정되었습니다. 따라서 2008년 이후 시행되는 상공회의소한자 시험에서 1, 2, 3급을 취득하면 국가공인자격으로 취득되는 것입니다.

상공회의소 한자

실전 모의고사

3~5급

2. 응시자격

제한 없음

3. 합격기준

- 1급 : 전 과목 60% 이상 득점하고 만점의 90% 이상
- 2~3급 : 전 과목 60% 이상 득점하고 만점의 80% 이상
- 4~5급 : 70% 이상 득점해야 함
- 6~9급 : 60% 이상 득점해야 함

4. 검정수수료

- 1~2급(고급) : 21,000원(부가세 포함)
- 3~5급(중급) : 17,000원(부가세 포함)
- 6~9급(초급) : 15,000원(부가세 포함)

5. 시험일정

- 정기시험 : 1년에 총 2번 시험(대한상공회의소 홈페이지 참조)
- 상시시험 : 대한상공회의소 홈페이지 참조(http://license.korcham.net)

STRUCTURE

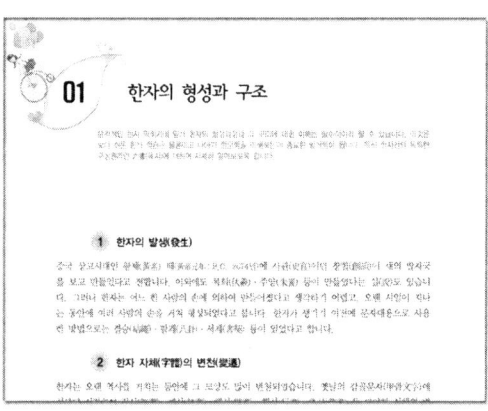

입문편

본격적인 한자 익히기에 앞서 한자에 대한 기초를 확인할 수 있습니다.

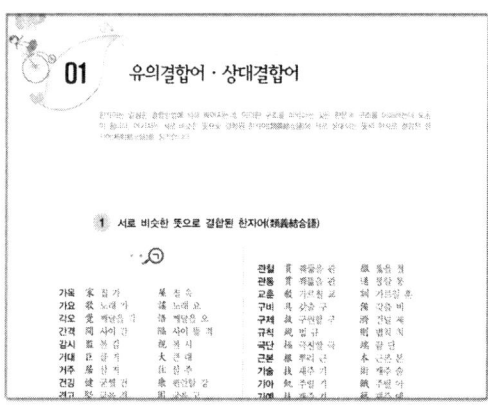

발전편

유의어, 반의어, 동음이의어 등 시험 합격을 위한 필수내용을 수록하였습니다.

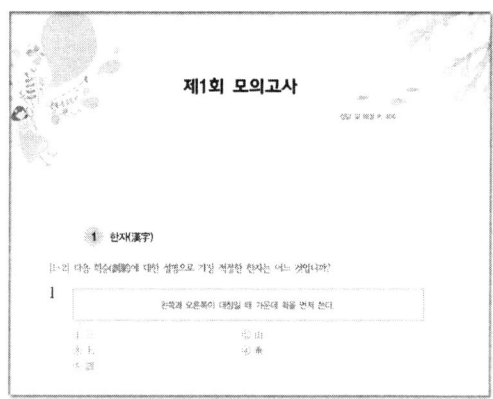

실전 모의고사

총 10회의 실전 모의고사를 수록하여 학습의 완성을 돕습니다.

CONTENTS

PART 1 입문편
01. 한자의 형성과 구조 ·· 10
02. 한자어의 기본구조 ·· 12
03. 한자의 부수와 필순 ·· 14
04. 3급 배정한자 1800字 ·· 16

PART 2 발전편
01. 유의결합어 · 상대결합어 ·· 28
02. 유의어 · 반의어 ·· 40
03. 음은 같지만 뜻이 다른 한자어 ·· 46
04. 한자성어 ·· 78

PART 3 실전 모의고사
제1회 모의고사 ·· 96
제2회 모의고사 ·· 127
제3회 모의고사 ·· 158
제4회 모의고사 ·· 188
제5회 모의고사 ·· 219
제6회 모의고사 ·· 250
제7회 모의고사 ·· 281
제8회 모의고사 ·· 312
제9회 모의고사 ·· 343
제10회 모의고사 ·· 374
정답 및 해설 ·· 406

PART
1

입문편

01. 한자의 형성과 구조
02. 한자어의 기본구조
03. 한자의 부수와 필순
04. 3급 배정한자 1800字

01 한자의 형성과 구조

본격적인 한자 익히기에 앞서 한자의 형성과정과 그 구조에 대한 이해는 필수적이라 할 수 있습니다. 이것은 보다 쉬운 한자 학습은 물론이고 나아가 한문학을 이해하는데 중요한 밑거름이 됩니다. 특히 한자간의 독특한 구성원리인 六書(육서)에 대하여 자세히 알아보도록 합니다.

1 한자의 발생(發生)

중국 상고시대인 황제(黃帝) 때(黃帝元年: B.C. 2674년)에 사관(史官)이던 창힐(倉頡)이 새의 발자국을 보고 만들었다고 전합니다. 이외에도 복희(伏羲)·주양(朱襄) 등이 만들었다는 설(說)도 있습니다. 그러나 한자는 어느 한 사람의 손에 의하여 만들어졌다고 생각하기 어렵고, 오랜 시일이 지나는 동안에 여러 사람의 손을 거쳐 형성되었다고 봅니다. 한자가 생기기 이전에 문자대용으로 사용한 방법으로는 결승(結繩)·팔괘(八卦)·서계(書契) 등이 있었다고 합니다.

2 한자 자체(字體)의 변천(變遷)

한자는 오랜 역사를 거치는 동안에 그 모양도 많이 변천되었습니다. 옛날의 갑골문자(甲骨文字)에서부터 시작하여 전서(篆書)·예서(隸書)·해서(楷書)·행서(行書)·초서(草書) 등 다양한 서체의 변화를 보이고 있으나, 오늘날은 해서와 행서가 많이 쓰이고 있습니다.

3 한자의 전래(傳來)

한자가 언제부터 우리나라에 들어왔는지 그 확실한 연대를 추정하기는 곤란하나, 상고시대부터 중국 민족의 빈번한 이동에 따라 그들과 접촉이 잦았던 우리 북방에서는 이미 한자(漢字)·한문(漢文)을 받아들였을 것으로 추측되며, 위만조선이나 한사군 시대에는 이미 우리 민족에 널리 보급되었을 것입니다.

 **plus TIP**

> 갑골문자 … 거북이의 껍질[龜甲]이나 짐승의 뼈에 새긴 문자를 말하는 것으로서, 중국에서 가장 오래된 것입니다. 이것은 은(殷)나라 때(B.C. 1751~1111년)에 사용되었습니다. 은은 본래 탕왕(湯王)이 상[河南省 商邱縣]에 도읍을 정하여 상(商)이라고 불렀는데, 19대 왕 반경(盤庚)이 은[河南省 安陽縣]으로 도읍을 옮겨 은(殷)이라고 불리게 되었습니다. 은나라의 도읍지가 있던 곳을 은허(殷墟)라 하는데, 이곳에서 오래 전부터 갑골문자가 새겨진 갑골이 출토되었습니다. 은나라 왕실에서는 거북이의 껍질을 이용하여 점을 쳤고, 그 점친 내용을 거북이의 껍질에 새겨 기록하였던 것입니다.

삼국시대에 들어와서 중국과 가장 가까웠던 고구려에서는 건국초기부터 한자를 사용하였을 것이고, 백제와 신라도 고구려를 거쳐 한자·한문을 받아들였을 것입니다. 「삼국사기(三國史記)」에 의하면 고구려는 소수림왕 2년(372)에 태학(太學)을 세워 한자·한문교육에 힘썼으며, 백제에서도 고이왕 52년(285)에 「천자문(千字文)」과 「논어(論語)」를 일본에 전해주었다는 것으로 보아, 삼국시대에는 한자·한문이 어느 곳에서나 상당히 널리 보급되었을 것입니다. 그 뒤, 고려·조선시대에 이르러서는 한문학의 황금시대를 이루어 많은 학자를 배출하였고, 세종대왕에 의하여 한글이 창제되기까지의 모든 기록이 한자에 의하여 행하여졌습니다. 한글제정 이후에도 한자·한문은 끊임없이 사용되어 왔습니다.

4 한자의 3요소

한자는 표의문자(表意文字 ; 그림에 의해서나 사물의 형상을 그대로 베껴서 시각에 의해 사상을 전달하는 문자)이기 때문에, 각 한자마다 고유한 모양(形)·소리(音)·뜻(義)의 3요소를 갖추고 있습니다.
  예) 馬[形] → 마[音] - 말[義]   手[形] → 수[音] - 손[義]

5 육서(六書)

한자는 표의문자(表意文字)로 그 글자의 체(字體)가 매우 복잡하게 보이나, 자세히 관찰하면 각 글자들은 어떠한 원칙에 의하여 만들어졌거나 조합되어 있음을 발견할 수 있습니다. 예로부터 상형(象形), 지사(指事), 회의(會意), 형성(形聲) 및 전주(轉注), 가차(假借)의 여섯 가지 구성 원리와 사용방법으로 한자의 구조를 설명하여 왔는데, 이를 육서(六書)라고 합니다.

(1) **상형문자(象形文字)** : 구체적인 사물의 모양을 본떠서 만든 글자
  예) 日(☉→日) 山(⛰→山)

(2) **지사문자(指事文字)** : 그림으로 본뜨기 어려운 추상적인 생각이나 뜻을 점·선 등의 기호나 부호로써 나타낸 글자
  예) 上(•→上) 本(木→本)

(3) **회의문자(會意文字)** : 이미 만들어진 글자의 뜻을 둘 이상 결합해 새로운 뜻을 나타내는 글자(뜻 + 뜻)
  예) 明(日 + 月→明) 好(女 + 子→好) 信(人 + 言→信)

(4) **형성문자(形聲文字)** : 음을 나타내는 부분과 뜻을 나타내는 부분이 결합해서 이루어진 글자(뜻 + 음)
  예) 空[穴(뜻부분) + 工(음부분)→空] 忘[亡(음부분) + 心(뜻부분)→忘]

(5) **전주문자(轉注文字)** : 이미 있는 글자의 본래의 뜻을 확대하여 다른 뜻으로 전용해서 쓰는 글자
  예) 樂
  • 본래의 뜻 : 풍류→音樂(음악)
  • 전용된 뜻 : 즐겁다→樂園(낙원)

  善
  • 본래의 뜻 : 착하다→善行(선행)
  • 전용된 뜻 : 잘하다→善用(선용)

(6) **가차문자(假借文字)** : 글자의 본래의 뜻과는 상관없이 나타내려는 사물의 모양이나 음이 비슷한 글자를 빌려서 표현하는 응용방법
  예) 佛蘭西(불란서) 亞細亞(아세아) 弗($, 달러)

02 한자어의 기본구조

한자어(漢字語)는 한자(漢字)를 구성요소로 하여 모두 일정한 구성원리를 갖고 있습니다. 이 구성 원리는 한자(漢字)와 한자(漢字)가 서로 결합하여 한 단위의 의미체(意味體)를 이루도록 하는 것입니다. 이때 한자와 한자 사이에는 반드시 기능상의 관계를 맺게 되는데, 이 관계를 유형별로 살펴보면 다음과 같습니다.

1 병렬관계(竝列關係)

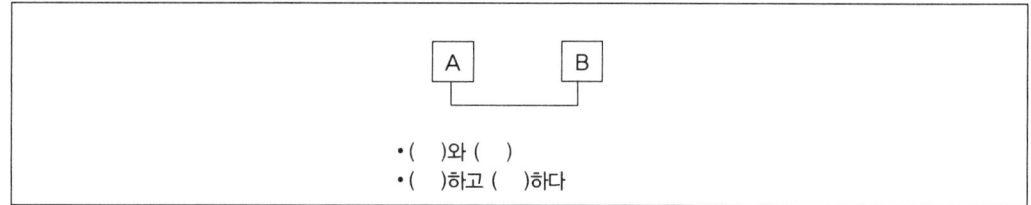

(1) 상대관계(相對關係) : 뜻이 서로 상대되는 글자
   예) 雌 ↔ 雄(자웅 : 짐승의 암컷과 수컷)   喜 ↔ 怒(희노 : 기쁨과 노여움)

(2) 대등관계(對等關係) : 뜻이 서로 대등한 글자끼리 어울려진 짜임
   예) 魚 - 貝(어패 : 물고기와 조개)   貴 - 重(귀중 : 귀하고 중함)

(3) 유사관계(類似關係) : 뜻이 같거나 비슷한 글자끼리 어울려진 짜임
   예) 樹 = 木(수목 : 나무)   海 = 洋(해양 : 바다)

2 어순(語順)이 우리말과 같은 구조

(1) 수식관계(修飾關係) : 수식어 + 피수식어의 짜임(□□)

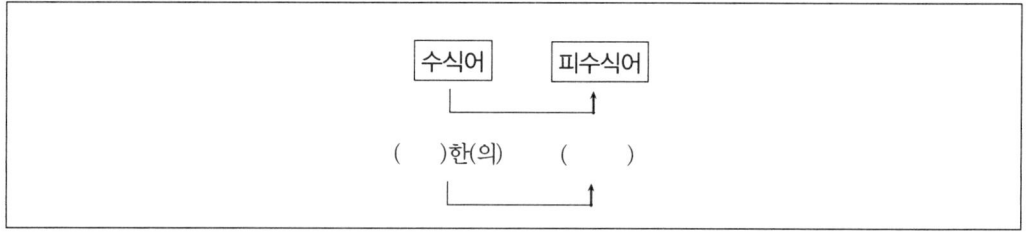

   예) 恩師(은사 : 은혜로운 스승)   淸風(청풍 : 맑은 바람)

(2) 주술관계(主述關係) : 주어 + 서술어의 짜임(‖)

```
        주 어  ‖  서술어
       (   )이(가) ‖ (   )하다
```

例 夜‖深(야심 : 밤이 깊다) 日‖出(일출 : 해가 뜨다)

3 어순(語順)이 우리말과 반대인 구조

(1) 술목관계(術目關係) : 서술어 + 목적어의 짜임(|)

```
        서술어  |  목적어
     (   )하다 | (   )을 → (   )을 (   )하다
```

例 受|業(수업 : 학업을 받다) 讀|書(독서 : 책을 읽다)

(2) 술보관계(術補關係) : 서술어 + 보어의 짜임(/)

```
        서술어  /  보 어
     (   )하다 / (   )에(으로) → (   )에(으로) (   )하다
```

例 登/山(등산 : 산에 오르다) 有/力(유력 : 힘이 있다)

(3) 보조관계(補助關係) : 본용언 + 보조용언의 짜임(+)

```
        본용언  +  보조용언
       (    )하지 않다 or (    )하지 못하다
```

例 不+當(부당 : 당치 않다) 未+知(미지 : 알지 못하다)

03 한자의 부수와 필순

부수란 자전(字典)이나 사전(辭典)에서 글자를 찾는데 필요한 기본글자를 말합니다. 부수는 또한 '변(邊)', '방(傍)', '머리', '받침', '몸'의 다섯 가지 원리에 의해 나누어집니다.(글자가 어느 부분에 위치하느냐에 따라 분류). 필순 역시 한자를 쓰는데 있어서 굉장히 중요한 요소입니다. 시험문제에서도 요구되며 한자를 보다 편히 쓰고 외우는데 중요한 역할을 하고 있습니다.

1 제부수 글자

一	한 일	乙	새 을	二	두 이	人	사람 인	入	들 입	八	여덟 팔	刀	칼 도
又	또 우	口	입 구	力	힘 력	土	흙 토	士	선비 사	夕	저녁 석	大	큰 대
女	계집 녀	子	아들 자	寸	마디 촌	小	작을 소	山	뫼 산	工	장인 공	己	몸 기
巾	수건 건	干	방패 간	弓	활 궁	心	마음 심	文	글월 문	斗	말 두	日	날 일
曰	가로 왈	月	달 월	木	나무 목	止	그칠 지	水	물 수	火	불 화	香	향기 향
首	머리 수	見	볼 견	谷	계곡 곡	赤	붉을 적	走	달아날 주	足	발 족	身	몸 신
車	수레 거	里	마을 리	至	이를 지	臣	신하 신	瓦	기와 와	甘	달 감	用	쓸 용
色	빛 색	龜	거북 귀	龍	용 룡	齒	이 치	齊	가지런할 제	鼠	쥐 서	黃	누를 황
黑	검을 흑	魚	물고기 어	鳥	새 조	鹿	사슴 록	麥	보리 맥	麻	삼 마	骨	뼈 골
高	높을 고	鬼	귀신 귀	面	낯 면	音	소리 음	風	바람 풍	飛	날 비	豆	콩 두

2 변형된 부수

부수의 원형		변형	부수의 원형		변형	부수의 원형		변형	부수의 원형		변형
乙	새 을	乚	人	사람 인	亻	刀	칼 도	刂	川	내 천	巛
心	마음 심	忄	手	손 수	扌	水	물 수	氵	犬	개 견	犭
玉	구슬 옥	王	示	보일 시	礻	衣	옷 의	衤	火	불 화	灬
肉	고기 육	月	艸	풀 초	艹	竹	대나무 죽	竹	邑	고을 읍	阝
阜	언덕 부	阝	辵	쉬엄쉬엄 갈 착	辶	卩	병부 절	㔾	攴	칠 복	攵
无	없을 무	旡	歹	뼈 앙상할 알	歺	爪	손톱 조	爫	牛	소 우	牛
网	그물 망	罒	羊	양 양	羊	襾	덮을 아	襾	老	늙을 로	耂

3 한자 필순 순서

(1) 위에서 아래로 씁니다.
　예 家, 二, 三

(2) 왼쪽에서 오른쪽으로 씁니다.
　예 一, 川

(3) 가로획을 먼저 쓰고 세로획은 이후에 씁니다.
　예 木, 杏, 七, 左

(4) 왼쪽과 오른쪽이 대칭일 때에는 가운데 획을 먼저 씁니다.
　예 水, 少

(5) 바깥쪽을 먼저 씁니다.
　예 固, 困

(6) 글자 전체를 꿰뚫는 획은 나중에 씁니다.
　예 每, 事, 必

(7) 삐침(丿)과 파임(乀)이 교차할 때에는 삐침(丿)을 먼저 씁니다.
　예 父, 爻, 右

(8) 오른쪽 위의 점은 맨 마지막에 씁니다.
　예 犬, 心

(9) 받침은 맨 마지막에 씁니다.
　예 進, 逃

04 3급 배정한자 1800字

• 3급 배정한자 1800字 = 초등학교 교육용 기초한자 600字 + 중학교 한문교육용 기초한자 300字 + 고등학교 한문교육용 기초한자 900字

ㄱ									
可 옳을 가	加 더할 가	佳 아름다울 가	架 시렁 가	家 집 가	假 거짓 가	街 거리 가	暇 겨를 가	歌 노래 가	價 값 가
各 각각 각	角 뿔 각	却 물리칠 각	刻 새길 각	脚 다리 각	閣 문설주 각	覺 깨달을 각	干 방패 간	刊 책펴낼 간	肝 간 간
看 볼 간	姦 간사할 간	間 사이 간 (閒의 俗字)	幹 줄기 간	懇 정성 간	簡 대쪽 간	渴 목마를 갈	甘 달 감	減 덜 감	敢 감히 감
感 느낄 감	監 볼 감	鑑 거울 감	甲 첫째천간 갑	江 강 강	降 내릴 강/항복할 항	剛 굳셀 강	康 편안할 강	強 굳셀 강 (強의 俗字)	綱 벼리 강
鋼 강철 강	講 익힐 강	介 끼일 개	改 고칠 개	皆 다 개	個 낱 개	開 열 개	蓋 덮을 개	慨 분개할 개	概 평미레 개
客 손 객	更 다시 갱 (고칠 경)	去 갈 거	巨 클 거	車 수레 거(차)	居 있을 거	拒 막을 거	距 떨어질 거	據 의거할 거	擧 들 거
件 사건 건	建 세울 건	健 튼튼할 건	乾 하늘 건	傑 뛰어날 걸	儉 검소할 검	劍 칼 검	檢 검사할 검	憩 쉴 게	格 바로잡을 격
激 물결 부딪쳐 흐를 격	擊 부딪칠 격	隔 사이 뜰 격	犬 개 견	見 볼 견	肩 어깨 견	堅 굳을 견	遣 보낼 견	絹 명주 견	決 터질 결
缺 이지러질 결	結 맺을 결	潔 깨끗할 결	兼 겸할 겸	謙 겸손할 겸	京 서울 경	庚 일곱째천간 경	徑 지름길 경	耕 밭갈 경	竟 다할 경
頃 밭 넓이 단위 경	景 볕 경	卿 벼슬 경	硬 굳을 경	敬 공경할 경	傾 기울 경	經 날 경	境 지경 경	輕 가벼울 경	慶 경사 경
警 경계할 경	鏡 거울 경	競 겨룰 경	驚 놀랄 경	系 이을 계	戒 경계할 계	季 계절 계	界 지경 계	癸 열째천간 계	契 맺을 계
係 걸릴 계	計 꾀 계	桂 계수나무 계	啓 열 계	械 형틀 계	階 섬돌 계	溪 시내 계	繼 이을 계	鷄 닭 계	古 옛 고
考 상고할 고	告 알릴 고	固 굳을 고	苦 쓸 고	姑 시어미 고	孤 외로울 고	枯 마를 고	故 옛 고	高 높을 고	庫 곳집 고
鼓 북 고	稿 볏짚 고	顧 돌아볼 고	曲 굽을 곡	谷 골 곡	哭 울 곡	穀 곡식 곡	困 괴로울 곤	坤 땅 곤	骨 뼈 골
工 장인 공	公 공변될 공	孔 구멍 공	功 공 공	共 함께 공	攻 칠 공	空 빌 공	供 이바지할 공	恭 공손할 공	貢 바칠 공
恐 두려울 공	戈 창 과	瓜 오이 과	果 실과 과	科 과정 과	過 지날 과	誇 자랑할 과	寡 적을 과	課 매길 과	郭 성곽 곽
官 벼슬 관	冠 갓 관	貫 꿸 관	寬 너그러울 관	管 피리 관	慣 버릇 관	館 객사 관	關 빗장 관	觀 볼 관	光 빛 광
廣 넓을 광	鑛 쇳돌 광	狂 미칠 광	掛 걸 괘	怪 기이할 괴	塊 흙덩이 괴	愧 부끄러워할 괴	壞 무너질 괴	巧 공교할 교	交 사귈 교
郊 성밖 교	校 학교 교	敎 가르칠 교	較 견줄 교	橋 다리 교	矯 바로잡을 교	九 아홉 구	口 입 구	久 오랠 구	丘 언덕 구
句 글귀 구	求 구할 구	究 궁구할 구	具 갖출 구	苟 진실로 구	拘 잡을 구	狗 개 구	俱 함께 구	區 지경 구	球 공 구

救 건질 구	構 얽을 구	舊 옛 구	懼 두려워할 구	驅 몰 구	鷗 갈매기 구	龜 나라이름 구 (거북귀 틀균)	局 판 국	菊 국화 국	國 나라 국
君 임금 군	軍 군사 군	郡 고을 군	群 무리 군 (羣의 俗字)	屈 굽을 굴	弓 활 궁	宮 집 궁	窮 다할 궁	券 문서 권	卷 두루마리 권, 책 권
拳 주먹 권	勸 권할 권	權 저울추 권, 권세 권	厥 그 궐	鬼 귀신 귀	貴 귀할 귀	歸 돌아갈 귀	叫 부르짖을 규	規 법 규	閨 안방 규
均 고를 균	菌 버섯 균	克 이길 극	極 다할 극	劇 심할 극	斤 도끼 근	近 가까울 근	根 뿌리 근	筋 힘줄 근	僅 겨우 근
勤 부지런할 근	謹 삼갈 근	今 이제 금	金 쇠 금	禽 날짐승 금	琴 거문고 금	禁 금할 금	錦 비단 금	及 미칠 급	急 급할 급
級 등급 급	給 넉넉할 급	肯 옳이 여길 긍	己 몸 기, 여섯째천간 기	企 꾀할 기	忌 꺼릴 기	技 재주 기	汽 김 기	奇 기이할 기	其 그 기
祈 빌 기	紀 벼리 기	氣 기운 기	豈 어찌 기	起 일어날 기	記 기록할 기	飢 주릴 기	基 터 기	寄 부칠 기	旣 이미 기
棄 버릴 기	幾 기미 기	欺 속일 기	期 기약할 기	旗 기 기	畿 경기 기	器 그릇 기	機 틀 기	騎 말 탈 기	緊 굳게얽을 긴
吉 길할 길									

ㄴ

那 어찌 나	諾 대답할 낙	暖 따뜻할 난	難 어려울 난	男 사내 남	南 남녘 남	納 바칠 납	娘 아가씨 낭(랑)	乃 이에 내	內 안 내
奈 어찌 내	耐 견딜 내	女 계집 녀(여)	年 해 년(연)	念 생각할 념(염)	寧 편안할 녕(영)	奴 종 노	努 힘쓸 노(로)	怒 성낼 노	農 농사 농
濃 짙을 농	惱 괴로워할 뇌	腦 뇌 뇌	能 능할 능	泥 진흙 니(이)					

ㄷ

多 많을 다	茶 차 다(차)	丹 붉을 단	旦 아침 단	但 다만 단	段 구분 단	單 홑 단	短 짧을 단	團 둥글 단	端 바를 단
壇 단 단	檀 박달나무 단	斷 끊을 단	達 통달할 달	淡 묽을 담	潭 깊을 담	談 말씀 담	擔 멜 담	畓 논 답	答 대답할 답
踏 밟을 답	唐 당나라 당	堂 집 당	當 마땅할 당	糖 사탕 당	黨 무리 당	大 큰 대	代 대신할 대	待 기다릴 대	帶 띠 대
貸 빌릴 대	隊 무리 대	臺 돈대 대	對 대답할 대	德 덕 덕	刀 칼 도	到 이를 도	度 법도 도	挑 돋울 도	逃 달아날 도
島 섬 도	倒 넘어질 도	徒 무리 도	途 길 도	桃 복숭아나무 도	陶 질그릇 도	盜 훔칠 도	渡 건널 도	道 길 도	都 도읍 도
跳 뛸 도	圖 그림 도	稻 벼 도	導 이끌 도	毒 독 독	督 살펴볼 독	篤 도타울 독	獨 홀로 독	讀 읽을 독	豚 돼지 돈
敦 도타울 돈	突 갑자기 돌	冬 겨울 동	同 한가지 동	東 동녘 동	洞 골 동	凍 얼 동	桐 오동나무 동	動 움직일 동	童 아이 동
銅 구리 동	斗 말 두	豆 콩 두	頭 머리 두	鈍 무딜 둔	得 얻을 득	登 오를 등	等 가지런할 등	燈 등잔 등	

ㄹ									
羅 벌일 라(나)	洛 강 이름 락(낙)	落 떨어질 락(낙)	絡 이을 락(낙)	樂 즐길 락/풍류 악/좋아할 요	卵 알 란(난)	亂 어지러울 란(난)	蘭 난초 란(난)	欄 난간 란(난)	爛 문드러질 란(난)
藍 쪽 람(남)	濫 퍼질 람(남)	覽 볼 람(남)	浪 물결 랑(낭)	郎 사내 랑(낭)	朗 밝을 랑(낭)	廊 복도 랑(낭)	來 올 래(내)	冷 찰 랭(냉)	略 간략할 략(약)
掠 노략질할 략(약)	良 좋을 량(양)	兩 두 량(양)	凉 서늘할 량	梁 들보 량(양)	量 헤아릴 량(양)	諒 믿을 량(양)	糧 양식 량(양)	旅 군사 려(여)	慮 생각할 려(여)
勵 힘쓸 려(여)	麗 고울 려(여)	力 힘 력(역)	歷 지낼 력(역)	曆 책력 력(역)	連 잇닿을 련(연)	蓮 연꽃 련(연)	憐 불쌍히 여길 련(연)	練 익힐 련(연)	聯 잇달 련(연)
鍊 불릴 련(연)	戀 사모할 련(연)	劣 못할 렬(열)	列 줄 렬(열)	烈 세찰 렬(열)	裂 찢을 렬(열)	廉 청렴할 렴(염)	令 영 령(영)	零 떨어질 령(영)	衿 옷깃 령(영)
嶺 재 령(영)	靈 신령 령(영)	例 법식 례(예)	禮 예도 례(예)	老 늙은이 로(노)	勞 일할 로(노)	路 길 로(노)	露 이슬 로(노)	爐 화로 로(노)	鹿 사슴 록(녹)
祿 복 록(녹)	綠 초록빛 록(녹)	錄 기록할 록(녹)	論 말할 론(논)	弄 희롱할 롱(농)	雷 우뢰 뢰(뇌)	賴 힘입을 뢰(뇌)	了 마칠 료(요)	料 헤아릴 료(요)	龍 용 룡(용)
累 묶을 루(누)	淚 눈물 루(누)	屢 창 루(누)	漏 샐 루(누)	樓 다락 루(누)	柳 버들 류(유)	留 머무를 류(유)	流 흐를 류(유)	類 무리 류(유)	六 여섯 륙(육)
陸 뭍 륙(육)	倫 인륜 륜(윤)	輪 바퀴 륜(윤)	律 법 률(율)	栗 밤나무 률(율)	率 헤아릴 률	隆 클 륭(융)	陵 큰언덕 릉(능)	里 마을 리(이)	理 다스릴 리(이)
利 날카로울 래(이)	離 떠날 리(이)	裏 속 리(이)	梨 배나무 리(이)	履 신 리(이)	李 오얏 리(이)	吏 벼슬아치 리(이)	隣 이웃 리(인)	林 수풀 림(임)	臨 임할 림(임)
立 설 립(입)									

ㅁ									
馬 말 마	麻 삼 마	磨 갈 마	莫 없을 막	幕 막 막	漠 사막 막	萬 일만 만	晩 저물 만	滿 찰 만	慢 게으를 만
漫 흩어질 만	蠻 오랑캐 만	末 끝 말	亡 망할 망	妄 허망할 망	忙 바쁠 망	忘 잊을 망	罔 그물 망	茫 아득할 망	望 바랄 망
每 매양 매	妹 손아래누이 매	埋 묻을 매	買 살 매	梅 매화나무 매	媒 중매 매	賣 팔 매	脈 맥 맥	麥 보리 맥	盲 소경 맹
孟 맏 맹	猛 사나울 맹	盟 맹세할 맹	免 면할 면	面 낯 면	眠 잠잘 면	勉 힘쓸 면	綿 이어질 면	滅 멸망할 멸	名 이름 명
命 목숨 명	明 밝을 명	冥 어두울 명	鳴 울 명	銘 새길 명	毛 털 모	母 어미 모	矛 창 모	某 아무 모	募 모을 모
慕 그리워할 모	暮 저물 모	模 법 모	貌 얼굴 모	謀 꾀할 모	木 나무 목	目 눈 목	沐 머리감을 목	牧 칠 목	睦 화목할 목
沒 가라앉을 몰	夢 꿈 몽	蒙 어두울 몽	卯 넷째지지 묘	妙 묘할 묘	苗 모 묘	墓 무덤 묘	廟 사당 묘	戊 다섯째천간 무	茂 무성할 무
武 굳셀 무	務 힘쓸 무	無 없을 무	貿 무역할 무	舞 춤출 무	霧 안개 무	墨 먹 묵	默 묵묵할 묵	文 글월 문	門 문 문
問 물을 문	聞 들을 문	勿 말 물	物 만물 물	未 아닐 미/여덟째지지 미	米 쌀 미	尾 꼬리 미	味 맛 미	美 아름다울 미	眉 눈썹 미
迷 미혹할 미	微 작을 미	民 백성 민	敏 재빠를 민	憫 근심할 민	密 빽빽할 밀	蜜 꿀 밀			

				ㅂ						
朴 후박나무 박	泊 머무를 박	拍 칠 박	迫 핍박할 박	博 넓을 박	薄 엷을 박	反 되돌릴 반	半 반 반	返 돌아올 반	叛 배반할 반
班 나눌 반	般 가지 반	飯 밥 반	盤 소반 반	拔 뽑을 발	發 쏠 발	髮 터럭 발	方 모 방	芳 꽃다울 방	妨 방해할 방
防 막을 방	邦 나라 방	房 방 방	放 놓을 방	倣 본뜰 방	訪 찾을 방	傍 곁 방	杯 잔 배	拜 절 배	背 등 배
倍 곱 배	配 짝 배	培 북돋울 배	排 밀칠 배	輩 무리 배	白 흰 백	百 일백 백	伯 맏 백	栢 측백나무 백	番 차례 번
煩 번거로울 번	繁 많을 번	飜 뒤칠 번	伐 칠 벌	罰 죄 벌	凡 무릇 범	犯 범할 범	汎 뜰 범	範 법 범	法 법 법
碧 푸를 벽	壁 벽 벽	辨 분별할 변	邊 가 변	辯 말 잘할 변	變 변할 변	別 나눌 별	丙 남녘 병, 셋째천간 병	兵 군사 병	屛 병풍 병
竝 아우를 병	病 병 병	步 걸음 보	保 지킬 보	普 널리 보	補 기울 보	報 갚을 보	譜 계보 보	寶 보배 보	卜 점 복
伏 엎드릴 복	服 옷 복	覆 다시 복	復 회복할 복	腹 배 복	福 복 복	複 겹칠 복	本 밑 본	奉 받들 봉	封 봉할 봉
峯 봉우리 봉	逢 만날 봉	蜂 벌 봉	鳳 봉새 봉	夫 지아비 부	父 아비 부	付 줄 부	否 아닐 부	扶 도울 부	府 마을 부
附 붙을 부	負 질 부	赴 다다를 부	浮 뜰 부	符 부신 부	婦 며느리 부	部 거느릴 부	副 버금 부	富 가멸 부	腐 썩을 부
膚 살갗 부	賦 부세 부	簿 장부 부	北 북녘 북	分 나눌 분	奔 달릴 분	粉 가루 분	紛 어지러울 분	憤 결낼 분	墳 무덤 분
奮 떨칠 분	不 아닐 불	弗 아닐 불	佛 부처 불	拂 떨칠 불	朋 벗 붕	崩 무너질 붕	比 견줄 비	妃 왕비 비	批 칠 비
非 아닐 비	肥 살찔 비	卑 낮을 비	飛 날 비	祕 숨길 비	悲 슬플 비	費 쓸 비	備 갖출 비	婢 여자종 비	鼻 코 비
碑 돌기둥 비	貧 가난할 빈	賓 손 빈	頻 자주 빈	氷 얼음 빙	聘 부를 빙				

ㅅ									
士 선비 사	巳 여섯째지지 사	四 넉 사	史 역사 사	司 맡을 사	仕 벼슬할 사	寺 절 사	死 죽을 사	似 닮을 사	沙 모래 사
邪 간사할 사	私 사사로울 사	舍 집 사	事 일 사	使 하여금 사	社 제사지낼 사	祀 제사 사	査 사실할 사	思 생각할 사	師 스승 사
射 쏠 사	捨 버릴 사	蛇 뱀 사	斜 비낄 사	絲 실 사	詐 속일 사	詞 말씀 사	斯 이것 사	寫 베낄 사	賜 줄 사
謝 사례할 사	辭 말 사	削 깎을 삭	朔 초하루 삭	山 뫼 산	産 낳을 산	散 흩을 산	算 셀 산	酸 실 산	殺 죽일 살
三 석 삼	森 나무빽빽할 삼	上 위 상	床 평상 상 (牀의 俗字)	尙 오히려 상	狀 형상 상	相 서로 상	桑 뽕나무 상	商 장사 상	常 항상 상
祥 상서로울 상	喪 죽을 상	象 코끼리 상	想 생각할 상	傷 상처 상	詳 자세할 상	裳 치마 상	嘗 맛볼 상	像 형상 상	賞 상줄 상
霜 서리 상	償 갚을 상	塞 막힐 색 (변방 새)	色 빛 색	索 찾을 색 (동아줄 삭)	生 날 생	西 서녘 서	序 차례 서	書 쓸 서	恕 용서할 서
徐 천천할 서	庶 여러 서	敍 차례 서	暑 더울 서	署 관청 서	緖 실마리 서	夕 저녁 석	石 돌 석	昔 옛 석	析 쪼갤 석
席 자리 석	惜 아낄 석	釋 풀 석	仙 신선 선	先 먼저 선	宣 베풀 선	旋 돌 선	船 배 선	善 착할 선	選 가릴 선
線 줄 선	禪 선 선	鮮 고울 선	舌 혀 설	雪 눈 설	設 베풀 설	說 말씀 설	涉 건널 섭	成 이룰 성	性 성품 성
姓 성 성	省 살필 성	星 별 성	城 성 성	盛 성할 성	聖 성스러울 성	誠 정성 성	聲 소리 성	世 대 세	洗 씻을 세
細 가늘 세	稅 세금 세	歲 해 세	勢 기세 세	小 작을 소	少 적을 소	召 부를 소	所 바소 곳 소	昭 밝을 소	素 본디 소
笑 웃을 소	消 사라질 소	掃 쓸 소	疎 성길 소 (疏와 同字)	訴 하소연할 소	蔬 푸성귀 소	燒 사를 소	蘇 차조기 소	騷 떠들 소	束 묶을 속
俗 풍속 속	損 덜 손	速 빠를 속	粟 조 속	屬 무리 속 (이을 촉)	續 이을 속	孫 손자 손	松 소나무 송	送 보낼 송	訟 송사할 송
頌 기릴 송	誦 욀 송	刷 쓸 쇄	鎖 쇠사슬 쇄	衰 쇠할 쇠 (상복 최)	水 물 수	手 손 수	囚 가둘 수	守 지킬 수	收 거둘 수
秀 빼어날 수	受 받을 수	首 머리 수	帥 장수 수	修 닦을 수	殊 죽일 수	授 줄 수	須 모름지기 수	遂 이룰 수	愁 시름 수
垂 드리울 수	睡 잘 수	需 쓰일 수	壽 목숨 수	隨 따를 수	誰 누구 수	數 셀 수	樹 나무 수	輸 나를 수	雖 비록 수
獸 짐승 수	叔 아재비 숙	宿 묵을 숙	淑 맑을 숙	孰 누구 숙	肅 엄숙할 숙	熟 익을 숙	旬 열흘 순	巡 돌 순	盾 방패 순
殉 따라죽을 순	純 생사 순	脣 입술 순	順 순할 순	循 좇을 순	瞬 눈깜짝일 순	戌 열한째지지 술	述 지을 술	術 꾀 술	崇 높을 숭
拾 주울 습	習 익힐 습	濕 축축할 습	襲 엄습할 습	升 되 승	承 받들 승	昇 오를 승	乘 탈 승	勝 이길 승	僧 중 승
市 저자 시	示 보일 시	矢 화살 시	侍 모실 시	始 처음 시	是 옳을 시	施 베풀 시	時 때 시	視 볼 시	詩 시 시
試 시험할 시	式 법 식	食 밥 식(사)	息 숨쉴 식	植 심을 식	飾 꾸밀 식	識 알 식	申 아홉째지지 (원숭이) 신	臣 신하 신	辛 매울 신 여 덟째간 신
身 몸 신	伸 펼 신	信 믿을 신	神 귀신 신	晨 새벽 신	愼 삼갈 신	新 새 신	失 잃을 실	室 집 실	實 열매 실
心 마음 심	甚 심할 심	深 깊을 심	尋 찾을 심	審 살필 심	十 열 십	雙 쌍 쌍	氏 각시 씨		

ㅇ

牙 어금니 아	芽 싹 아	我 나 아	亞 버금 아	兒 아이 아	阿 언덕 아	雅 맑을 아	餓 주릴 아	岳 큰산 악	惡 악할 악 (미워할 오)
安 편안할 안	岸 언덕 안	案 책상 안	眼 눈 안	雁 기러기 안	顔 얼굴 안	謁 아뢸 알	岩 바위 암	暗 어두울 암	壓 누를 압
央 가운데 앙	仰 우러를 앙	殃 재앙 앙	哀 슬플 애	涯 물가 애	愛 사랑 애	厄 액 액	液 진 액	額 이마 액	也 어조사 야
夜 밤 야	耶 어조사 야	野 들 야	若 같을 약	約 묶을 약	弱 약할 약	藥 약 약	羊 양 양	洋 바다 양	揚 날릴 양
陽 볕 양	楊 버들 양	養 기를 양	樣 모양 양	壤 흙양 양	讓 사양할 양	於 어조사 어	魚 고기 어	御 어거할 어	漁 고기 잡을 어
語 말씀 어	抑 누를 억	億 억 억	憶 생각할 억	言 말씀 언	焉 어찌 언	嚴 엄할 엄	業 업 업	予 나 여	汝 너 여
如 같을 여	余 나 여	與 줄 여	餘 남을 여	輿 수레 여	亦 또 역	役 부릴 역	易 바꿀 역 (쉬울 이)	逆 거스를 역	疫 전염병 역
域 지경 역	譯 통변할 역	驛 역참 역	延 끌 연	沿 따를 연	宴 잔치 연	軟 부드러울 연	研 갈 연	然 그러할 연	硯 벼루 연
煙 연기 연	鉛 납 연	演 멀리 흐를 연	燃 사를 연	緣 인연 연	燕 제비 연	悅 기쁠 열	熱 더울 열	炎 불탈 염	染 물들일 염
鹽 소금 염	葉 잎 엽	永 길 영	迎 맞이할 영	英 꽃부리 영	泳 헤엄칠 영	映 비출 영	詠 읊을 영	榮 꽃 영	影 그림자 영
營 경영할 영	銳 날카로울 예	豫 미리 예	藝 심을 예	譽 기릴 예	午 일곱째지지 오	五 다섯 오	汚 더러울 오	吾 나 오	烏 까마귀 오
悟 깨달을 오	娛 즐거워할 오	梧 벽오동나무 오	嗚 슬플 오	傲 거만할 오	誤 그릇 오	玉 옥 옥	屋 집 옥	獄 옥 옥	溫 따뜻할 온
翁 늙은이 옹	瓦 기와 와	臥 엎드릴 와	完 완전할 완	緩 느릴 완	曰 가로 왈	王 임금 왕	往 갈 왕	外 밖 외	畏 두려워할 외
要 요긴할 요	搖 흔들릴 요	遙 멀 요	腰 허리 요	謠 노래 요	曜 빛날 요	辱 욕되게 할 욕	浴 목욕할 욕	欲 하고자할 욕	慾 욕심 욕
用 쓸 용	勇 날쌜 용	容 얼굴 용	庸 쓸 용	又 또 우	于 어조사 우	友 벗 우	尤 더욱 우	牛 소 우	右 오른쪽 우
宇 집 우	羽 깃 우	雨 비 우	偶 짝 우	遇 만날 우	愚 어리석을 우	郵 역참 우	憂 근심할 우	優 넉넉할 우	云 이를 운
雲 구름 운	運 돌 운	韻 운 운	雄 수컷 웅	元 으뜸 원	怨 원망할 원	原 근원 원	員 인원 원	院 집 원	援 도울 원
圓 둥글 원	園 동산 원	源 근원 원	遠 멀 원	願 원할 원	月 달 월	越 넘을 월	危 위태할 위	位 자리 위	委 맡길 위
胃 밥통 위	威 위엄 위	偉 클 위	爲 할 위	圍 둘레 위	違 어길 위	僞 거짓 위	慰 위로할 위	緯 씨 위	謂 이를 위
衛 지킬 위	由 말미암을 유	幼 어릴 유	有 있을 유	酉 열째지지 유	乳 젖 유	油 기름 유	柔 부드러울 유	幽 그윽할 유	悠 멀 유
唯 오직 유	惟 생각할 유	猶 오히려 유	裕 넉넉할 유	遊 놀 유	愈 나을 유	維 바 유	誘 꾈 유	遺 끼칠 유	儒 선비 유
肉 고기 육	育 기를 육	閏 윤달 윤	潤 젖을 윤	恩 은혜 은	銀 은 은	隱 숨길 은	乙 새 을, 둘째천간 을	吟 읊을 음	音 소리 음
淫 음란할 음	陰 응달 음	飮 마실 음	邑 고을 읍	泣 울 읍	應 응할 응	衣 옷 의	矣 어조사 의	宜 마땅할 의	依 의지할 의
意 뜻 의	義 옳을 의	疑 의심할 의	儀 거동 의	醫 의원 의	議 의논할 의	二 두 이	已 이미 이	以 써 이	而 말 이을 이
耳 귀 이	夷 오랑캐 이	異 다를 이	移 옮길 이	貳 두 이	益 더할 익	翼 날개 익	人 사람 인	刃 칼날 인	仁 어질 인
引 끌 인	因 인할 인	印 도장 인	忍 참을 인	姻 혼인 인	寅 셋째지지 인	認 알 인	一 한 일	日 해 일	逸 달아날 일
壹 한 일	壬 아홉째천간 임	任 맡길 임	賃 품팔이 임	入 들 입					

ㅈ										
子 아들 자 첫째지지 자	字 글자 자	自 스스로 자	姉 누이재[위]누이	刺 찌를 자	者 놈 자	玆 이 자	姿 맵시 자	恣 방자할 자	紫 자주빛 자
慈 사랑할 자	資 재물 자	雌 암컷 자	作 지을 작	昨 어제 작	酌 따를 작	爵 잔 작	殘 해칠 잔	暫 잠시 잠	潛 잠길 잠
蠶 누에 잠	雜 섞일 잡	丈 어른 장	壯 씩씩할 장	長 길 장	莊 풀 성할 장	章 글 장	帳 휘장 장	張 베풀 장	將 장차 장 장수 장
掌 손바닥 장	葬 장사지낼 장	場 마당 장	粧 단장할 장	裝 꾸밀 장	腸 창자 장	奬 권면할 장	障 막을 장	藏 감출 장	臟 오장 장
墻 牆과 同字	才 재주 재	在 있을 재	再 두 재	災 재앙 재	材 재목 재	哉 어조사 재	栽 심을 재	財 재물 재	裁 마를 재
載 실을 재	爭 다툴 쟁	低 밑 저	底 밑 저	抵 거스를 저	著 나타날 저	貯 쌓을 저	赤 붉을 적	的 과녁 적	寂 고요할 적
笛 피리 적	跡 자취 적	賊 도둑 적	滴 물방울 적	摘 딸 적	適 갈 적	敵 원수 적	積 쌓을 적	績 길쌈할 적	蹟 자취 적
籍 서적 적	田 밭 전	全 온전할 전	典 법 전	殿 전각 전	前 앞 전	展 펼 전	專 오로지 전	電 번개 전	傳 전할 전
錢 돈 전	戰 싸울 전	轉 구를 전	切 끊을 절 (온통 체)	折 꺾을 절	絶 끊을 절	節 마디 절	占 점칠 점	店 가게 점	漸 점점 점
點 점 점	接 이을 접	蝶 나비 접	丁 넷째천간 정	井 우물 정	正 바를 정	廷 조정 정	定 정할 정	征 칠 정	亭 정자 정
貞 곧을 정	政 정사 정	訂 바로잡을 정	庭 뜰 정	頂 정수리 정	停 머무를 정	情 뜻 정	淨 깨끗할 정	程 한도 정	精 정할 정
整 가지런할 정	靜 고요할 정	弟 아우 제	制 마를 제	帝 임금 제	除 섬돌 제	第 차례 제	祭 제사 제	堤 방죽 제	提 끌 제
齊 가지런할 제	製 지을 제	際 사이 제	諸 모든 제	濟 건널 제	題 표제 제	弔 조상할 조	早 새벽 조	兆 조짐 조	助 도울 조
造 지을 조	祖 조상 조	租 구실 조	鳥 새 조	條 가지 조	組 끈 조	朝 아침 조	照 비출 조	潮 조수 조	調 고를 조
操 잡을 조	燥 마를 조	足 발 족	族 겨레 족	存 있을 존	尊 높을 존	卒 군사 졸	拙 졸할 졸	宗 마루 종	從 좇을 종
終 끝날 종	種 씨 종	縱 늘어질 종	鐘 종 종	左 왼 좌	坐 앉을 좌	佐 도울 좌	座 자리 좌	罪 허물 죄	主 주인 주
朱 붉을 주	舟 배 주	州 고을 주	走 달릴 주	住 살 주	周 두루 주	宙 집 주	注 물댈 주	洲 섬 주	柱 기둥 주
酒 술 주	株 그루 주	晝 낮 주	週 돌 주	珠 구슬 주	鑄 불릴 주	奏 아뢸 주	竹 대 죽	俊 준걸 준	準 준할 준
遵 좇을 준	中 가운데 중	仲 버금 중	重 무거울 중	衆 무리 중	卽 곧 즉	症 증세 증	曾 일찍 증	蒸 찔 증	增 더할 증
憎 미워할 증	證 증거 증	贈 보낼 증	之 갈 지	止 그칠 지	支 가를 지	只 다만 지	至 이를 지	枝 가지 지	池 못 지
地 땅 지	志 뜻 지	知 알 지	持 가질 지	指 손가락 지	紙 종이 지	智 슬기 지	誌 기록할 지	遲 늦을 지	直 곧을 직
職 벼슬 직	織 짤 직	辰 다섯째지지 진	珍 보배 진	眞 참 진	振 떨칠 진	陣 진칠 진	陳 베풀 진	進 나아갈 진	盡 다할 진
鎭 진압할 진	震 우레 진	姪 조카 질	疾 병 질	秩 차례 질	質 바탕 질	執 잡을 집	集 모일 집	徵 부를 징	懲 혼날 징

ㅊ									
且 또 차	次 버금 차	此 이 차	差 어긋날 차	借 빌 차	捉 잡을 착	着 붙을 착 (나타날 저)	錯 섞일 착	贊 도울 찬	讚 기릴 찬
察 살필 찰	參 간여할 참 (석 삼)	慘 참혹할 참	慙 부끄러울 참	昌 창성할 창	倉 곳집 창	窓 창 창	唱 노래 창	創 비롯할 창	蒼 푸를 창
滄 찰 창	暢 펼 창	菜 나물 채	採 캘 채	彩 무늬 채	債 빚 채	冊 책 책	責 꾸짖을 책	策 채찍 책	妻 아내 처
處 살 처	悽 슬퍼할 처	尺 자 척	斥 물리칠 척	拓 주울 척 (베낄 탁)	戚 겨레 척	千 일천 천	川 내 천	天 하늘 천	泉 샘 천
淺 얕을 천	踐 밟을 천	賤 천할 천	遷 옮길 천	薦 천거할 천	哲 밝을 철	徹 통할 철	鐵 쇠 철	尖 뾰족할 첨	添 더할 첨
妾 첩 첩	青 푸를 청	清 맑을 청	晴 갤 청	請 청할 청	聽 들을 청	廳 관청 청	替 쇠퇴할 체	滯 막힐 체	體 몸 체
肖 닮을 초	抄 노략질할 초	初 처음 초	招 부를 초	草 풀 초	超 넘을 초	礎 주춧돌 초	促 재촉할 촉	燭 촛불 촉	觸 닿을 촉
寸 마디 촌	村 마을 촌	銃 총 총	聰 귀 밝을 총	總 거느릴 총	最 가장 최	催 재촉할 최	抽 뺄 추	秋 가을 추	追 쫓을 추
推 밀 추	醜 추할 추	丑 둘째지지 축	畜 쌓을 축	祝 빌 축	逐 쫓을 축	蓄 쌓을 축	築 쌓을 축	縮 줄일 축	春 봄 춘
出 날 출	充 찰 충	忠 충성 충	衝 찌를 충	蟲 벌레 충	吹 불 취	取 취할 취	臭 냄새 취	就 이룰 취	醉 취할 취
趣 달릴 취	側 곁 측	測 잴 측	層 층 층	治 다스릴 치	値 값 치	恥 부끄러울 치	致 보낼 치	置 둘 치	稚 어릴 치
齒 이 치	則 법칙 칙	親 친할 친	七 일곱 칠	漆 옻 칠	沈 가라앉을 침	枕 베개 침	侵 침노할 침	浸 담글 침	針 바늘 침
寢 잠잘 침	稱 일컬을 칭								

ㅋ · ㅌ

快 쾌할 쾌	他 다를 타	打 칠 타	妥 온당할 타	墮 떨어질 타	托 밀 탁, 맡길 탁	卓 높을 탁	琢 쫄 탁	濁 흐릴 탁	濯 씻을 탁
炭 숯 탄	彈 탄알 탄	歎 읊을 탄	脫 벗을 탈	奪 빼앗을 탈	貪 탐할 탐	探 찾을 탐	塔 탑 탑	湯 끓일 탕	太 클 태
怠 게으를 태	殆 위태할 태	泰 클 태	態 모양 태	宅 집 택(댁)	澤 못 택	擇 가릴 택	土 흙 토	吐 토할 토	兔 토끼 토 (兎의 俗字)
討 칠 토	通 통할 통	痛 아플 통	統 거느릴 통	退 물러날 퇴	投 던질 투	透 사무칠 투	鬪 싸움 투	特 특별할 특	

ㅍ

波 물결 파	派 물갈래 파	破 깨뜨릴 파	頗 자못 파	罷 방면할 파	播 뿌릴 파	判 판가름할 판	板 널빤지 판	版 널 판	販 팔 판
八 여덟 팔	貝 조개 패	敗 패할 패	片 조각 편	便 편할 편 (오줌 변)	遍 두루 편	篇 책 편	編 엮을 편	偏 치우칠 편	平 평평할 평
評 품평할 평	肺 허파 폐	閉 닫을 폐	廢 폐할 폐	蔽 덮을 폐	弊 폐단 폐	幣 비단 폐	布 베포	包 쌀 포	抱 안을 포
胞 태보 포	浦 물가 포	捕 사로잡을 포	砲 대포 포	飽 배부를 포	幅 폭 폭	暴 드러낼 폭	爆 터질 폭	表 겉 표	票 표 표
漂 떠다닐 표	標 표할 표	品 물건 품	風 바람 풍	楓 단풍나무 풍	豊 풍성할 풍	皮 가죽 피	彼 저 피	疲 지칠 피	被 이불 피
避 피할 피	匹 짝 필	必 반드시 필	畢 마칠 필	筆 붓 필					

ㅎ										
下 아래 하	何 어찌 하	河 강 이름 하	夏 여름 하	荷 연 하, 집 하, 멜 하	賀 하례 하	學 배울 학	鶴 학 학	汗 땀 한	旱 가물 한
恨 한할 한	限 한정 한	寒 찰 한	閑 막을 한	漢 한수 한	韓 나라이름 한	割 벨 할	含 머금을 함	咸 다 함	陷 빠질 함
合 합할 합	抗 막을 항	巷 거리 항	恒 항상 항	航 배 항	港 항구 항	項 목 항	亥 열두째지지 해	害 해칠 해	奚 어찌 해
海 바다 해	該 그 해	解 풀 해	核 씨 핵	行 갈 행 (항렬 항)	幸 다행 행	向 향할 향	享 누릴 향	香 향기 향	鄕 시골 향
響 울림 향	許 허락할 허	虛 빌 허	軒 집 헌	憲 법 헌	獻 바칠 헌	險 험할 험	驗 증험할 험	革 가죽 혁, 고칠 혁	玄 검을 현
弦 시위 현	現 나타날 현	絃 악기 줄 현	賢 어질 현	縣 매달 현, 고을 현	懸 매달 현, 현격할 현	顯 나타날 현	穴 구멍 혈	血 피 혈	協 맞을 협
脅 옆구리 협	兄 맏 형	刑 형벌 형	亨 형통할 형	衡 저울대 형	形 모양 형	螢 개똥벌레 형	兮 어조사 혜	惠 은혜 혜	慧 슬기로울 혜
戶 지게 호, 집 호	互 서로 호	乎 어조사 호, 인가 호	好 좋을 호	虎 범 호	呼 부를 호	胡 되 호	浩 넓을 호	毫 가는 털 호	湖 호수 호
號 부르짖을 호	豪 호걸 호	護 보호할 호	或 혹 혹	惑 미혹할 혹	昏 어두울 혼	混 섞을 혼	婚 혼인할 혼	魂 넋 혼	忽 소홀히 할 홀
弘 넓을 홍	洪 큰물 홍	紅 붉을 홍	鴻 큰기러기 홍	火 불 화	化 될 화	禾 벼 화	花 꽃 화	和 화할 화	華 꽃 화
貨 재화 화	畫 그림 화	話 말할 화	禍 재앙 화	確 굳을 확	擴 넓힐 확	穫 벼 벨 확	丸 알 환	患 근심 환	換 바꿀 환
還 돌아올 환	環 고리 환	歡 기뻐할 환	活 살 활	況 상황 황	皇 임금 황	荒 거칠 황	黃 누를 황	灰 재 회	回 돌 회
悔 뉘우칠 회	會 모일 회	懷 품을 회	劃 그을 획	獲 얻을 획	橫 가로 횡	孝 효도 효	效 본받을 효	曉 새벽 효	厚 두터울 후
侯 제후 후, 과녁 후	後 뒤 후	喉 목구멍 후	候 물을 후, 날씨 후	訓 가르칠 훈	毁 헐 훼	揮 휘두를 휘	輝 빛날 휘	休 쉴 휴	携 끌 휴
凶 흉할 흉	胸 가슴 흉	黑 검을 흑	吸 숨 들이쉴 흡	興 일 흥	希 바랄 희	喜 기쁠 희	稀 드물 희	熙 빛날 희	噫 탄식할 희
戱 놀 희 (戲의 俗字)									

발전편

01. 유의결합어 · 상대결합어
02. 유의어 · 반의어
03. 음은 같지만 뜻이 다른 한자어
04. 한자성어

01 유의결합어 · 상대결합어

한자어는 일정한 결합방법에 의해 짜여지는데, 이러한 구조를 파악하는 것은 한문의 구조를 이해하는데 도움이 됩니다. 여기서는 서로 비슷한 뜻으로 결합된 한자어(類義結合語)와 서로 상대되는 뜻의 한자로 결합된 한자어(相對結合語)를 정리합니다.

1 서로 비슷한 뜻으로 결합된 한자어(類義結合語)

가옥	家 집 가	屋 집 옥
가요	歌 노래 가	謠 노래 요
각오	覺 깨달을 각	悟 깨달을 오
간격	間 사이 간	隔 사이 뜰 격
감시	監 볼 감	視 볼 시
거대	巨 클 거	大 큰 대
거주	居 살 거	住 살 주
건강	健 굳셀 건	康 편안할 강
견고	堅 굳을 견	固 굳을 고
경계	境 지경 경	界 지경 계
경쟁	競 다툴 경	爭 다툴 쟁
계산	計 셈할 계	算 셈할 산
계속	繼 이을 계	續 이을 속
계층	階 섬돌 계	層 층 층
경쟁	競 다툴 경	爭 다툴 쟁
고독	孤 외로울 고	獨 홀로 독
고려	考 상고할 고	慮 생각할 려
공격	攻 칠 공	擊 칠 격
공경	恭 공경할 공	敬 공경할 경
공포	恐 두려워할 공	怖 두려워할 포
공허	空 빌 공	虛 빌 허
공헌	貢 바칠 공	獻 드릴 헌
과거	過 지날 과	去 갈 거
과실	果 과실 과	實 열매 실
과실	過 지날 과	失 잃을 실
과오	過 지날 과	誤 그르칠 오
관철	貫 꿰뚫을 관	徹 뚫을 철
관통	貫 꿰뚫을 관	通 통할 통
교훈	敎 가르칠 교	訓 가르칠 훈
구비	具 갖출 구	備 갖출 비
구제	救 구원할 구	濟 건널 제
규칙	規 법 규	則 법칙 칙
극단	極 극진할 극	端 끝 단
근본	根 뿌리 근	本 근본 본
기술	技 재주 기	術 재주 술
기아	飢 주릴 기	餓 주릴 아
기예	技 재주 기	藝 재주 예

단계	段 층계 단	階 섬돌 계
단절	斷 끊을 단	絕 끊을 절
담화	談 말씀 담	話 말씀 화
도달	到 이를 도	達 통달할 달
도당	徒 무리 도	黨 무리 당
도로	道 길 도	路 길 로
도망	逃 달아날 도	亡 망할 망
도적	盜 도둑 도	賊 도둑 적
도착	到 이를 도	着 붙을 착
도피	逃 달아날 도	避 피할 피
도화	圖 그림 도	畵 그림 화
돈독	敦 도타울 돈	篤 도타울 독

ㅁ

말단	末	끝 말	端	끝 단
말미	末	끝 말	尾	꼬리 미
멸망	滅	멸망할 멸	亡	망할 망
모발	毛	털 모	髮	터럭 발
모범	模	본뜰 모	範	법 범
문장	文	글월 문	章	글 장

ㅂ

반환	返	돌이킬 반	還	돌아올 환
법식	法	법 법	式	법 식
법전	法	법 법	典	법 전
변화	變	변할 변	化	될 화
병졸	兵	병사 병	卒	군사 졸
보고	報	알릴 보	告	고할 고
보수	保	지킬 보	守	지킬 수
부속	附	붙을 부	屬	붙을 속
부조	扶	도울 부	助	도울 조
부차	副	버금 부	次	버금 차
분묘	墳	무덤 분	墓	무덤 묘
불사	佛	부처 불	寺	절 사
비평	批	비평할 비	評	평할 평
빈궁	貧	가난할 빈	窮	다할 궁

ㅅ

사상	思	생각 사	想	생각 상
사설	辭	말씀 사	說	말씀 설
사옥	舍	집 사	屋	집 옥
사택	舍	집 사	宅	집 택
상념	想	생각 상	念	생각할 념
생산	生	낳을 생	産	낳을 산
석방	釋	풀 석	放	놓을 방
선별	選	가릴 선	別	다를 별
선택	選	가릴 선	擇	가릴 택
세탁	洗	씻을 세	濯	씻을 탁
소박	素	소박할 소	朴	질박할 박

수목	樹	나무 수	木	나무 목
순결	純	순수할 순	潔	깨끗할 결
숭고	崇	높을 숭	高	높을 고
승계	承	이를 승	繼	이을 계
시설	施	베풀 시	設	베풀 설
시초	始	처음 시	初	처음 초
신고	申	납 신	告	고할 고
신체	身	몸 신	體	몸 체
심방	尋	찾을 심	訪	찾을 방
심정	心	마음 심	情	뜻 정

ㅇ

안목	眼	눈 안	目	눈 목
애도	哀	슬플 애	悼	슬퍼할 도
언어	言	말씀 언	語	말씀 어
연계	連	이을 연(련)	繫	맬 계
연구	硏	갈 연	究	연구할 구
연락	連	이을 연(련)	絡	연락할 락
연세	年	해 연(년)	歲	해 세
연속	連	이을 연(련)	續	이을 속
염려	念	생각할 염(념)	慮	생각할 려
영원	永	길 영	遠	멀 원
영특	英	재주 뛰어날 영	特	특별할 특
완전	完	완전할 완	全	온전 전
요구	要	구할 요	求	구할 구
우수	憂	근심 우	愁	근심 수
원한	怨	원망할 원	恨	한할 한
위대	偉	클 위	大	큰 대
융성	隆	성할 융(륭)	盛	당할 성
은혜	恩	은혜 은	惠	은혜 혜
음성	音	소리 음	聲	소리 성
의논	議	의논할 의	論	의논할 론
의복	衣	옷 의	服	옷 복
의사	意	뜻 의	思	생각 사
의지	意	뜻 의	志	뜻 지
인자	仁	어질 인	慈	사랑 자

ㅈ

자태	姿	모습 자	態	모습 태
재화	財	재물 재	貨	재물 화
재화	災	재앙 재	禍	재화 화
저축	貯	쌓을 저	蓄	모을 축
전쟁	戰	싸움 전	爭	다툴 쟁
전투	戰	싸움 전	鬪	싸울 투
정결	淨	깨끗할 정	潔	깨끗할 결
정성	精	정성스러울 정	誠	정성 성
정지	停	머무를 정	止	그칠 지
정직	正	바를 정	直	곧을 직
정치	政	정사 정	治	다스릴 치
제왕	帝	임금 제	王	왕 왕
제작	製	지을 제	作	지을 작
제조	製	지을 제	造	지을 조
조작	造	지을 조	作	지을 작
조화	調	고를 조	和	화할 화
존재	存	있을 존	在	있을 재
존중	尊	높을 존	重	무거울 중
종료	終	마칠 종	了	마칠 료
종말	終	마칠 종	末	끝 말
주거	住	살 주	居	살 거
주홍	朱	붉을 주	紅	붉을 홍
준수	俊	빼어날 준	秀	빼어날 수
중앙	中	가운데 중	央	가운데 앙
증가	增	더할 증	加	더할 가
지극	至	이를 지	極	지극할 극
지식	知	알 지	識	알 식
진보	珍	보배 진	寶	보배 보
진취	進	나아갈 진	就	나아갈 취
질문	質	물을 질	問	물을 문

ㅊ

참여	參	참여할 참	與	더불 여
창고	倉	곳집 창	庫	곳집 고
채소	菜	나물 채	蔬	나물 소
처소	處	곳 처	所	바 소
척도	尺	자 척	度	자 도
청결	淸	깨끗할 청	潔	깨끗할 결
청문	聽	들을 청	聞	들을 문
청정	淸	깨끗할 청	淨	깨끗할 정
축적	蓄	모을 축	積	쌓을 적
충만	充	채울 충	滿	찰 만
층계	層	층 층	階	섬돌 계
칭송	稱	일컬을 칭	頌	칭송할 송

ㅌ

타격	打	칠 타	擊	칠 격
토벌	討	칠 토	伐	칠 벌
퇴거	退	물러날 퇴	去	갈 거
투쟁	鬪	싸움 투	爭	다툴 쟁

ㅍ

포획	捕	잡을 포	獲	얻을 획
필경	畢	마칠 필	竟	마침내 경

ㅎ

하천	河	물 하	川	내 천
하해	河	강 이름 하	海	바다 해
한랭	寒	찰 한	冷	찰 랭
항상	恒	항상 항	常	항상 상
행복	幸	다행 행	福	복 복
화목	和	화할 화	睦	화목할 목
환희	歡	기쁠 환	喜	기쁠 희
황제	皇	임금 황	帝	임금 제
희망	希	바랄 희	望	바랄 망
희원	希	바랄 희	願	원할 원

2. 서로 상대되는 뜻의 한자로 결합된 한자어 (相對結合語)

ㄱ

가감	加 더할 가	↔	減 덜 감
가부	可 옳을 가	↔	否 아닐 부
간과	干 방패 간	↔	戈 창 과
감고	甘 달 감	↔	苦 쓸 고
강산	江 강 강	↔	山 뫼 산
강약	強 굳셀 강	↔	弱 약할 약
개폐	開 열 개	↔	閉 닫을 폐
거래	去 갈 거	↔	來 올 래
건곤	乾 하늘 건	↔	坤 땅 곤
경위	經 날 경	↔	緯 씨금 위
경중	輕 가벼울 경	↔	重 무거울 중
경조	慶 경사 경	↔	弔 조상할 조
경향	京 서울 경	↔	鄕 시골 향
고락	苦 괴로울 고	↔	樂 즐거울 락
고부	姑 시어머니 고	↔	婦 며느리 부
고저	高 높을 고	↔	低 낮을 저
곡직	曲 굽을 곡	↔	直 곧을 직
공과	功 공 공	↔	過 허물 과
공방	攻 칠 공	↔	防 막을 방
공사	公 공평할 공	↔	私 사사 사
공수	攻 칠 공	↔	守 지킬 수
관민	官 벼슬 관	↔	民 백성 민
군신	君 임금 군	↔	臣 신하 신
귀천	貴 귀할 귀	↔	賤 천할 천
금수	禽 날짐승 금	↔	獸 길짐승 수
기복	起 일어날 기	↔	伏 엎드릴 복
길흉	吉 길할 길	↔	凶 흉할 흉

ㄴ

난이	難 어려운 난	↔	易 쉬울 이
남북	南 남녘 남	↔	北 북녘 북
내왕	來 올 내(래)	↔	往 갈 왕
내외	內 안 내	↔	外 바깥 외
냉온	冷 찰 냉(랭)	↔	溫 따뜻할 온
노소	老 늙을 노(로)	↔	少 젊을 소
노사	勞 일할 노(로)	↔	使 부릴 사
농담	濃 짙을 농(롱)	↔	淡 묽을 담
냉열	冷 찰 냉(랭)	↔	熱 더울 열

ㄷ

동서	東 동녘 동	↔	西 서녘 서
동정	動 움직일 동	↔	靜 고요할 정
득실	得 얻을 득	↔	失 잃을 실
다소	多 많을 다	↔	少 적을 소
단석	旦 아침 단	↔	夕 저녁 석
당락	當 마땅 당	↔	落 떨어질 락
대소	大 큰 대	↔	小 작을 소
대차	貸 빌릴 대	↔	借 빌 차

ㅁ

매매	賣 팔 매	↔	買 살 매
명암	明 밝을 명	↔	暗 어두울 암
문답	問 물을 문	↔	答 답할 답
문무	文 글월 문	↔	武 굳셀 무
물심	物 물건 물	↔	心 마음 심
미추	美 아름다울 미	↔	醜 추할 추

ㅂ

반상	班 나눌 반	↔	常 항상 상
발착	發 필 발	↔	着 붙을 착
본말	本 근본 본	↔	末 끝 말
봉별	逢 만날 봉	↔	別 헤어질 별
부부	夫 지아비 부	↔	婦 며느리 부
부침	浮 뜰 부	↔	沈 잠길 침
빈부	貧 가난할 빈	↔	富 넉넉할 부
빙탄	氷 얼음 빙	↔	炭 숯 탄

ㅅ

사제	師	스승 사	↔	弟	아우 제
사활	死	죽을 사	↔	活	살 활
산하	山	뫼 산	↔	河	물 하
상벌	賞	상줄 상	↔	罰	벌 벌
생사	生	살 생	↔	死	죽을 사
선악	善	착할 선	↔	惡	악할 악
선후	先	먼저 선	↔	後	뒤 후
성쇠	盛	성할 성	↔	衰	쇠할 쇠
성패	成	이룰 성	↔	敗	패할 패
손익	損	잃을 손	↔	益	더할 익
송영	送	보낼 송	↔	迎	맞을 영
수급	需	쓸 수	↔	給	줄 급
수미	首	머리 수	↔	尾	꼬리 미
수수	授	줄 수	↔	受	받을 수
수족	手	손 수	↔	足	발 족
승강	昇	오를 승	↔	降	내릴 강
승부	勝	이길 승	↔	負	질 부
승패	勝	이길 승	↔	敗	패할 패
시비	是	이 시	↔	非	아닐 비
시종	始	비로소 시	↔	終	마칠 종
신구	新	새 신	↔	舊	옛 구
신축	伸	펼 신	↔	縮	오그라들 축
심신	心	마음 심	↔	身	몸 신
심천	深	깊을 심	↔	淺	얕을 천

ㅇ

안위	安	편안할 안	↔	危	위태할 위
애증	愛	사랑 애	↔	憎	미워할 증
애환	哀	슬플 애	↔	歡	기쁠 환
언행	言	말씀 언	↔	行	갈 행
여야	與	줄 여	↔	野	들 야
역순	逆	거스를 역	↔	順	좇을 순
영욕	榮	영화 영	↔	辱	욕될 욕
옥석	玉	구슬 옥	↔	石	돌 석
완급	緩	느릴 완	↔	急	급할 급
왕래	往	갈 왕	↔	來	올 래
왕복	往	갈 왕	↔	復	돌아올 복
요철	凹	오목할 요	↔	凸	볼록할 철
우열	優	뛰어날 우	↔	劣	못날 열
원근	遠	멀 원	↔	近	가까울 근
유무	有	있을 유	↔	無	없을 무
음양	陰	그늘 음	↔	陽	볕 양
이동	異	다를 이	↔	同	한 가지 동
이합	離	떠날 리	↔	合	합할 합
이해	利	이로울 이	↔	害	해칠 해
인과	因	까닭 인	↔	果	결과 과

ㅈ

자매	姉	누이 자	↔	妹	손아래 누이 매
자웅	雌	암컷 자	↔	雄	수컷 웅
자타	自	스스로 자	↔	他	다를 타
장단	長	긴 장	↔	短	짧을 단
장병	將	장수 장	↔	兵	군사 병
전답	田	밭 전	↔	畓	논 답
전후	前	앞 전	↔	後	뒤 후
정오	正	바를 정	↔	誤	그릇될 오
조석	朝	아침 조	↔	夕	저녁 석
존망	存	있을 존	↔	亡	망할 망
존비	尊	높을 존	↔	卑	낮을 비
종횡	縱	세로 종	↔	橫	가로 횡
좌우	左	왼 좌	↔	右	오른쪽 우
주객	主	주인 주	↔	客	손 객
주야	晝	낮 주	↔	夜	밤 야
주종	主	주인 주	↔	從	따를 종
중과	衆	많을 중	↔	寡	적을 과
증감	增	더할 증	↔	減	덜 감
지속	遲	더딜 지	↔	速	빠를 속
진위	眞	참 진	↔	僞	거짓 위
진퇴	進	나아갈 진	↔	退	물러날 퇴
집산	集	모을 집	↔	散	흩을 산

ㅊ

착발	着	붙을 착	↔	發	필 발
천지	天	하늘 천	↔	地	땅 지
첨삭	添	더할 첨	↔	削	깎을 삭
청탁	淸	맑을 청	↔	濁	흐릴 탁
출납	出	날 출	↔	納	들일 납
출몰	出	날 출	↔	沒	빠질 몰
출입	出	날 출	↔	入	들 입
취사	取	취할 취	↔	捨	버릴 사

ㅌ · ㅍ

통분	統 합칠 통	↔	分 나눌 분
표리	表 겉 표	↔	裏 속 리
풍흉	豊 풍성할 풍	↔	凶 흉년들 흉
피차	彼 저 피	↔	此 이 차

ㅎ

한난	寒 찰 한	↔	暖 따뜻할 난
한서	寒 찰 한	↔	暑 더울 서
허실	虛 빌 허	↔	實 찰 실
현우	賢 어질 현	↔	愚 어리석을 우
협광	狹 좁을 협	↔	廣 넓을 광
화복	禍 재앙 화	↔	福 복 복
후박	厚 두터울 후	↔	博 엷을 박
흑백	黑 검을 흑	↔	白 흰 백
흥망	興 일어날 흥	↔	亡 망할 망
희비	喜 기쁠 희	↔	悲 슬플 비

더 알고가기 — 빈대라는 말의 유래

음력 2월의 절기는 경칩 驚蟄과 춘분 春分입니다. 경이란 글자는 말이 놀라는 모습이 가장 사나웠는지 말 마 馬를 붙인 놀랄 경 驚이고, 칩은 숨을 칩, 모일 칩 蟄입니다. 그러니 경칩은 겨울잠을 자던 동물들이 팔딱팔딱 뛰어올라 모인다는 뜻입니다. 경칩에는 개구리 알을 찾아 나서기도 하였으며, 경칩에 흙일을 하면 탈이 없다고 하여 벽을 바르거나 담을 쌓기도 합니다. 그러면 빈대가 없어진다는 속설도 있습니다. '빈대'라는 말이 나왔으니 우스운 이야기를 하면, 원래 그 놈은 우리나라에는 없었다고 합니다. 중국에 사신으로 갔던 사람이 여관에서 그 놈을 처음 보았는데, 여관 주인인 중국 사람이 유익한 벌레라고 둘러댔습니다. 그 후 그 사신이 붓 자루 속에다 암수 한 놈씩을 넣어 가지고 우리나라로 돌아오는 도중에 지금 식으로 하면 세관에서 물품 검사를 받았습니다. 붓 자루 안에 이상한 물건이 없느냐고 하니까, 그 사신이 말하기를 "빈 대나무요, 빈 대란 말이오."라고 하였습니다. 그래서 그 때부터 이름이 빈대가 되었다는 이야기가 있습니다.

01

쓰기연습

1 유의결합어

1. 다음 괄호 안에 **類義字**(뜻이 비슷한 글자)를 써 넣으시오.

   ① 空(　)　　　　　　　② 具(　)
   ③ 思(　)　　　　　　　④ (　)互
   ⑤ 恩(　)

   > **NOTE**
   > ① 공허 : 空(빌 공) - 虛(빌 허)
   > ② 구비 : 具(갖출 구) - 備(갖출 비)
   > ③ 사상 : 思(생각 사) - 想(생각할 상)
   > ④ 상호 : 相(서로 상) - 互(서로 호)
   > ⑤ 은혜 : 恩(은혜 은) - 惠(은혜 혜)

2. 다음 괄호에 **類義字**(뜻이 비슷한 글자)를 적어 單語를 完成하시오.

   ① 停(　)　　　　　　　② (　)慈
   ③ 層(　)　　　　　　　④ 引(　)
   ⑤ (　)値

   > **NOTE**
   > ① 정지 : 停(머무를 정) - 止(그칠 지)
   > ② 인자 : 仁(어질 인) - 慈(사랑 자)
   > ③ 층계 : 層(층계 층) - 階(섬돌 계)
   > ④ 인도 : 引(끌 인) - 導(이끌 도)
   > ⑤ 가치 : 價(값 가) - 値(값 치)

3 漢字와 뜻이 같거나 비슷한 漢字를 써서 類義結合語(유의결합어)를 쓰시오. (漢字도 可)

① ( ) – 悟 ② ( ) – 敬
③ ( ) – 睦 ④ 尋 – ( )
⑤ 附 – ( )

> **NOTE** ① 각오 : 覺(깨달을 각) – 悟(깨달을 오)
> ② 공경 : 恭(공손할 공) – 敬(공경할 경)
> ③ 화목 : 和(화목할 화) – 睦(화목할 목)
> ④ 심방 : 尋(찾을 심) – 訪(찾을 방)
> ⑤ 부속 : 附(붙을 부) – 屬(무리 속)

4 다음 漢字 中 類義語(유의어)로 이루어진 것은?

(1) ① 境 – 界 ② 江 – 山
③ 開 – 閉 ④ 攻 – 守 ( )

> **NOTE** (1) ① 경계 : 境(지경 경) – 界(세계 계)

(2) ① 君 – 臣 ② 夫 – 婦
③ 山 – 川 ④ 政 – 治 ( )

> **NOTE** ④ 정치 : 政(정사 정) – 治(다스릴 치)

(3) ① 勝 – 負 ② 將 – 來
③ 物 – 心 ④ 居 – 住 ( )

> **NOTE** ④ 거주 : 居(살 거) – 住(살 주)

(4) ① 初 – 終 ② 根 – 本
③ 自 – 致 ④ 異 – 同 ( )

> **NOTE** ② 근본 : 根(뿌리 근) – 本(근본 본)

(5) ① 談 – 話 ② 主 – 從
③ 成 – 敗 ④ 水 – 火 ( )

> **NOTE** ① 담화 : 談(이야기 담) – 話(말씀 화)

5 다음 單語(단어) 중 뜻이 같거나 비슷한 類義語(유의어)가 결합된 것을 가려 그 번호를 쓰시오.

(1) ① 思想　　　　② 問答
　　③ 山川　　　　④ 京鄕　　(　　　)

　NOTE　① 사상 : 思(생각 사) – 想(생각할 상)

(2) ① 天地　　　　② 競爭
　　③ 山缺　　　　④ 手足　　(　　　)

　NOTE　② 경쟁 : 競(다툴 경) – 爭(다툴 쟁)

(3) ① 衣服　　　　② 成敗
　　③ 山河　　　　④ 異同　　(　　　)

　NOTE　① 의복 : 衣(옷 의) – 服(옷 복)

6 다음 漢字와 뜻이 같거나 비슷한 漢字를 써서 類義結合語(유의결합어)를 쓰시오.

① 監(　　)　　　② 道(　　)　　　③ 歡(　　)
④ 聽(　　)　　　⑤ 恒(　　)

　NOTE　① 감시 : 監(볼 감) – 視(볼 시)
　　　　② 도로 : 道(길 도) – 路(길 로)
　　　　③ 환희 : 歡(기뻐할 환) – 喜(기쁠 희)
　　　　④ 청문 : 聽(들을 청) – 聞(들을 문)
　　　　⑤ 항상 : 恒(항상 항) – 常(항상 상)

2 상대결합어

7 다음 漢字語의 反意(반대)또는 相對(상대)되는 漢字를 쓰시오.

① 長 – (　　)　　② (　　) – 減　　③ (　　) – 裏
④ (　　) – 退　　⑤ (　　) – 衰　　⑥ (　　) – 僞
⑦ (　　) – 同　　⑧ 遠 – (　　)　　⑨ 安 – (　　)
⑩ 禍 – (　　)

NOTE
① 短(장단 : 길 장 ↔ 짧을 단)
② 加(가감 : 더할 가 ↔ 덜 감)
③ 表(표리 : 겉 표 ↔ 속 리)
④ 進(진퇴 : 나아갈 진 ↔ 물러날 퇴)
⑤ 盛(성쇠 : 성할 성 ↔ 쇠할 쇠)
⑥ 眞(진위 : 참 진 ↔ 거짓 위)
⑦ 異(이동 : 다를 이 ↔ 같을 동)
⑧ 近(원근 : 멀 원 ↔ 가까울 근)
⑨ 危(안위 : 편안할 안 ↔ 위태로울 위)
⑩ 福(화복 : 재앙 화 ↔ 복 복)

8 다음 漢字와 反對(반대) 또는 相對(상대)되는 漢字를 쓰시오.

① 成 - (　)　　② (　) - 短　　③ 明 - (　)
④ 內 - (　)　　⑤ 加 - (　)　　⑥ (　) - 同
⑦ 進 - (　)　　⑧ (　) - 近　　⑨ (　) - 弔
⑩ (　) - 卑

NOTE
① 敗(성패 : 이룰 성 ↔ 패할 패)
② 長(장단 : 길 장 ↔ 짧을 단)
③ 暗(명암 : 밝을 명 ↔ 어두울 암)
④ 外(내외 : 안 내 ↔ 바깥 외)
⑤ 減(가감 : 더할 가 ↔ 덜 감)
⑥ 異(이동 : 다를 이 ↔ 같을 동)
⑦ 退(진퇴 : 나아갈 진 ↔ 물러날 퇴)
⑧ 遠(원근 : 멀 원 ↔ 가까울 근)
⑨ 慶(경조 : 경사 경 ↔ 조상할 조)
⑩ 尊(존비 : 높을 존 ↔ 낮을 비)

9 다음 漢字의 反對(반대) 또는 相對(상대)되는 漢字를 쓰시오.

① 眞(　)　　② 弔(　)　　③ 賤(　)
④ 淺(　)　　⑤ 姑(　)

NOTE
① 假(진가 : 참 진 ↔ 거짓 가)
② 慶(조경 : 조상할 조 ↔ 경사 경)
③ 貴(천귀 : 천할 천 ↔ 귀할 귀)
④ 深(천심 : 얕을 천 ↔ 깊을 심)
⑤ 婦(고부 : 시어머니 고 ↔ 며느리 부)

10 다음 글자의 反對(반대) 또는 相對(상대)가 되는 漢字를 쓰시오.

① 京(　)　　　② 功(　)　　　③ 勞(　)
④ 來(　)　　　⑤ 老(　)

> **NOTE** ① 鄕(경향 : 서울 경 ↔ 시골 향)
> ② 過(공과 : 공 공 ↔ 허물 과)
> ③ 使(노사 : 수고할 로 ↔ 부릴 사)
> ④ 往(내왕 : 올 래 ↔ 갈 왕)
> ⑤ 少(늙을 로 ↔ 젊을 소)

11 다음 漢字의 反對(반대) 또는 相對(상대)되는 漢字를 쓰시오.

① 起-(　)　　　② 斷-(　)　　　③ 眞-(　)
④ 順-(　)　　　⑤ 姑-(　)

> **NOTE** ① 伏(기복 : 일어날 기 ↔ 엎드릴 복)
> ② 續(단속 : 끊을 단 ↔ 이을 속)
> ③ 假(진위 : 참 진 ↔ 거짓 위)
> ④ 逆(순역 : 따를 순 ↔ 거스를 역)
> ⑤ 婦(고부 : 시어머니 고 ↔ 며느리 부)

12 다음 중 反意字(반의자) 결합구조로 된 漢字語를 골라 그 번호를 쓰시오.

(1)　① 利害　　　② 堅固
　　③ 極端　　　④ 段階　(　　　)

> **NOTE** ① 이해 : 이로울 리 ↔ 해로울 해

(2)　① 辭說　　　② 喜悲
　　③ 增加　　　④ 音聲　(　　　)

> **NOTE** ② 희비 : 기쁠 희 ↔ 슬플 비

(3)　① 創作　　　② 崇高
　　③ 住居　　　④ 攻守　(　　　)

> **NOTE** ④ 공수 : 칠 공 ↔ 지킬 수

13 다음 漢字의 反對(반대) 또는 相對(상대)되는 漢字를 쓰시오.

① 開(　)　　　　　② 失(　)　　　　　③ 哀(　)
④ 單(　)　　　　　⑤ 安(　)

NOTE　① 閉(개폐 : 열 개 ↔ 닫을 폐)
　　　　② 得(실득 : 잃을 실 ↔ 얻을 득)
　　　　③ 歡(애환 : 슬플 애 ↔ 기쁠 환)
　　　　④ 複(단복 : 홑 단 ↔ 겹칠 복)
　　　　⑤ 否(안부 : 편안할 안 ↔ 아닐 부)

02 유의어·반의어

한자어는 일정한 결합방법에 의해 짜여지는데, 이러한 구조를 파악하는 것은 한문의 구조를 이해하는데 도움이 됩니다. 여기서는 뜻이 서로 비슷한 한자어(類義語)와 뜻이 서로 반대되는 한자어(反義語)를 정리합니다.

1 뜻이 서로 비슷한 한자어(類義語)

古刹(고찰) - 古寺(고사)	無窮(무궁) - 無限(무한)	才能(재능) - 財産(재산)
貢獻(공헌) - 寄與(기여)	默讀(묵독) - 目讀(목독)	精誠(정성) - 至誠(지성)
觀點(관점) - 見解(견해)	薄情(박정) - 冷情(냉정)	朝廷(조정) - 政府(정부)
敎徒(교도) - 信徒(신도)	放浪(방랑) - 流浪(유랑)	造花(조화) - 假花(가화)
驕慢(교만) - 倨慢(거만)	訪問(방문) - 尋訪(심방)	周旋(주선) - 斡旋(알선)
九泉(구천) - 黃泉(황천)	煩悶(번민) - 煩惱(번뇌)	嫉視(질시) - 猜忌(시기)
根源(근원) - 源泉(원천)	僻地(벽지) - 僻村(벽촌)	參與(참여) - 參加(참가)
矜持(긍지) - 自負(자부)	保存(보존) - 保全(보전)	處女林(처녀림) - 原始林(원시림)
飢餓(기아) - 餓死(아사)	符合(부합) - 一致(일치)	天地(천지) - 乾坤(건곤)
忌憚(기탄) - 躊躇(주저)	噴火山(분화산) - 活火山(활화산)	滯留(체류) - 滯在(체재)
落心(낙심) - 落膽(낙담)	寺院(사원) - 寺刹(사찰)	招待(초대) - 招請(초청)
朗讀(낭독) - 音讀(음독)	散策(산책) - 散步(산보)	抽象的(추상적) - 槪念的(개념적)
浪費(낭비) - 濫用(남용)	象徵(상징) - 表象(표상)	緻密(치밀) - 細密(세밀)
能熟(능숙) - 老練(노련)	書簡(서간) - 書翰(서한)	沈滯(침체) - 停滯(정체)
丹靑(단청) - 彩色(채색)	細密(세밀) - 綿密(면밀)	泰西(태서) - 西洋(서양)
代價(대가) - 報酬(보수)	首肯(수긍) - 肯定(긍정)	土臺(토대) - 基礎(기초)
對決(대결) - 對峙(대치)	淳朴(순박) - 素朴(소박)	平等(평등) - 同等(동등)
大衆(대중) - 群衆(군중)	順從(순종) - 服從(복종)	畢竟(필경) - 結局(결국)
同意(동의) - 贊成(찬성)	弱點(약점) - 才幹(재간)	學費(학비) - 學資(학자)
同窓(동창) - 同門(동문)	抑壓(억압) - 壓迫(압박)	協力(협력) - 合力(합력)
妄想(망상) - 夢想(몽상)	要請(요청) - 要求(요구)	嚆矢(효시) - 濫觴(남상)
冥府(명부) - 地獄(지옥)	威脅(위협) - 脅迫(협박)	戲弄(희롱) - 籠絡(농락)
瞑想(명상) - 默想(묵상)	類似(유사) - 恰似(흡사)	稀微(희미) - 朦朧(몽롱)
矛盾(모순) - 撞着(당착)	一毫(일호) - 秋毫(추호)	可決(가결) ↔ 否決(부결)
謀陷(모함) - 中傷(중상)		

2 뜻이 서로 반대되는 한자어(反意語)

架空(가공) ↔ 實際(실제)	單一(단일) ↔ 複合(복합)	分離(분리) ↔ 統合(통합)
假象(가상) ↔ 實在(실재)	唐慌(당황) ↔ 沈着(침착)	分析(분석) ↔ 綜合(종합)
干涉(간섭) ↔ 放任(방임)	對內的(대내적) ↔ 對外的(대외적)	悲觀(비관) ↔ 樂觀(낙관)
減少(감소) ↔ 增加(증가)	獨立(독립) ↔ 從屬(종속)	悲劇(비극) ↔ 喜劇(희극)
感情(감정) ↔ 理性(이성)	獨創(독창) ↔ 模倣(모방)	悲運(비운) ↔ 幸運(행운)
客觀(객관) ↔ 主觀(주관)	杜絕(두절) ↔ 連絡(연락)	卑稱(비칭) ↔ 尊稱(존칭)
拒絕(거절) ↔ 承諾(승낙)	登場(등장) ↔ 退場(퇴장)	貧困(빈곤) ↔ 富裕(부유)
建設(건설) ↔ 破壞(파괴)	漠然(막연) ↔ 確然(확연)	奢侈(사치) ↔ 儉素(검소)
謙遜(겸손) ↔ 傲慢(오만)	忘却(망각) ↔ 記憶(기억)	散文(산문) ↔ 韻文(운문)
輕蔑(경멸) ↔ 尊敬(존경)	盲目的(맹목적) ↔ 理性的(이성적)	相對的(상대적) ↔ 絕對的(절대적)
輕薄(경박) ↔ 愼重(신중)	滅亡(멸망) ↔ 興起(흥기)	常例(상례) ↔ 特例(특례)
輕視(경시) ↔ 重視(중시)	母音(모음) ↔ 子音(자음)	常識的(상식적) ↔ 專門的(전문적)
高潔(고결) ↔ 低俗(저속)	模糊(모호) ↔ 分明(분명)	生花(생화) ↔ 造花(조화)
高雅(고아) ↔ 卑俗(비속)	無機體(무기체) ↔ 有機體(유기체)	抒情(서정) ↔ 敍事(서사)
曲線(곡선) ↔ 直線(직선)	無形(무형) ↔ 有形(유형)	先輩(선배) ↔ 後輩(후배)
供給(공급) ↔ 需要(수요)	文語(문어) ↔ 口語(구어)	善意(선의) ↔ 惡意(악의)
共鳴(공명) ↔ 反駁(반박)	文化(문화) ↔ 自然(자연)	先天的(선천적) ↔ 後天的(후천적)
公有物(공유물) ↔ 專有物(전유물)	物質(물질) ↔ 精神(정신)	成熟(성숙) ↔ 未熟(미숙)
公的(공적) ↔ 私的(사적)	未備(미비) ↔ 完備(완비)	消極的(소극적) ↔ 積極的(적극적)
灌木(관목) ↔ 喬木(교목)	敏感(민감) ↔ 鈍感(둔감)	所得(소득) ↔ 損失(손실)
屈辱(굴욕) ↔ 雪辱(설욕)	密接(밀접) ↔ 疏遠(소원)	騷亂(소란) ↔ 靜肅(정숙)
歸納(귀납) ↔ 演繹(연역)	反目(반목) ↔ 和睦(화목)	消費(소비) ↔ 生産(생산)
勤勉(근면) ↔ 懶怠(나태)	發達(발달) ↔ 退步(퇴보)	衰退(쇠퇴) ↔ 隆盛(융성)
急進的(급진적) ↔ 漸進的(점진적)	繁榮(번영) ↔ 衰退(쇠퇴)	收斂(수렴) ↔ 發散(발산)
緊密(긴밀) ↔ 疏遠(소원)	別館(별관) ↔ 本館(본관)	守勢(수세) ↔ 攻勢(공세)
懦弱(나약) ↔ 强勇(강용)	保守的(보수적) ↔ 進步的(진보적)	熟達(숙달) ↔ 未熟(미숙)
落第(낙제) ↔ 及第(급제)	普遍性(보편성) ↔ 特殊性(특수성)	順坦(순탄) ↔ 險難(험난)
濫讀(남독) ↔ 精讀(정독)	複雜(복잡) ↔ 單純(단순)	勝利(승리) ↔ 敗北(패배)
朗讀(낭독) ↔ 默讀(묵독)	部分的(부분적) ↔ 全般的(전반적)	始發驛(시발역) ↔ 終着驛(종착역)
內面(내면) ↔ 外面(외면)	不實(부실) ↔ 充實(충실)	愼重(신중) ↔ 輕率(경솔)
訥辯(눌변) ↔ 能辯(능변)	敷衍(부연) ↔ 省略(생략)	實質的(실질적) ↔ 形式的(형식적)
能動(능동) ↔ 被動(피동)	否認(부인) ↔ 是認(시인)	暗示(암시) ↔ 明示(명시)
凌蔑(능멸) ↔ 崇仰(숭앙)	否定(부정) ↔ 肯定(긍정)	曖昧(애매) ↔ 明瞭(명료)
短命(단명) ↔ 長壽(장수)	分擔(분담) ↔ 全擔(전담)	愛護(애호) ↔ 虐待(학대)

語幹(어간) ↔ 語尾(어미)   自律(자율) ↔ 他律(타율)   妥當(타당) ↔ 不當(부당)
逆境(역경) ↔ 順境(순경)   子正(자정) ↔ 午正(오정)   卓越(탁월) ↔ 平凡(평범)
連作(연작) ↔ 輪作(윤작)   長點(장점) ↔ 短點(단점)   濁音(탁음) ↔ 淸音(청음)
永劫(영겁) ↔ 刹那(찰나)   長篇(장편) ↔ 短篇(단편)   退化(퇴화) ↔ 進化(진화)
靈魂(영혼) ↔ 肉身(육신)   低俗(저속) ↔ 高尙(고상)   敗戰(패전) ↔ 勝戰(승전)
銳敏(예민) ↔ 愚鈍(우둔)   詛呪(저주) ↔ 祝福(축복)   閉鎖(폐쇄) ↔ 開放(개방)
優勢(우세) ↔ 劣勢(열세)   嫡子(적자) ↔ 庶子(서자)   暴露(폭로) ↔ 隱蔽(은폐)
偶然(우연) ↔ 必然(필연)   前半(전반) ↔ 後半(후반)   彼岸(피안) ↔ 此岸(차안)
優越(우월) ↔ 劣等(열등)   前進(전진) ↔ 後進(후진)   合理(합리) ↔ 矛盾(모순)
原型(원형) ↔ 變形(변형)   絕望(절망) ↔ 希望(희망)   幸福(행복) ↔ 不幸(불행)
遊星(유성) ↔ 恒星(항성)   正當(정당) ↔ 不當(부당)   現役(현역) ↔ 退役(퇴역)
輪郭(윤곽) ↔ 核心(핵심)   拙作(졸작) ↔ 傑作(걸작)   狹義(협의) ↔ 廣義(광의)
依他的(의타적) ↔ 自立的(자립적)   知的(지적) ↔ 情的(정적)   形式(형식) ↔ 內容(내용)
利己的(이기적) ↔ 犧牲的(희생적)   眞實(진실) ↔ 虛僞(허위)   好調(호조) ↔ 亂調(난조)
裏面(이면) ↔ 表面(표면)   斬新(참신) ↔ 陳腐(진부)   好評(호평) ↔ 惡評(악평)
異常(이상) ↔ 正常(정상)   創造(창조) ↔ 模倣(모방)   擴大(확대) ↔ 縮小(축소)
理想的(이상적) ↔ 現實的(현실적)   添加(첨가) ↔ 削減(삭감)   荒野(황야) ↔ 沃土(옥토)
人爲的(인위적) ↔ 自然的(자연적)   體言(체언) ↔ 用言(용언)   厚待(후대) ↔ 薄待(박대)
一般化(일반화) ↔ 特殊化(특수화)   初聲(초성) ↔ 終聲(종성)   稀貴(희귀) ↔ 許多(허다)
立體的(입체적) ↔ 平面的(평면적)   稚拙(치졸) ↔ 洗練(세련)
入港(입항) ↔ 出港(출항)   沈鬱(침울) ↔ 明朗(명랑)

더 알고가기 尊卑語(존비어)

- **尊稱語**(존칭어) : 春府丈(춘부장) · 尊堂(존당) · 貴下(귀하) · 令息(영식) · 令愛(영애) · 精品(정품) · 卓見(탁견)
- **謙讓語**(겸양어) : 家翁(가옹) · 老母(노모) · 亡夫(망부) · 亡妻(망처) · 賤息(천식) · 拙稿(졸고) · 弊社(폐사) · 粗雜(조잡) · 愚生(우생) · 不肖(불초)

02

쓰기연습

1 다음 단어의 反意語(반의어)를 漢字로 쓰시오.

① 主觀 (   )   ② 承諾 (   )
③ 結果 (   )   ④ 單純 (   )
⑤ 內容 (   )

> **NOTE** ① 客觀(주관↔객관) ② 拒絶(승낙 ↔ 거절) ③ 原因(결과 ↔ 원인) ④ 複雜(단순 ↔ 복잡) ⑤ 形式(내용 ↔ 형식)

2 다음 單語(단어)의 反對語(반대어)를 漢字로 쓰시오.

① 門外漢(   )   ② 閉鎖 (   )
③ 快樂 (   )   ④ 絶對 (   )
⑤ 原因 (   )

> **NOTE** ① 專門家(문외한 ↔ 전문가) ② 開放(폐쇄 ↔ 개방) ③ 苦痛(쾌락 ↔ 고통) ④ 相對(절대 ↔ 상대) ⑤ 結果(원인 ↔ 결과)

3 다음 單語(단어)의 反對語(반대어)를 漢字로 쓰시오.

① 空想 (   )   ② 質疑 (   )
③ 服從 (   )   ④ 保守 (   )
⑤ 慘敗 (   )

> **NOTE** ① 現實(공상 ↔ 현실) ② 應答(질의 ↔ 응답) ③ 不服(복종 ↔ 불복) ④ 革新(보수 ↔ 혁신) ⑤ 快勝(참패 ↔ 쾌승)

4 다음 漢字語의 反對語(반대어)를 쓰시오.

① 感性 (   )   ② 權利 (   )
③ 絕對 (   )   ④ 敗北 (   )
⑤ 君子 (   )

> **NOTE** ① 理性(감성 ↔ 이성) ② 義務(권리 ↔ 의무) ③ 相對(절대 ↔ 상대) ④ 勝利(패배 ↔ 승리) ⑤ 小人(군자 ↔ 소인)

5 다음 單語(단어)의 反對語(반대어)를 漢字로 쓰시오.

① 非番 (   )   ② 共用 (   )
③ 高尙 (   )   ④ 否認 (   )
⑤ 怨恨 (   )

> **NOTE** ① 當番(비번 ↔ 당번) ② 專用(공용 ↔ 전용) ③ 低俗(고상 ↔ 저속) ④ 是認(부인 ↔ 시인) ⑤ 恩惠(원한 ↔ 은혜)

6 다음 각 單語(단어)의 反意語(반의어)를 漢字로 쓰시오.

① 登場 (   )   ② 別居 (   )
③ 他意 (   )   ④ 惡用 (   )

> **NOTE** ① 退場(등장 ↔ 퇴장) ② 同居(별거 ↔ 동거) ③ 自意(타의 ↔ 자의) ④ 善用(악용 ↔ 선용)

7 다음 單語(단어)의 反意語(반의어)를 漢字로 쓰시오.

① 可決 (   )   ② 架空 (   )
③ 公有 (   )   ④ 干涉 (   )
⑤ 減少 (   )

> **NOTE** ① 否決(가결 ↔ 부결) ② 實際(가공 ↔ 실제) ③ 專有(공유 ↔ 전유) ④ 放任(간섭 ↔ 방임) ⑤ 增加(감소 ↔ 증가)

8 다음 單語(단어)의 反對語(반대어)를 漢字로 쓰시오.

① 訥辯 (   )   ② 單名 (   )
③ 單一 (   )   ④ 謙遜 (   )
⑤ 輕蔑 (   )

NOTE ① 能辯(눌변 ↔ 능변) ② 長壽(단명 ↔ 장수) ③ 複合(단일 ↔ 복합) ④ 傲慢(겸손 ↔ 오만) ⑤ 尊敬(경멸 ↔ 존경)

9 다음 單語(단어)의 反對語(반대어)를 漢字로 쓰시오.

① 輕薄 (   )   ② 輕視 (   )
③ 高潔 (   )   ④ 曲線 (   )
⑤ 供給 (   )

NOTE ① 愼重(경박 ↔ 신중) ② 重視(경시 ↔ 중시) ③ 低俗(고결 ↔ 저속) ④ 直線(곡선 ↔ 직선) ⑤ 需要(공급 ↔ 수요)

10 다음 單語(단어)의 反對語(반대어)를 漢字로 쓰시오.

① 公的 (   )   ② 急進 (   )
③ 歸納 (   )   ④ 勤勉 (   )
⑤ 緊密 (   )

NOTE ① 私的(공적 ↔ 사적) ② 漸進(급진 ↔ 점진) ③ 演繹(귀납 ↔ 연역) ④ 懶怠(근면 ↔ 나태) ⑤ 疏遠(긴밀 ↔ 소원)

11 다음 單語(단어)의 反對語(반대어)를 漢字로 쓰시오.

① 落第 (   )   ② 朗讀 (   )
③ 內面 (   )   ④ 能動 (   )

NOTE ① 及第(낙제 ↔ 급제) ② 默讀(낭독 ↔ 묵독) ③ 外面(내면 ↔ 외면) ④ 被動(능동 ↔ 피동)

03 음은 같지만 뜻이 다른 한자어(同音異議語)

본격적인 한자 익히기에 앞서 한자의 형성과정과 그 구조에 대한 이해는 필수적이라 할 수 있습니다. 이것은 보다 쉬운 한자 학습은 물론이고 나아가 한문학을 이해하는데 중요한 밑거름이 됩니다. 특히 한자 간의 독특한 구성원리인 六書(육서)에 대하여 자세히 알아보도록 합니다.

ㄱ

가구
- 家口 : 주거를 같이 하는 사람의 집단
- 家具 : 살림살이에 쓰이는 살림세간
- 架構 : 재료를 결합하여 만든 구조물

가계
- 家系 : 한 집안의 계통
- 家計 : 살림을 꾸려가는 살림살이

가공
- 加工 : 천연물이나 덜 된 물건에 다시 수공을 더함
- 可恐 : 두려워할 만함
- 架空 : 터무니없음
  - 반 眞實(진실)

가사
- 家事 : 집안 일. 집안 살림살이
- 袈裟 : 불교에서 장삼 위에 입는 스님의 법의(法衣)
- 歌詞 : 가요나 가극의 내용이 되는 문장
- 假死 : 의식을 잃어 보기에도 죽은 것 같은 상태

구별해서 써야 할 한자어

- 決濟(결제) ⇒ 현금이나 어음으로 지불해서 판매행위를 완료시키는 것
  - 예 어음 決濟
- 決裁(결재) ⇒ 책임자가 제출된 안건을 헤아려 승인하는 것
  - 예 사장의 決裁

가중
- 加重 : ① 더 무거워짐 ② 죄가 더 무거워 형벌을 무겁게 함
- 苛重 : 가혹하고 부담이 무거움

감사
- 監事 : 단체의 서무를 맡아보는 사람
- 監査 : 감독하고 검사함
  - 예 國政監査(국정감사)
- 感謝 : 고마움. 고맙게 여김

감상
- 感傷 : 어떤 일이나 현상을 슬프게 느껴 마음이 아픔
- 感想 : 마음속에 느껴 일어나는 생각
  - 예 感想文(감상문)
- 鑑賞 : 예술작품을 음미하여 이해하고 즐김
  - 예 音樂鑑賞(음악감상)
- 感賞 : 마음에 깊이 느끼어 공을 칭찬해줌

감수
- 甘受 : 주어진 것을 어쩔 수 없는 일이라 생각하고 받아들임
- 監修 : 책의 저술, 편찬을 지도·감독함

감정
- 感情 : 희(喜)·노(怒)·애(哀)·락(樂)의 정 또는 느끼는 심정(心情)
- 憾情 : 불만하여 원망하거나 성내는 마음
- 鑑定 : 특별한 전문가가 그의 가진 학술, 경험에 의거하여 구체적 사실에 응용한 판단을 진술·보고함

개간
- 改刊 : 원판을 고쳐 다시 발행함
- 開刊 : (신문·책 등을)처음으로 간행함
- 開墾 : 버려둔 거친 땅을 처음 일궈 논밭을 만듦

개선
- 改善 : 잘못을 옳게 고침
- 改選 : 선거를 다시 함
- 凱旋 : 싸움에 이기고 돌아옴

개설
- 改設 : 새로 수리하거나 또는 가구를 바꾸어 설치함
- 開設 : (어떤 시설을)새로 설치하여 그에 관한 일을 시작함
- 槪說 : 개략적으로 말함 또는 그 설명

개정
- 改正 : 고치어 바르게 함
- 改定 : 고치어 다시 정함
  - 예 법의 改定(개정)
- 改訂 : 잘못된 곳을 고쳐 바로잡음
  - 예 改訂版(개정판)
- 開廷 : 재판하기 위해 법정을 여는 것
  - 반 閉廷(폐정)

개표
- 改票 : 차표 따위를 개표소에서 조사하는 것
  - 비 改札(개찰)
- 開票 : 투표함을 열고 투표결과를 조사하는 것

검사
- 檢査 : 옳고 그름, 좋고 나쁨 따위의 사실을 살피어 검토하거나 조사하여 판정하는 일
- 檢事 : 검사권을 행사하는 기관 또는 형벌의 집행을 감독하는 사람

결의
- 決意 : 뜻을 굳힘
- 決議 : 의안(議案)을 결정함

결정
- 決定 : 행동이나 태도가 일정한 방향을 취할 수 있도록 결단하여 작정함
- 結晶 : 원자가 규칙적으로 배열되어 이루어진 고체
- 潔淨 : 더러움 없이 깨끗함
  - 비 淨潔(정결)

구별해서 써야 할 한자어

- 究明(구명) ⇒ 원인이나 사리를 깊이 연구하여 따져 밝힘
  - 예 진리의 究明
- 糾明(규명) ⇒ 일의 사실을 따져 밝힘
  - 예 사건의 糾明

경계
- 境界 : 사물이 어떠한 기준에 의하여 분간되는 한계
- 警戒 : 잘못되는 일이 일어나지 않도록 미리 조심하는 것

경기
- 景氣 : 매매나 거래 등에 나타난 경제활동의 상황
- 競技 : 일정한 규칙아래 기량과 기술을 겨루는 일

경사
- 傾斜 : 비스듬히 기울어진 상태
- 慶事 : 축하할만한 기쁜 일

경주
- 傾注 : 마음을 집중함. 일에 전심(專心)함
- 競走 : 서로 빠르기를 다투는 육상경기의 하나

고문
- 拷問 : 피해자에게 죄를 자백시키기 위해 육체적 고통을 주며 신문함
- 顧問 : 어떤 분야에 대하여 전문적인 지식과 풍부한 경험을 가지고 자문에 응하여 의견을 제시하는 직책 또는 사람

고시
- 考試 : 공무원의 임용자격을 결정하는 시험
- 告示 : (행정기관이 일반국민에게)글로 써서 널리 알리는 것

공모
- 公募 : 일반에게 널리 공개하여 모집하는 것
- 共謀 : (주로 좋지 못한 일을)두 사람 이상이 함께 꾀하는 것

공사
- 工事 : 토목·건축 등의 작업
- 公使 : 외교관의 하나
- 公社 : 국가적 사업수행을 위해 설립된 공공기업체의 하나

공영
- 公營 : 공적인 기관, 특히 지방자치단체가 경영·관리하는 것
- 共榮 : 서로 함께 번영함

공정
- 公正 : 공평하고 올바름
- 公定 : 정부나 공론에 의해 정함 또는 정한 규정

공포
- 公布 : 일반에게 널리 알림
- 恐怖 : 무서움과 두려움

과대
- 過大 : 너무 큼
- 誇大 : 너무 크게 떠벌림
  - 에 誇張(과장)

과정
- 過程 : 일이 되어 나가는 경로
- 課程 : 과업의 정도. 학년의 수준에 속하는 과목

관대
- 寬大 : 마음이 너그럽고 큼
- 寬待 : 너그럽게 대접함

교사
- 教師 : 초·중·고등학교의 자격증을 가진 선생에 대한 칭호
- 校舍 : 학교의 건물
- 敎唆 : 남을 충동하여 못된 짓을 하게 함

교정
- 校正 : 틀린 글자를 고치는 일
- 校訂 : 내용이 잘못된 곳을 바로 고치는 일, 특히 글자뿐만 아니라 문장 또는 지식의 오류를 고치는 일

구별해서 써야 할 한자어

- ~器(기) ⇒ (어떤 명사 다음에 붙어)기계나 가구·그릇의 뜻을 나타내는 말
  - 에 注射器(주사기)
- ~機(기) ⇒ (어떤 명사 다음에 붙어) '기계'나 '일정한 기술적 설비를 갖춘 장치'의 뜻을 나타내는 말
  - 에 電話機(전화기)

구조
- 救助 : 구원하여 도와줌
- 構造 : 얽어 꾸밈

군수
- 軍需 : 군사상에 필요한 물자
- 郡守 : 한 군(郡)의 행정사무를 관할하는 으뜸벼슬

극단
- 極端 : 한 쪽으로 몹시 치우침
- 劇團 : 연극하려고 조직된 단체

기간
- 期間 : 어느 시기부터 다른 어느 시기까지의 사이
- 基幹 : 일정한 부문에서 으뜸이 되거나 중심이 되는 것

기념
- 紀念 : 사적(事蹟)을 길이 전하여 잊지 아니함
- 記念 : 마음에 새겨 잊지 아니함

기능
- 機能 : 기관(器官) 또는 기관(機關)의 능력이나 작용
- 技能 : 사람의 기술에 관한 능력이나 재능

기도
- 企圖 : 어떤 일을 이루려고 꾀하는 것
- 祈禱 : 신에게 비는 일 또는 그 의식
- 氣道 : 호흡할 때의 공기가 지나가는 길

구별해서 써야 할 한자어

- 德分(덕분) ⇒ 남이 베푼 고마움
  - 예 네 德分에 살아났다.
- 德澤(덕택) ⇒ 남에게 미치는 덕
  - 예 전축을 쓸 수 있게 된 것은 에디슨의 德澤이다.

낙관
- 樂觀 : 모든 사물의 형편을 좋게 봄
- 落款 : 글씨나 그림에 필자(筆者)가 자기 이름이나 호를 쓰고 도장을 찍는 일

녹음
- 綠陰 : 푸른 잎이 우거진 나무의 그늘
- 錄音 : (영화필름·테이프 등에)소리를 기록하여 넣는 것

농담
- 弄談 : 실없는 장난의 말
- 濃淡 : (색체·명암 기타의 정도 등의)짙음과 옅음

단서
- 但書 : 첫머리에 '단(丹)'자를 붙여 그 앞에 나온 본문(本文)의 설명이나 조건(條件), 예외(例外)를 나타내는 글
- 端緖 : 일의 처음. 일의 실마리

단절
- 斷切 : 물리적인 작용에 의해서 끊어짐
- 斷絶 : 관계를 끊음
  - 國交斷絶(국교단절)

단정
- 端正 : 얌전하고 바름
- 斷定 : 결단하여 작정함

답사
- 答辭 : 식장에서 고사(告辭)나 식사에 대답으로 하는 말
- 踏査 : 실지로 현지에 가서 조사함

[대기]
- 大氣 : 공기(空氣)
- 待機 : 준비를 다 마치고 일을 시작하기를 기다림
  예 待機發令(대기발령)

[대비]
- 對比 : 두 가지 것의 차이를 명백히 하기 위해 서로 비교하는 것
- 對備 : 무엇에 대응하기 위하여 미리 준비하는 것

[대사]
- 大使 : 한 나라를 대표하여 딴 나라에 나아가 머무르면서 외교활동을 하는 외교관을 말함
- 大事 : 큰 일
- 大師 : ① '불보살(佛菩薩)'의 높임말 ② 나라에서 명망 높은 선사(禪師)에게 내려주는 이름
- 臺詞 : 연극 등의 사설

[대작]
- 大作 : 뛰어난 작품. 규모나 내용이 방대한 작품
- 大爵 : 높은 작위
  예 高官大爵(고관대작)
- 對酌 : 서로 마주하여 술을 마시는 것

[대지]
- 大地 : 대자연의 넓고 큰 땅, 곤여(坤輿)
- 垈地 : 집터로 쓰이는 땅
  예 家屋垈地(가옥대지)
- 臺地 : 주위의 지형보다 높고 평평한 땅

[대치]
- 代置 : 다른 것으로 바꾸어 놓은 것
- 對峙 : 서로 맞서서 버티는 것
- 對置 : 마주 놓는 것

구별해서 써야 할 한자어

- 文化(문화) ⇒ 인류가 모든 시대를 통하여 학습(學習)에 의해서 이루어 놓은 정신적·물질적인 일체의 성과. 의식주(衣食住)를 비롯하여 기술·학문·예술·도덕·종교 등 물심양면에 걸치는 생활형성의 양식과 내용을 포함함   빤 自然(자연)
- 文明(문명) ⇒ (정신적 문화에 대하여)생활, 특히 의식주를 위한 기술·질서가 개선된 상태. 물질 면에서 인간생활이 발전하는 것

대한
- 大旱 : 큰 가뭄
- 大寒 : 24절기의 하나. 1월 21일 경
- 對韓 : 한국(韓國)에 대하여
- 大韓 : 대한민국(大韓民國)

대형
- 大形 : '大型'과 같은 뜻으로 쓸 수 없음. 자연물의 큰 형체에 씀
  - 예 大形動物(대형동물)
- 大型 : 가공품(加工品)의 큰 형체에 씀
  - 예 大型(대형) 케이크

도착
- 到着 : (목적한 곳에)다다르는 것
- 倒錯 : 본능이나 감정 또는 덕성의 이상(異常)으로 사회나 도덕에 어그러진 행동을 나타내는 일

독주
- 獨走 : 경주 등에서 남을 앞질러 혼자 달림
- 獨奏 : 한 사람이 주체가 되어 악기를 연주하는 것

동기
- 同氣 : 형제자매(兄弟姉妹)
- 同期 : 같은 시기
- 動機 : 의사를 결정하는 원인

동정
- 同情 : 남을 이해하고 어려움을 생각하여 줌
- 動靜 : 사람의 행동·일·병세 등이 벌어져 나가는 낌새

동화
- 同化 : 성질, 양태, 사상 등이 다르던 것이 같게 되는 것
- 童話 : 어린이를 상대로 하고 동심을 기조로 해서 쓴 이야기

매수
- 買受 : 물건을 사서 받음
- 買收 : 물건을 사서 거두어들임. 남의 마음을 사서 제 편으로 삼음

매장
- 埋葬 : (시체를)땅에 묻는 것
- 埋藏 : 광물 따위가 묻혀있는 것
- 賣場 : 물건을 파는 곳

매점
- 賣占 : 물건이 달릴 것을 짐작하고 휩쓸어 사들여 둠
- 賣店 : 물건을 파는 가게

매진
- 賣盡 : 남김없이 다 팔리는 것
- 邁進 : 힘껏 나아가는 것

명문
- 名文 : 뛰어나게 잘 지은 글
- 名門 : 문벌이 좋은 집안. 명가(名家), 명벌(名閥)
- 明文 : 명백히 정해져 있는 조문(條文)
- 銘文 : 금석(金石), 기물(器物) 등에 새겨놓은 글

모의
- 摸擬 : 실제의 것을 흉내 내어 시험적으로 보는 일
- 謀議 : (어떠한 일을)꾀하고 의논하는 것

구별해서 써야 할 한자어

- 比較(비교) ⇒ 견주어 봄
- 比喩(비유) ⇒ 어떤 현상이나 사물이 설명에 있어서 그와 비슷한 다른 성질을 가진 현상이나 사물을 빌어 뜻을 명확히 나타내는 일

문호
- 文豪 : 크게 뛰어난 문학·문장의 대가(大家), 문웅(文雄)
- 門戶 : 외부와 교류하기 위한 통로나 수단을 비유적으로 이르는 말

미명
- 未明 : 날이 채 밝기 전
- 美名 : 그럴듯하게 내세운 이름

반감
- 反感 : 반항의 뜻을 품은 감정
- 半減 : 절반이 줌

반복
- 反復 : 한 가지 일을 되풀이 함
- 反覆 : 말을 이랬다저랬다 함. 생각을 엎치락뒤치락함

반전
- 反轉 : 일의 형세가 뒤바뀜
- 反戰 : 전쟁에 반대함

반주
- 伴奏 : 성악이나 기악을 좇아 이를 돕는 주악
- 飯酒 : 밥에 곁들여 먹는 술

발전
- 發電 : 전기를 일으킴
- 發展 : 일이 잘 되어 뻗어나감

구별해서 써야 할 한자어

- ~士(사) ⇒ 특별한 자격이 있는 사람이나 직명(職名)을 가리킴
  예 技能士(기능사), 公認會計士(공인회계사)
- ~師(사) ⇒ 사람을 지도하는 역할을 하는 직명에 붙는 것임
  예 敎師(교사), 技師(기사), 牧師(목사)

발포
- 發布 : 세상에 널리 펴는 것
  - 예 戒嚴令發布(계엄령발포)
- 發砲 : 총이나 대포를 쏘는 것
  - 참 發砲命令(발포명령)

방위
- 方位 : 동서남북의 네 방향을 기본으로 하여 나타내는 어느 쪽의 위치
- 防衛 : 적의 공격을 막아서 지키는 것

방조
- 防潮 : 조수(潮水)의 해(害)를 막는 것
  - 예 防潮堤(방조제)
- 幇助 : (어떠한 일을)거두어서 도와주는 것

방화
- 防火 : 화재를 미리 막는 것
  - 예 防火責任者(방화책임자)
- 放火 : 불을 지르는 것
- 邦畵 : 자기 나라에서 만든 영화(映畵)

배치
- 背馳 : 서로 반대로 되어 어긋나는 것
- 配置 : (사람이나 물건 등을)적당한 위치나 자리에 나누어 두는 것

보고
- 報告 : 지시 또는 감독하는 자에게 일의 내용이나 결과를 말이나 글 등으로 알리는 것
- 寶庫 : ① 재화를 쌓아두는 곳 ② 재화(財貨)를 많이 산출하는 땅

보급
- 補給 : 물품을 계속 공급함
- 普及 : 널리 퍼뜨려 권장함

보수
- 保守 : 현상(現狀) 또는 구습(舊習)을 지킴
- 補修 : 낡은 것을 깁고 보태어 고침
- 報酬 : 일한 데나 고마운데 대한 갚음

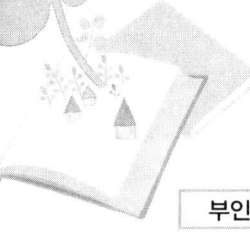

부인
- 夫人 : 남의 아내에 대한 높임말로서 특정인을 지칭할 때 쓰임
  - 예) 선생님의 夫人께서는…
- 婦人 : 결혼한 여자의 총칭이며 복수를 지칭하거나 보통으로 대하는 말로 쓰임

부정
- 否定 : 그렇지 않다고 단정하거나, 옳지 않다고 반대하는 것
- 不淨 : 깨끗하지 못한 것 또는 더러운 것
- 不正 : 바르지 못함. 옳지 못함
  - 예) 不正蓄財(부정축재)
- 不貞 : 여자가 정조를 지키지 않음

불의
- 不意 : 생각하지 아니하던 판. 의외(意外)
- 不義 : 의리·정의에 어긋나는 것
  - 예) 不意의 사태

비명
- 非命 : 제 목숨대로 다 살지 못함
- 悲鳴 : 몹시 놀랍거나 괴롭고 다급한 일을 당하여 외마디 소리를 지르는 것

비상
- 非常 : (일부 명사 앞에 쓰이어)뜻밖
- 飛翔 : 공중을 날아다님

비행
- 飛行 : 공중으로 날아가는 것
- 非行 : 못된 행위, 특히 청소년이 법률에 금지되어 있는 일이나 사회규범에 어긋나는 행위를 하는 일

구별해서 써야 할 한자어

- 生長(생장) ⇒ 동·식물이 태어나서 자라는 상태
- 成長(성장) ⇒ 자라서 커지거나, 발전하는 현상 전반에 붙일 수 있는 말

사고
- 事故 : 뜻밖에 일어난 일이나 탈
- 思考 : 생각하는 일 또는 그 생각
- 思顧 : 두루 생각함

사기
- 士氣 : 몸과 마음에 기운이 넘쳐 굽힐 줄 모르는 씩씩한 기세
- 史記 : 역사적인 사실을 적어놓은 책
  - 예 三國史記(삼국사기)
- 詐欺 : 못된 꾀로 남을 속이는 것

사례
- 事例 : 어떤 일에 관하여 실제로 일어난 낱낱의 사건
- 謝禮 : 상대편에게 언행이나 물품으로 고마운 뜻을 나타냄

사설
- 私設 : 개인이 설립하는 것
- 社說 : 신문·잡지 등에서 그 사(社)의 주장으로 실어 펼치는 논설
- 辭說 : 노래, 연극 등의 사이사이에 엮어 하는 이야기

사의
- 謝意 : 고마운 뜻
- 謝儀 : 감사의 뜻으로 보내는 물품
- 辭意 : 사임(辭任)을 하려는 뜻

사전
- 事典 : 여러 가지 사항을 모아 그 하나하나에 해설을 붙인 책
  - 예 韓國民俗大白科事典(한국민속대백과사전)
- 辭典 : 언어를 모아서 일정한 순서로 나열하고, 발음·의의·용법·어원 등을 해설한 책
  - 예 英韓辭典(영한사전)

사찰
- 寺刹 : 절
- 査察 : 어떤 일이 규정에 따라 준수되고 있는지를 조사·확인하는 일
  - 예 稅務査察(세무사찰)
- 私札 : 사사로이 하는 편지

사채
- 社債 : 회사가 진 빚
- 私債 : 사사로운 빚
  - 凹 公債(공채)

서광
- 曙光 : ① 동틀 때에 비치는 빛 ② 됨직한 희망의 빛
- 瑞光 : ① 상서로운 빛 ② 길한 일의 조짐

서식
- 書式 : 증서·원서·신고서 등을 작성하는 일정한 법식(法式)
- 棲息 : 동물이 어떠한 곳에 깃들여 사는 것

선발
- 先發 : 먼저 출발하는 것
- 選拔 : 많은 가운데서 추려 뽑는 것

선전
- 宣傳 : 주의·주장이나 사물의 존재·효능 따위를 많은 사람에게 이해시켜 공감을 얻을 목적으로 잘 설명하여 널리 알리는 일
- 宣戰 : 한 나라가 다른 나라에 대해 전쟁의 시작을 알림
- 善戰 : 실력 이상으로 잘 싸우는 것

성명
- 姓名 : 성(姓)과 이름. 씨명(氏名)
- 聲明 : 어떤 일에 대한 입장이나 태도·견해 따위를 글이나 말로 여러 사람에게 밝히는 것

세대
- 世帶 : 집안 식구. 한 집을 차린 독립적 생계
- 世代 : 같은 시대에 살면서 공통의 의식을 가지는 비슷한 연령층의 사람들

구별해서 써야 할 한자어

- 說話(설화) ⇒ 이야기, 특히 여러 민족 사이에 전승되어 온 신화·전설·동화 등을 통틀어 일컬음
- 神話(신화) ⇒ 역사상의 근거는 없으나, 그 씨족·부족·민족에 있어서의 신격(神格)을 주동자(主動者)로 하여 엮어져 전하여 오는 설화

소요
- 所要 : 요구되거나 필요한 바
- 逍遙 : (정한 곳이 없이)슬슬 거닐어 돌아다니는 것
- 騷擾 : 여럿이 떼지어 폭행·협박 따위를 함으로써 공공질서를 어지럽히는 일

소화
- 消火 : 불을 끄는 일
- 消化 : ① 섭취한 음식물을 분해하여 영양분을 흡수하기 쉬운 형태로 변화시키는 작용 ② 배운 지식·기술 따위를 자기 것으로 만드는 것
- 燒火 : 불사르거나 태움

소환
- 召喚 : 관청이 특정 개인을 법에 따라 호출하는 것
- 召還 : 일을 끝마치기 전에 돌아오도록 부르는 것

수도
- 水道 : 물이 흘러들어 오거나 흘러나가게 된 통로
- 首都 : 한 나라의 중앙정부가 있는 곳
- 修道 : 도(道)를 닦는 것

수리
- 受理 : 서류를 받아서 처리하는 것
- 修理 : 고장 나거나 허름한 데를 손보아 고치는 것

수사
- 修辭 : 말이나 글을 꾸며 보다 아름답고 정연하게 하는 일
- 搜査 : 검사 또는 사법경찰관이 공소(公訴)를 제기 또는 유지하기 위하여 범인을 찾거나 범죄에 관한 증거를 수집하는 것
- 修士 : 청빈·정결·복종의 세 가지를 서약하고 독신으로 수도하는 남자. 수도사(修道士)

구별해서 써야 할 한자어

- 令夫人(영부인) ⇒ 남을 높이어 그의 '부인'을 이르는 말. 귀부인(貴夫人), 현합(賢閤), 영실(令室)
- 査夫人(사부인) ⇒ '사돈댁'의 높임말

수용
- 收容 : ① 거두어 넣어둠 ② 데려다 넣어둠
- 受用 : 받아 씀
- 受容 : 받아들임

수정
- 修正 : 바로잡아서 고침
- 修訂 : 서적 등의 잘못을 고침

습득
- 拾得 : 주워 얻음
    - 예 拾得物(습득물)
- 習得 : 배워 터득함

시기
- 時期 : 정해진 때
    - 예 씨앗을 뿌릴 時期다.
- 時機 : 적당한 기회
    - 예 時機가 오면 놓치지 말라.

시사
- 示唆 : 미리 암시하여 일러주는 것
- 時事 : 그 당시에 사회적으로 발생한 일
- 試寫 : 영화나 텔레비전 등의 작품을 일반에게 공개하기에 앞서 시험 삼아 심사원·비평가·제작 관계자·보도기관 등에 보이는 일

시청
- 市廳 : 시의 행정사무를 맡아보는 곳
- 視聽 : (텔레비전을)보고 듣는 일

신문
- 訊問 : ① 캐어물음. 따져서 물음 ② 증인·피고인 등에 대해 구두로 물어 사건을 조사 함.
- 新聞 : 사회의 사건에 대하여 사실이나 해설을 널리 전하는 정기 간행물

신부
- 神父 : 천주교·성공회의 사목자(司牧者)
- 新婦 : 갓 결혼했거나 또는 결혼하는 여자

신장
- 伸張 : (세력·권리 따위를) 늘이고 넓게 펴는 것
- 新裝 : 설비나 외관 등을 새로 장치하는 것, 또는 그 장치
  - 例 新裝開業(신장개업)

신축
- 伸縮 : 늘고 주는 것 또는 늘이고 줄이는 것
- 新築 : (집 따위를) 새로 짓는 것

애호
- 愛好 : 사랑하여 즐김. 좋아함
- 愛護 : 사랑하고 보호함
  - 例 새를 愛護합시다.

야심
- 夜深 : 밤이 깊음
- 野心 : 자기 분수에 맞지 않게 품은 욕심이나 욕망

약소
- 弱小 : 약하고 작은 것
- 略少 : 간략하고 적음

양호
- 良好 : 아주 좋음
- 養護 : 위험이 없도록 보호함

역설
- 力說 : 강하게 주장함
- 逆說 : 일반이 진리라고 인정하고 있는 것에 반대되는 설
  - 例 逆說家(역설가)

구별해서 써야 할 한자어

- 藥局(약국) ⇒ 약사가 양약(洋藥)을 조제·판매하는 곳
- 藥房(약방) ⇒ 양약을 팔기만 하는 가게

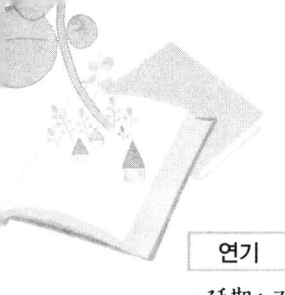

연기
- 延期 : 정해진 기한을 뒤로 물리는 것
- 煙氣 : 물건이 탈 때에 나는 뿌연 기체
- 演技 : 연극이나 영화에서 배우가 맡은 배역의 행동이나 성격을 창조하여 나타내는 일

연습
- 練習 : 되풀이하여 익힘
- 演習 : '練習'과 같은 뜻으로 쓰이기도 하나, 특히 군사훈련에서 실전을 상정하고 하는 일인 경우 주로 쓰임

영화
- 映畫 : 어떠한 주제(主題)를 움직이는 영상으로 표현하는 예술의 한 장르
- 榮華 : 귀하게 되어서 몸이 세상에 드러나고 이름이 빛나는 일

예방
- 豫防 : (질병·재해 따위를) 미리 대처하여 막는 것
- 禮訪 : 인사차 방문하는 것

운명
- 運命 : 사람의 몸을 둘러싸고 다치는 선악·길흉의 사정을 말함
- 殞命 : 사람의 목숨이 끊어지는 것

원고
- 原告 : 소송을 제기하여 재판을 청구한 사람
- 原稿 : 인쇄하거나 발표하기 위하여 쓴 글이나 그림 따위

원수
- 元首 : '국가원수(國家元首)'의 준말
- 怨讐 : 해를 입어 원한이 맺힌 대상
- 元帥 : 군인의 가장 높은 벼슬

위장
- 胃腸 : 위와 장
  - 예 胃腸障碍(위장장애)
- 僞裝 : 본래의 속셈이나 모습이 드러나지 않도록 거짓으로 꾸미는 것

유세
- 有勢 : 자랑삼아 세도를 부리는 것
- 遊說 : 자기 의견 또는 자기 소속정당의 주장을 설파하며 돌아다니는 것

유적
- 遺跡 : 건물이나 사변(事變) 따위가 있었던 곳. 고고학적 유물이 있는 곳. 고인이 남긴 영지(領地)
- 遺蹟 : 고인의 행적이나 역사적 기록의 자취

유전
- 油田 : 석유가 나는 곳
- 流傳 : 세상에 퍼져 전파하는 것
- 遺傳 : 어버이의 성질·체질·형상 등이 자손에게 전해지는 일
- 流電 : 번갯불

유지
- 有志 : 마을이나 지역에서 명망 있고 영향력을 가진 사람
- 維持 : 지탱하여 나가는 것 또는 지니어 가는 것
- 遺志 : 죽은 사람의 생전(生前)의 뜻

유치
- 留置 : ① 맡아 두는 것 ② 사람이나 물건을 일정한 지배하에 두는 것
- 幼稚 : ① 나이가 어림 ② 정도가 낮음
- 誘致 : ① 꾀어내는 것 ② 이끌어 들이는 것

유학
- 留學 : 외국에 머물면서 공부함
- 遊學 : 타향에 가서 공부함

응시
- 凝視 : 시선을 모아 뚫어지게 보는 것
- 應試 : 시험에 응하는 것

구별해서 써야 할 한자어

- 月給(월급) ⇒ 봉급 중에서 다달이 받는 급료. 연봉을 적당히 등분하여 다달이 받는 것도 있고, 월급을 정하고 지급하는 것도 있음
- 俸給(봉급) ⇒ 계속적인 노무에 대한 보수로 지급되는 일정한 금액. 봉급은 주급(週給)일 수도 있고, 순급(旬給) 또는 월급일 수도 있다. 또한 연봉으로 따지는 수도 있음

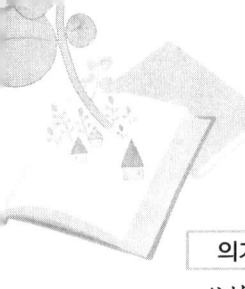

의거
- 依據 : 근거나 증거로 삼아 따라함
- 義擧 : 정의(正義)로 일으키는 의로운 거사(擧事)

의사
- 義士 : 의로운 지사(志士)
- 意思 : 무언가를 하고자 하는 생각
  - 예 意思表示(의사표시)
- 醫師 : 면허를 얻어 의술과 약으로 병을 진찰·치료하는 일을 업으로 하는 사람
- 議事 : 회합(會合)에 의한 심의(審議) 또는 심의할 사항

이동
- 移動 : 옮겨 움직이거나 옮겨 다님(물리적 작용이 전제됨)
- 異動 : 전임(轉任)·퇴관(退官) 등의 지위·직책의 변동
  - 예 人事異動(인사이동)

이론
- 理論 : 원리원칙에서 출발하여 사실을 논함
- 異論 : 남과 다른 의견

이상
- 異狀 : 시각적(視覺的)으로 평소보다 다른 상태
- 異常 : 정상적인 것과 다른 상태나 현상
  - 예 異常氣溫(이상기온)
- 理想 : 각자의 지식, 경험의 범위 안에서 최고라고 생각되는 상태

이성
- 異性 : 성(性)이 다른 것
- 理性 : 감정에 빠지지 않고 조리 있게 일을 생각하여 판단하는 능력

인도
- 引渡 : 사물이나 권리 따위를 넘겨주는 것
- 引導 : 이끌어서 지도하는 것

구별해서 써야 할 한자어

- 醫院(의원) ⇒ 병원보다 규모가 작은 진찰·진료소
- 病院(병원) ⇒ 질병을 진찰·치료하는 곳으로, 일정 수 이상의 환자를 수용할 수 있는 설비를 갖춘 곳

인사
- 人士 : 어떤 분야에서 활동적인 구실을 하는 사람
- 人事 : ① 남에게 공경하는 뜻으로 하는 예의(禮儀) ② 사람의 일 또는 사람의 힘으로 할 수 있는 일

인상
- 引上 : 물건값, 요금, 봉급 등을 올림
- 印象 : 보거나 듣거나 했을 때 대상물이 사람의 마음에 주는 느낌

인정
- 人情 : 남을 동정하는 따뜻한 마음
- 認定 : 확실히 그렇다고 여기는 것

자문
- 自問 : 스스로 제 마음에 물음
- 諮問 : 일을 바르게 처리하려고 전문가 등에게 의견을 물음

자수
- 自手 : 자기의 손, 자기 혼자의 노력 또는 힘
  - 예 自手成家(자수성가)
- 刺繡 : 수(繡)를 놓음 또는 그 수
- 自首 : 범죄자가 발견되기 전에 수사관에 자기의 범죄사실을 신고하고, 그 소추(訴追)를 구하는 일

자원
- 自願 : 어떤 일을 자기 스스로 하고자 하여 나서는 것
- 資源 : 인간의 생활 및 경제생산에 이용되는 물적 자료 및 노동력·기술의 총칭

구별해서 써야 할 한자어

- 以下(이하) ⇒ 어떤 수준이나 정도까지를 포함시킨 그 아래
  - 예 '以'는 '가지고'의 뜻이며, 10 이하면 10까지도 포함됨
- 未滿(미만) ⇒ 정한 수나 정도에 차지 못한 것
  - 예 10 미만이면 10이 차지하지 못한 1부터 9까지를 뜻함

자제
- 子弟 : 남을 높이어 그의 아들을 이르는 말
- 自制 : 자기감정이나 욕망을 스스로 억제하는 것

장관
- 壯觀 : ① 훌륭한 광경 ② 구경거리
- 長官 : 국무를 분담해 처리하는 행정 각부의 장(長)

재가
- 再嫁 : 한번 결혼했던 여자가 다시 다른 곳으로 시집감
- 裁可 : 결재권을 가진 사람이나 단체가 안건(案件)을 결재하여 허가함

재고
- 再考 : 다시 생각하는 것
- 在庫 : 창고(倉庫)에 있는 물건
  예 在庫管理(재고관리)

재정
- 財政 : 국가 또는 지방자치 단체가 행정활동이나 공공정책을 시행하기 위한 재력(財力)을 취득하고 이를 관리하는 경제활동
- 裁定 : (어떤 일의 옳고 그름을)따져서 결정하는 것

전기
- 前期 : 일정기간을 몇 개로 나눈 그 첫 시기
  ↔ 後期(후기)
- 傳記 : 어떤 인물의 생애와 활동을 적은 기록
- 電氣 : 전자의 이동으로 생기는 에너지의 한 형태
- 轉機 : 전환점을 이루는 기회나 고비

전담
- 全擔 : 어떤 일의 전부를 맡기는 것. 전당(全當)
- 專擔 : 전문적으로 담당하는 것

전력
- 全力 : 가지고 있는 모든 힘
- 專力 : 오로지 그 일에만 힘을 씀

전도
- 前途 : 앞으로 나아갈 길. 장애
- 傳道 : 도리를 세상에 널리 전하는 것
- 顚倒 : ① 엎어져서 넘어짐 ② 위와 아래를 바꾸어서 거꾸로 함

전용
- 專用 : 오로지 그것만 씀
- 轉用 : 예정되어 있는 곳에 쓰지 않고 다른 데로 돌려 씀

전파
- 電波 : 적외선 이상의 파장을 갖는 전자파로 특히, 전기통신에 쓰이는 것
- 傳播 : 널리 전하여 퍼뜨리는 것

전형
- 典型 : 같은 부류의 특징을 가장 잘 나타내고 있는 본보기
- 銓衡 : 인물의 됨됨이. 재능 따위를 가리어 뽑는 것
- 典刑 : 예전부터 전하여 내려오는 법전

절감
- 切感 : 아주 깊이 느끼는 것. 절실하게 느낌. 통감(通感)
- 節減 : 절약하여 줄임. 아껴 줄임
  - 예) 經費節減(경비절감)

절도
- 節度 : 일이나 행동·생활 등에서 정도에 알맞게 하는 규칙적인 한도
- 竊盜 : (남의 물건을)몰래 훔치는 것 또는 그 사람
- 絶倒 : 까무러쳐 넘어짐

정당
- 正堂 : 바르고 옳음. 이치에 합당함
- 政黨 : 일정한 정치이상의 실현을 위해 정치권력의 참여를 목적으로 하는 정치결사

구별해서 써야 할 한자어

- 祝典(축전) ⇒ 축하하는 뜻으로 하는 의식이나 행사
- 祝祭(축제) ⇒ 축하하고 제사지냄

정상
- 正常 : 특별한 변동이 없이 제대로인 상태
- 頂上 : ① 산의 맨 꼭대기 ② 최고의 상태 ③ 국가의 최고 수뇌
- 情狀 : 구체적 범죄의 구체적 책임의 경중(輕重)에 영향을 미치는 일체의 사정

정찰
- 正札 : 물건의 에누리 없는 정당한 값을 적은 종이쪽
- 偵察 : 살펴서 알아내는 것

정통
- 正統 : 바른 계통
- 精通 : 어떤 사물을 깊고 자세히 통하여 앎

제도
- 制度 : 사회생활에 필요한 일정한 방식·기준 등을 정하여 놓은 체계
- 製圖 : (기계·건축물·공작물 등의)도면을 그려 만드는 것
- 濟度 : 일체 중생을 부처의 도로써 고해(苦海)에서 건져 극락세계로 인도해 주는 것
  - 衆生濟度(중생제도)

제재
- 制裁 : 법이나 규정에 어그러짐이 있을 때 그에 대해 어떤 처벌이나 금지, 책망 등을 행하는 일
- 製材 : 벌채한 나무로 재목(材木)을 만드는 것
- 題材 : 예술작품이나 학술연구의 주제가 되는 재료

조기
- 早起 : 아침에 일찍 일어남
- 早期 : 이른 시기
- 弔旗 : 죽은 이를 슬퍼하는 뜻으로 다는 검은 선을 두른 기

조작
- 造作 : 물건을 지어서 만듦
- 操作 : 다루어 처리함

조화
- 造化 : 만물을 창조하고 기르는 대자연의 이치
- 造花 : (종이나 헝겊 등으로)인공으로 만든 꽃
- 調和 : 이것과 저것이 서로 고르게 잘 어울리는 것

주간
- 主幹 : 일을 주장(主掌)하여 맡아서 처리하는 것
- 週刊 : 한 주일에 한 번씩 발행하는 일 또는 그 간행물
- 週間 : 한 주일 동안

주의
- 主義 : 굳게 지키는 일정한 주장이나 방침
- 注意 : 마음에 새겨두어 조심함

준수
- 俊秀 : 재주·슬기·풍채가 빼어남
- 遵守 : 그대로 잘 좇아서 지킴

중상
- 中傷 : 근거 없는 말로 남을 헐뜯어 명예에 손상을 입히는 것
- 重傷 : 몹시 다치는 것 또는 심한 부상

지방
- 地方 : ① 어느 한 방면의 땅 ② 서울 밖의 시골
- 脂肪 : 지방산과 글리세롤의 에스테르 중 상온에서 고체인 것
- 紙榜 : 종이로 만든 신주(神主)

지원
- 支院 : 지방법원·가정법원 등의 관할하에 있으면서 일정한 지역에 따로 떨어져 그곳의 법원사무를 맡아 처리하는 곳
- 支援 : 지지(支持)를 하여 돕는 것
- 志願 : 무엇을 하고 싶어 바라고 원함

지향
- 指向 : 목표로 정한 방향 또는 그 방향으로 나감
- 志向 : 뜻이 쏠리는 방향 또는 그 방향으로 나감

구별해서 써야 할 한자어

- 割引(할인) ⇒ 일정한 가격에서 얼마간 값을 덜어냄
- 引下(인하) ⇒ ① 끌어내림 ② (물가·요금·봉급 등을)떨어뜨림

차관
- 次官 : 장관을 보좌하고 그를 대리할 수 있는 보조기관
- 借款 : 한 나라의 정부나 기업·은행이 외국정부나 공적 기관으로부터 자금을 빌려오는 일

천재
- 天才 : 타고난 뛰어난 재주 또는 그런 재주를 지닌 사람
- 天災 : 자연현상으로 일어나는 재난으로 지진·홍수 따위

초대
- 初代 : 어떤 계통의 첫 대(代) 또는 그 사람
- 招待 : ① (어떤 모임에)참가할 것을 청하는 것 ② 사람을 불러 대접하는 것
- 初對 : 처음으로 대면함. 초대면

초상
- 初喪 : 사람이 죽어서 장사지낼 때까지의 동안
- 肖像 : 그림 따위에 나타난 어떠한 사람의 얼굴과 모습

최고
- 最古 : 가장 오래됨
- 最高 : 가장 높음 또는 가장 좋음
- 催告 : 상대방에게 일정한 행위를 하도록 독촉(督促)하는 통지를 내는 일

최소
- 最小 : 크기가 가장 작은 것
- 最少 : 분량이나 나이가 가장 적은 것

출가
- 出家 : ① 집을 떠나감 ② 속가를 떠나 불문(佛門)에 드는 일
- 出嫁 : 처녀가 시집가는 것

출연
- 出捐 : 금품(金品)을 내어 원조하는 것
- 出演 : 연설·강연·연극·음악 등을 하기 위해 무대나 연단에 나가는 것

출장
- 出張 : 용무(用務)를 위하여 어떤 장소에 나가는 것
- 出場 : 어떤 장소에 나가는 것

충실
- 充實 : 속이 올차서 단단하게 여물음
- 忠實 : 맡은 일을 열심히 하여 정성스러움

타진
- 打診 : 미리 남의 뜻을 살펴보는 것
- 打盡 : 모조리 잡는 것

탄성
- 彈性 : 물체에 힘을 가하면 변형하고 힘을 제거하면 원래대로 돌아가려는 성질
- 歎聲 : 한탄 또는 감탄하는 소리

통상
- 通常 : 특별하지 않고 예사임. 보통
- 通商 : 외국과 서로 물품을 사고팔고 하는 것

통화
- 通貨 : 유통수단·지불수단으로서 기능하는 화폐
- 通話 : 전화로 말을 서로 함

구별해서 써야 할 한자어

- 混同(혼동) ⇒ 뒤섞음
- 混沌(혼돈) ⇒ 사물의 구별이 확실하지 않은 상태

편재
- 偏在 : 어느 것에 한하여 치우쳐 있음
  - 예) 富의 偏在
- 遍在 : 널리 퍼져 있음
  - 예) 전국에 遍在한 소나무

폐업
- 閉業 : ① 문을 닫고 영업을 쉼 ② 폐점(閉店)
- 廢業 : 직업이나 영업을 그만두는 것

폭발
- 暴發 : 속에 쌓여있던 감정 따위가 일시에 세찬 기세로 나옴
- 爆發 : 불꽃을 일으키며 별안간 터짐

폭음
- 暴飮 : 술을 한꺼번에 많이 마시는 것
- 爆音 : 폭발하는 큰 소리. 폭발음

폭주
- 暴走 : 매우 빠른 속도로 난폭하게 달림
- 暴注 : 어떤 일이 처리하기 힘들 정도로 한꺼번에 몰림

표시
- 表示 : 겉으로 나타내어 보임
- 標示 : 목표물에 표를 하여 나타냄
  - 예) 標識(표식)

구별해서 써야 할 한자어

- 篇 ⇒ 시문(詩文)이나 서적의 수효. 책자 속에서 성질이 다른 갈래를 구분하는 말
  - 예) 文法篇(문법편)
- 編 ⇒ 책을 엮는 일. 조직이나 섬유를 짜는 일. 책의 갈래를 구분하는 말
  - 예) 前編(전편)

> 표현
- 表見 : 권리는 없지만 다른 사람에게는 마치 그 권리가 있는 것처럼 여겨지는 일
- 表現 : (사상·감정 등을)드러내어 나타냄

> 학과
- 學科 : 학술의 분과(分科)
- 學課 : 학문의 과정(課程). 학교의 과정

> 학원
- 學院 : 학교. 학교 설치기준에 미달한 사립 교육기관
- 學園 : 교육기관의 총칭

> 함정
- 陷穽 : 빠져나올 수 없는 곤경이나 남을 해치기 위한 계략의 비유
- 艦艇 : 군함·구축함·어뢰정·소해정 등의 총칭

> 항구
- 恒久 : 변하지 아니하고 오래감
- 港口 : 바닷가에 배를 댈 수 있게 설비한 곳

> 해산
- 解産 : 아이를 낳는 일. 분만(分娩)
- 解散 : 집단·조직·단체 등을 해체하여 없애는 것

> 행사
- 行使 : 부려서 쓰는 행동
- 行事 : 계획에 따라 여럿이 함께 일을 진행함

구별해서 써야 할 한자어

- 懷古(회고) ⇒ 지나간 옛 일을 돌이켜 생각함
- 回顧(회고) ⇒ 돌아다 봄 또는 지난 일을 생각하여 봄

현상
- 現狀 : 나타나 보이는 현재의 상태
- 現象 : 직접 지각할 수 있는 자연계·인간계에서 일어나는 일
- 懸賞 : 무엇을 모집·구득(求得)하거나, 사람 찾는 일에 상을 걺
- 現像 : 사진 건판(乾板)·필름·인화지를 노출한 후 약품 처리하여 화상(畵像)을 나타내는 일

호전
- 好戰 : 싸움 또는 전쟁을 좋아함
- 好轉 : 잘 안되던 일이 잘 되어가기 시작하는 것

혼신
- 渾身 : 온몸
- 混信 : 전신(電信)·방송 등을 수신할 때 다른 발신국(發信局)의 송신신호가 섞여 수신되는 일

화장
- 火葬 : 시체를 사르고, 그 남은 뼈를 모아 장사지내는 것
- 化粧 : 분·연지 등을 바르고 얼굴을 곱게 꾸미는 것

환기
- 喚起 : 불러일으킴
- 換氣 : 탁한 공기와 새 공기를 바꾸어 넣음

회의
- 會議 : 여럿이 모여 의논하는 것
- 懷疑 : 어떤 일이 진정으로 올바르고 확실한지를 의심하는 일

03

쓰기연습

1 다음 ( )에 同音異議語(동음이의어)를 각각 漢字로 쓰시오.
   ① 使用 (   )   ② 家産 (   )
   ③ 非行 (   )   ④ 勇氣 (   )
   ⑤ 前後 (   )

   NOTE ① 私用(사용) ② 加算(가산) ③ 飛行(비행)
             ④ 容器(용기) ⑤ 戰後(전후)

2 다음 漢字語와 同音異議語(동음이의어)를 쓰시오. (略字(약자)도 可)
   ① 詩歌 (   )   ② 施政 (   )
   ③ 醫師 (   )   ④ 士氣 (   )
   ⑤ 正義 (   )

   NOTE ① 時價(시가) ② 市政(시정) ③ 意思, 義士, 議事(의사) ④ 詐欺, 史記(사기) ⑤ 定義(정의)

3 다음 漢字語와 소리는 같으나 뜻이 다른 漢字語를 쓰시오.

   | 死後 − 事後 |

   ① 聲明 (   )   ② 庭園 (   )
   ③ 聖人 (   )   ④ 眼前 (   )

   NOTE ① 姓名(성명) ② 定員(정원) ③ 成人(성인) ④ 安全(안전)

04 한자성어

사자성어의 출제가 빈번합니다. 상공회의소에서 요구하는 사자성어를 보다 풍성하게 맞추기 위해 쭉 살펴보면 많은 도움이 될 것입니다.

- 可居之地(가거지지) : 사는데 있어서 머물만한 곳
- 家給人足(가급인족) : 집집마다 먹고 사는 것에 부족함이 없음
- 街談巷說(가담항설) : 세상의 풍문. 길거리의 화제
- 假弄成眞(가롱성진) : 거짓으로 말한 것이 진짜 한 것같이 됨
- 佳人薄命(가인박명) : 아름다운 사람은 수명이 짧음
- 刻骨難忘(각골난망) : 은혜에 대한 고마운 마음이 뼈에 새겨져 잊히지 않음
- 角者無齒(각자무치) : 한 사람이 모든 복을 겸하지 못함을 이름
- 刻舟求劍(각주구검) : 사람이 미련하고 융통성이 없음
- 肝膽相照(간담상조) : ① 생각하는 바가 서로 통함 ② 서로의 마음을 터놓고 숨김없이 친하게 사귐
- 間世之材(간세지재) : 여러 세대 가운데서 드러나는 많지 않은 인재
- 渴而穿井(갈이천정) : 목이 말라야 비로소 우물을 팜
- 感慨無量(감개무량) : 마음의 감동을 받아 감정이 복받쳐 올라옴
- 敢不生心(감불생심) : 감히 하려고 마음먹지 못함
- 甘言利說(감언이설) : 달콤한 말과 이로운 조건을 내세워 남을 꾐
- 感之德之(감지덕지) : 작은 일에도 정말 감사를 느낌
- 甘呑苦吐(감탄고토) : 제게 유리하면 하고 불리하면 하지 않는 이기주의적 태도
- 康衢煙月(강구연월) : 태평한 세상의 평화스러운 풍경
- 個個服招(개개복초) : 죄를 하나하나 밝힘
- 改過遷善(개과천선) : 잘못을 고치고 옳은 길에 들어섬
- 開化思想(개화사상) : 문물을 열어 새로운 문화를 받아들임
- 巨家大族(거가대족) : 뼈대 있는 명문 문벌
- 去頭截尾(거두절미) : 사실의 줄거리만 말하고 부수적인 것을 빼어버림
- 居安思危(거안사위) : 편안한 때에 있어서는 앞으로 닥칠 위태로움을 생각함
- 乾坤一擲(건곤일척) : 운명이 매우 어려운 고비에 당해 있음
- 建功之臣(건공지신) : 나라를 세울 때 공을 세운 신하
- 格物致知(격물치지) : 사물의 이치를 연구하여 자기의 지식으로 확실하게 만들어 감

- 隔靴搔癢(격화소양) : 애는 쓰되 정통을 찌르지 못하여 안타까움
- 牽强附會(견강부회) : 가당치 않은 말을 억지로 끌어다가 이치에 맞도록 함
- 見利思義(견리사의) : 이익을 보면 의리에 맞는가를 먼저 생각해야 함
- 犬馬之勞(견마지로) : 자기의 노력을 낮추어 일컫는 말
- 見聞覺知(견문각지) : 눈으로 보고 귀로 듣고 깨달아서 알게 됨
- 見蚊拔劍(견문발검) : 보잘 것 없는 작은 일에 어울리지 않게 엄청난 큰 대책을 씀
- 見物生心(견물생심) : 실제로 물건을 보면 가지고 싶은 욕심이 생김
- 見危授命(견위수명) : 위태함을 보고 목숨을 주어 버림. 곧, 나라의 위태로움을 보고 목숨을 아끼지 않고 나라를 위하여 싸움
- 堅忍持久(견인지구) : 굳게 참아 오래 버팀
- 結者解之(결자해지) : 처음에 일을 시작한 사람이 그 일을 끝맺어야 함
- 結草報恩(결초보은) : 죽을 때까지 은혜를 잊지 않고 갚음
- 兼人之勇(겸인지용) : 혼자서 몇 사람을 당해낼 만한 용기
- 傾蓋如舊(경개여구) : 잠시 만났지만 예전에 만났던 것처럼 친함
- 輕擧妄動(경거망동) : 경솔하고 망령된 행동
- 傾國之色(경국지색) : 한 나라를 기울게 할 만큼 용모가 빼어난 미인
- 輕薄浮虛(경박부허) : 행동이 가볍고 진중하지 못함
- 警世訓民(경세훈민) : 세상의 이치를 깨닫고 백성들을 가르침
- 驚天動地(경천동지) : 세상을 굉장히 놀라게 함
- 鷄卵有骨(계란유골) : 늘 일이 안 되는 사람이 모처럼 좋은 기회를 만났으나 역시 잘 안됨
- 鷄鳴狗盜(계명구도) : 잔꾀를 잘 부리거나 비열한 행동을 하는 사람
- 孤軍奮鬪(고군분투) : 적은 인원의 약한 힘으로 남의 도움 없이 힘에 겨운 일을 함
- 膏粱珍味(고량진미) : 기름지고 맛있는 음식
- 孤立無依(고립무의) : 의지할 곳이 없이 홀로 있음
- 鼓腹擊壤(고복격양) : 의식(衣食)이 풍부하여 안락하며 태평세월을 즐기는 일
- 姑息之計(고식지계) : 일시적으로 편안하고자 생각해 낸 계책
- 孤掌難鳴(고장난명) : 상대방이 응해야지, 혼자서는 일이 이루어지지 않음
- 苦盡甘來(고진감래) : 고생 끝에 즐거움이 옴
- 曲學阿世(곡학아세) : 학문을 왜곡시켜 세상의 속물들에게 아부함
- 骨肉相爭(골육상쟁) : 동족끼리 서로 싸움의 비유
- 空中樓閣(공중누각) : 사물의 기초가 견고하지 못함
- 過恭非禮(과공비례) : 공손이 지나쳐서 오히려 부담을 줌
- 誇大妄想(과대망상) : 사실보다 과장하여 지나치게 상상하는 망령된 생각
- 過猶不及(과유불급) : 지나침은 미치지 못함과 같음
- 管鮑之交(관포지교) : 중국 제(濟)나라의 관중(管仲)과 포숙(鮑叔)의 고사. 썩 친밀한 우정을 이름
- 刮目相對(괄목상대) : 남이 학식과 재주가 갑자기 느는 것을 경탄하여 인식을 새롭게 함

- 矯角殺牛(교각살우) : 조그만 일을 고치려다 큰일을 그르침
- 巧言令色(교언영색) : 교묘하게 꾸며대는 말과 아첨하는 얼굴빛. 곧, 아첨하는 언행을 이름
- 口講指畫(구강지화) : 최선을 다해서 가르침
- 九曲肝腸(구곡간장) : 굽이굽이 사무침. 마음 속
- 口蜜腹劍(구밀복검) : 달콤한 말을 하면서 칼 같은 마음을 품어 해칠 생각을 가짐
- 九死一生(구사일생) : 여러 번 죽을 고비를 넘기고 간신히 살아남
- 口尙乳臭(구상유취) : 입에서 아직 젖내가 남. 곧, 말이나 행동이 유치함
- 九牛一毛(구우일모) : 많은 것 가운데 극히 적은 것
- 九折羊腸(구절양장) : 수많은 꺾인 양의 창자. 곧, 꼬불꼬불하고 험한 산길
- 群鷄一鶴(군계일학) : 많은 닭 가운데 한 마리의 학. 곧, 많은 사람 중의 뛰어난 인물
- 群雄割據(군웅할거) : 한 시기에 여기저기에서 제각기 일어난 영웅들이 제각기 한 지방을 차지하고 제 마음대로 위세를 부리는 일
- 權謀術數(권모술수) : 그때그때의 형편에 따라 변통성 있게 둘러맞추는 모양이나 수단
- 勸善懲惡(권선징악) : 착한 일을 권하고 악한 일을 징벌함
- 捲土重來(권토중래) : 한 번 실패에 굴하지 않고 다시 분기하여 재도전함
- 克己復禮(극기복례) : 사욕을 누르고 예의범절을 좇음
- 近墨者黑(근묵자흑) : 나쁜 사람과 어울리면 그의 좋지 못한 행실에 물듦
- 金科玉條(금과옥조) : 금이나 옥과 같이 몹시 귀중한 법률이나 규범
- 金蘭之契(금란지계) : 벗 사이나 사귐이 매우 깊음을 이름. 금은 지극히 견고하지만 두 사람의 마음을 합치면 그 견고함이 금을 능히 단절할 수 있으며, 두 사람이 지정한 말을 향기로운 난초에 비유하여 '금란'이라 함
- 金蘭之交(금란지교) : 굉장히 친한 친구 관계
- 金迷紙醉(금미지취) : 방탕하고 사치스러운 생활
- 錦上添花(금상첨화) : 좋은 일이 거듭해서 일어남
- 金石盟約(금석맹약) : 쇠붙이와 같은 굳은 약속
- 錦衣還鄕(금의환향) : 객지에서 성공하여 고향으로 돌아옴
- 金枝玉葉(금지옥엽) : ① 임금의 집안과 자손 ② 귀여운 자손
- 饑死僅生(기사근생) : 죽을 뻔 했다가 가까스로 살아남
- 起死回生(기사회생) : 거의 다 쓰러질 번 하다가 가까스로 일어남
- 杞憂(기우) : 기나라 사람의 근심. 곧, 쓸데없는 걱정을 뜻함
- 難攻不落(난공불락) : 공격해서 이겨내기 힘든 요새
- 難兄難弟(난형난제) : 인물이나 사물의 우열을 가리기 힘듦
- 南柯一夢(남가일몽) : 꿈 또는 허무한 한때의 부귀영화(富貴榮華)
- 男負女戴(남부여대) : 가난한 사람들이 떠돌아다니는 형상을 가리킴
- 內憂外患(내우외환) : 나라 안의 걱정과 외적의 침입에 대한 근심
- 勞心焦思(노심초사) : 몹시 초조하게 생각하고 속을 태움

- 綠陰芳草(녹음방초) : 푸른 나무 그늘과 꽃다운 풀. 곧, 여름의 자연경치
- 屢見不鮮(누견불선) : 여러 번 봐서 전혀 신선하지 않음
- 累卵之勢(누란지세) : 알을 쌓아 놓은 듯한 형세. 곧, 매우 위태로운 형세
- 累卵之危(누란지위) : 지금 상황이 굉장히 위태한 상황
- 能小能大(능소능대) : 작은 일도 큰일도 능히 해낼 수 있음
- 多岐亡羊(다기망양) : ① 학문의 길이 너무 다방면으로 갈리어 진리를 얻기 어려움 ② 방침이 많아서 도리어 할 바를 모름
- 多多益善(다다익선) : 많으면 많을수록 좋음
- 多事多端(다사다단) : 많은 일들과 많은 이유들
- 多言或中(다언혹중) : 많은 말 속에 간혹 바른 말도 있음
- 斷金之交(단금지교) : 친구 사이의 사귀는 정이 두텁고 깊은 것
- 單刀直入(단도직입) : 군말을 떼고 바로 본론으로 들어감
- 簞食瓢飮(단사표음) : 청빈한 생활에 만족함
- 丹脣皓齒(단순호치) : 붉은 입술과 흰 치아. 곧, 아름다운 여자의 얼굴
- 淡水之交(담수지교) : 변함없는 친한 관계
- 堂狗風月(당구풍월) : 서당 개 3년이면 풍월을 함
- 螳螂拒轍(당랑거철) : 본인 힘을 파악하지 못한 채 함부로 덤빔
- 大器晩成(대기만성) : 크게 될 사람은 느지막이 이루어짐
- 道有升降(도유승강) : 성공할 때도 있고 실패할 때도 있음
- 讀書三到(독서삼도) : 독서는 눈으로 보고, 입으로 읽고, 마음으로 깨우쳐야 함
- 同價紅裳(동가홍상) : 같은 조건이라면 좀 낫고 편리한 것을 선택함
- 棟梁之材(동량지재) : 한 나라나 한 집안의 기둥이 될 만한 큰 인재
- 同病相憐(동병상련) : 고난을 겪는 사람끼리 서로 불쌍히 여겨 동정하고 도움
- 同床異夢(동상이몽) : 같은 처지에서도 서로 다른 생각을 함
- 杜門不出(두문불출) : 문을 닫아걸고 나가지 않음. 곧, 집 안에만 들어앉아 있고 밖에 나다니지 아니함
- 登龍門(등용문) : 용문(龍門)은 중국 황하의 상류에 있는 급류로, 잉어가 그 곳에 오르면 용이 된다는 전설이 있음. 곧, 사람이 영달하는 관문
- 燈火可親(등화가친) : 등잔불을 가까이 하여 책을 보기에 좋은 때라는 뜻
- 馬脚露出(마각노출) : 감추려던 정체가 드러나게 됨
- 馬耳東風(마이동풍) : 남이 말하는 것을 귀담아 듣지 않고 지나쳐 흘려버림
- 莫逆之友(막역지우) : 마음이 맞아 서로 거슬리는 일이 없는 친한 벗
- 晩時之歎(만시지탄) : 때 늦은 후회
- 望洋之歎(망양지탄) : 바다를 바라보고 하는 탄식. 곧, 힘이 미치지 못함을 탄식
- 麥秀之嘆(맥수지탄) : 고국의 멸망을 한탄함
- 綿裏藏針(면리장침) : 겉으로는 부드러우나 속으로는 악함

- 明鏡止水(명경지수) : ① 맑은 거울처럼 잔잔하게 정지되어 있는 물 ② 잡념이 없이 아주 맑고 깨끗한 마음의 비유
- 明若觀火(명약관화) : 불빛을 보는 것처럼 밝음. 곧, 더할 나위 없이 분명함
- 命在頃刻(명재경각) : 목숨이 경각에 있음. 곧, 금방 숨이 끊어질 지경에 이름
- 滅私奉公(멸사봉공) : 사심(私心)을 버리고 나라나 공공(公共)을 위하여 힘써 일함
- 矛盾之設(모순지설) : 말의 앞뒤가 맞지 않음. '모순'이라고도 함
- 目不識丁(목불식정) : 눈으로 보고도 '丁'자 같은 쉬운 글자를 모름. 곧, 낫 놓고 'ㄱ'자도 모름
- 無所不能(무소불능) : 통하지 않는 것이 없음
- 黙黙不答(묵묵부답) : 잠잠하고 아무 대답도 하지 않음
- 門前成市(문전성시) : 방문객이 많음을 비유한 말
- 門前沃畓(문전옥답) : 문 앞에 기름진 논을 의미하는데 재물이 많음을 의미
- 博而不精(박이부정) : 여러 방면으로 널리 아나, 정통하지 못함
- 半信半疑(반신반의) : 절반은 믿어지고 절반은 의심스러움
- 拔本塞源(발본색원) : 폐단의 근본을 뽑고 근원을 없애버림
- 傍若無人(방약무인) : 곁에 사람이 없는 것처럼 제멋대로 행동함
- 背水之陣(배수지진) : 물을 등지고 진을 침
- 百年河淸(백년하청) : 아무리 기다려도 사물이 이루어지기 어려움을 이름
- 百年偕老(백년해로) : 부부가 되어 화락하게 일생을 함께 늙음
- 白面書生(백면서생) : 오로지 글만 읽고 세상일에는 조금도 경험이 없는 사람
- 百折不掘(백절불굴) : 여러 번 꺾여도 굽히지 않음
- 伯仲之勢(백중지세) : 대결이 막상막하로 누가 이길지 모름
- 百尺竿頭(백척간두) : 백자의 높은 장대 끝. 몹시 높은 곳. 막다른 위험
- 百害無益(백해무익) : 좋은 영향을 주는 것이 하나도 없음
- 蜂蟻君臣(봉의군신) : 위계질서를 강조함
- 夫唱婦隨(부창부수) : 남편의 주장에 아내가 따름. 부부의 화합함
- 附和雷同(부화뇌동) : 제 주견은 없고 남이 하는 대로 무턱대고 따라 함
- 粉骨碎身(분골쇄신) : 뼈는 가루가 되고 몸은 산산조각이 남. 곧, 목숨을 걸고 힘을 다함
- 不俱戴天(불구대천) : 하늘을 같이 이지 못한다는 뜻으로, 이 세상에서 함께 살 수 없는 원수를 이름
- 不審檢問(불심검문) : 갑작스럽게 조사함
- 朋友有信(붕우유신) : 친구 사이에 지켜야할 도리
- 悲憤慷慨(비분강개) : 굉장히 화가 나서 참지 못함
- 氷炭之間(빙탄지간) : 서로 화합될 수 없음
- 四顧無親(사고무친) : 사방을 돌아보아도 친한 사람이 없음. 곧, 의지할 만한 사람이 전혀 없음
- 四面楚歌(사면초가) : 사면을 적에게 포위당하여 고립 상태에 빠져 있음
- 四分五裂(사분오열) : 갈기갈기 찢어서 여러 갈래로 나뉘게 됨

- 事事件件(사사건건) : 일일이 간섭함
- 沙上樓閣(사상누각) : 기초가 견고하지 못한 일을 일컬음
- 蛇足(사족) : '畵蛇添足(화사첨족)'의 준말. 쓸데없는 군일을 하다가 도리어 실패함
- 事必歸正(사필귀정) : 무슨 일이든지 끝에 가서는 바르게 처리됨
- 死灰復燃(사회부연) : 힘을 잃었다가 다시 회복하여 돌아옴
- 殺身成仁(살신성인) : 몸을 죽여 어짊을 이룸. 곧, 자기를 희생하여 착한 일을 함
- 山紫水明(산자수명) : 산천의 경치가 아주 아름다움
- 森羅萬象(삼라만상) : 우주 안에 온갖 것의 일체
- 三旬九食(삼순구식) : 한 달에 아홉 끼만 먹을 정도로 먹을 것이 부족함
- 桑田碧海(상전벽해) : 뽕나무밭이 변하여 푸른 바다가 됨. 즉, 세상일이 크게 변함
- 塞翁之馬(새옹지마) : 사람의 길흉화복은 예측하기 어려움을 이름
- 席不暇暖(석불가난) : 매우 바빠서 자리에 앉을 시간도 없음
- 先則制人(선즉제인) : 아무도 하지 않은 일을 먼저 하는 것이 유리함
- 雪上加霜(설상가상) : 엎친 데 덮친 격으로 불행이 거듭 생겨남
- 纖纖玉手(섬섬옥수) : 가냘픈 여자의 손
- 歲寒孤節(세한고절) : 추운 겨울에도 든든하게 있는 대나무, 지조를 뜻함
- 束手無策(속수무책) : 어떤 일의 처리 방도를 생각하고 행동해 낼 수 없음
- 壽福康寧(수복강녕) : 오래 살며 편안하게 복되게 살아감
- 手不釋卷(수불석권) : 손에서 책을 놓지 않음. 곧, 열심히 공부함
- 袖手傍觀(수수방관) : 어떤 일을 당하여 손을 써 보지 못하고 보고만 있음
- 水魚之交(수어지교) : 고기와 물과의 사이처럼 떨어질 수 없는 특별한 친분
- 誰怨誰咎(수원수구) : 누구를 원망하며 누구를 탓하랴. 곧, 누구를 원망하거나 탓할 수 없다는 말
- 守株待兎(수주대토) : 토끼가 나무 그루터기에 걸려 죽기를 기다렸다는 고사에서 비롯된 말. 곧, 주변이 없어서 변통할 줄을 모르고 굳게 지키기만 함
- 脣亡齒寒(순망치한) : 입술이 없으면 이가 시리다는 뜻으로, 이해관계가 서로 매우 밀접하여 한쪽이 망하면 다른 한쪽이 위태로움을 이름
- 始終一貫(시종일관) : 처음과 끝이 똑같음
- 識字憂患(식자우환) : 학식이 있는 것이 도리어 근심을 사게 됨
- 信賞必罰(신상필벌) : 잘한 것에는 포상하고 잘못한 것에는 벌을 주는 일
- 神出鬼沒(신출귀몰) : 귀신이 출몰하듯 자유자재하여 그 변화를 헤아리지 못함
- 深諒處地(심량처지) : 깊은 이해심으로 처지를 헤아림
- 十年減壽(십년감수) : 죽을 뻔 했다가 살아남
- 十伐之木(십벌지목) : 열 번 찍어 안 넘어 가는 나무가 없다는 뜻
- 十匙一飯(십시일반) : 열 술이면 한 끼의 밥. 곧, 여러 사람이 힘을 합하면 한 사람을 구원할 수 있다는 말
- 阿鼻叫喚(아비규환) : 너무나 힘들고 절망적인 상황에서 부르짖음

- 我田引水(아전인수) : 내 논에 물대기. 곧, 자기에게만 유리하게 생각하고 행동함
- 眼下無人(안하무인) : 눈 아래 사람이 없음. 곧, 교만하여 사람들을 업신여김
- 羊頭狗肉(양두구육) : 양의 머리를 내세우고 개고기를 팖. 겉으로 좋은 것을 내세우고 속으로 나쁜 마음을 품음. 보기에는 훌륭하되 속은 변변치 못함
- 梁上君子(양상군자) : 들보 위의 군자. ① 도둑 ② 쥐
- 漁父之利(어부지리) : 무명조개와 도요새가 서로 다투는 틈에 어부가 두 놈을 다 잡아 이익을 보았다는 데서, 쌍방이 싸울 때 제삼자가 힘들이지 않고 이익을 얻음을 뜻함
- 語不成說(어불성설) : 말이 사리에 맞지 않음. 말이 말 같지 않음
- 言語道斷(언어도단) : 말문이 막힌다는 뜻으로, 너무 어이가 없어 할 말이 없음
- 易地思之(역지사지) : 처지를 바꾸어서 생각함
- 緣木求魚(연목구어) : 안될 일을 무리하게 하려고 함
- 炎凉世態(염량세태) : 권세가 있을 땐 대접을 하다가 권세가 떨어지면 관심도 갖지 않는 세태
- 榮枯盛衰(영고성쇠) : 사람의 일생은 성하기도 하고 쇠하기도 함
- 英雄豪傑(영웅호걸) : 영웅 중에 영웅
- 五里霧中(오리무중) : 오리에 걸쳐 낀 안개 속. 곧, 전망이나 방침이 서지 않아 앞길이 아득함
- 寤寐不忘(오매불망) : 자나 깨나 잊지 못함
- 五十步百步(오십보백보) : 대동소이(大同小異)한 것. 근소한 차이를 말함
- 烏合之卒(오합지졸) : 까마귀들이 모인 것 같은 군사. 곧, 임시로 모집하여 훈련이 없는 군사. 통제가 되지 않는 군사. 오합지중(烏合之衆)
- 臥薪嘗膽(와신상담) : 원수를 갚으려고 고생을 참고 견디어 냄
- 迂餘曲折(우여곡절) : 어려운 일이나 힘든 일을 많이 겪음
- 優柔不斷(우유부단) : 망설이기만 하고 결단하지 못함
- 牛耳讀經(우이독경) : '쇠귀에 경 읽기'란 뜻으로 아무리 알려주어도 깨닫지 못함
- 雨後竹筍(우후죽순) : 어떠한 일이 한때에 많이 일어남
- 類萬不同(유만부동) : 여러 가지가 많다 하여도 서로 달라 같지 않음
- 流芳百世(유방백세) : 꽃다운 이름이 후세에 길이 전함
- 唯我獨尊(유아독존) : 이 세상에서 내가 제일 높다는 말
- 危機一髮(위기일발) : 위급함이 매우 절박한 순간
- 因果應報(인과응보) : 자기가 했던 행동에 대해서 나중에 받게 됨
- 仁者無敵(인자무적) : 어진 사람은 모든 사람을 사랑하므로 적이 없음
- 一擧兩得(일거양득) : 한 번의 일로 두 가지 일을 해냄
- 一絲不亂(일사불란) : 질서가 잘 잡혀 있어 흐트러짐이 없이 움직임
- 一場春夢(일장춘몽) : 부귀영화가 덧없음
- 一擲乾坤(일척건곤) : 한판 승부로 모든 것을 결정함
- 一攫千金(일확천금) : 힘 안 들이고 한꺼번에 많은 재물을 얻음
- 臨機應變(임기응변) : 그때그때의 형편에 따라 변통성 있게 그 자리에서 처결함

- 日就月將(일취월장) : 나날이 다달이 진전함. 학업이 날로 진보한다는 뜻
- 一筆揮之(일필휘지) : 단숨에 글씨를 쭉 써 내려감
- 吟風弄月(음풍농월) : 맑은 바람, 밝은 달을 대하여 시를 읊으며 즐거이 놂
- 二律背反(이율배반) : 서로 모순되는 두 개의 명제가 동등한 권리로 주장되는 일
- 一介書生(일개서생) : 세상일에 대해 아무것도 모르는 것을 지칭
- 一網打盡(일망타진) : 한 그물에 다 두드려 잡음. 곧, 한꺼번에 모조리 잡아들임
- 一脈相通(일맥상통) : 생각, 처지, 상태 등이 한 줄기로 서로 통함
- 一目瞭然(일목요연) : 한눈에도 똑똑하게 알 수 있음
- 一絲不亂(일사불란) : 질서나 체계가 정연하여 조금도 어지러운 데가 없음
- 一瀉千里(일사천리) : 강물이 거침없이 흘러 천 리에 내달음. 곧, 거침없이 기세 좋게 진행됨
- 一魚濁水(일어탁수) : 한 마리의 고기가 물을 흐리게 함. 곧, 한 사람의 잘못으로 여러 사람이 그 해를 입게 됨을 이르는 말
- 一朝一夕(일조일석) : 하루아침 하룻저녁. 곧, 짧은 시간의 비유
- 一觸卽發(일촉즉발) : 한 번 스치기만 하면 곧 폭발함. 곧, 사소한 것으로도 그것이 동기가 되어 크게 터질 수 있는 아슬아슬한 형세
- 自家撞着(자가당착) : 언행의 앞뒤가 맞지 않음. '모순(矛盾)'과 같은 뜻
- 自力更生(자력갱생) : 스스로의 힘으로 살아감
- 自繩自縛(자승자박) : 제 줄로 제 몸을 묶음. 곧, 말과 행동을 잘못하여 스스로 얽혀 들어감
- 自我陶醉(자아도취) : 자기가 자기한테 빠져 취함
- 自業自得(자업자득) : 스스로가 뿌린 대로 거둠
- 自暴自棄(자포자기) : 자기 자신을 스스로 돌보지 않음
- 自畵自讚(자화자찬) : 제가 한 일을 스스로 자랑함
- 作心三日(작심삼일) : 마음먹을 일을 오래 지속하지 못함
- 張三李四(장삼이사) : 장 서방네 셋째 아들과 이 서방네 넷째 아들이란 뜻으로, 특별히 신분을 일컬을 정도가 못 되는 사람. 평범한 사람. 어중이떠중이
- 賊反荷杖(적반하장) : 도둑이 도리어 매를 든다는 뜻으로, 잘못한 사람이 도리어 시비나 트집을 잡는 경우의 비유
- 電光石火(전광석화) : 번갯불과 부싯돌의 불. ① 극히 짧은 시간 ② 썩 빠른 동작
- 戰戰兢兢(전전긍긍) : 몹시 두려워 벌벌 떨면서 조심함
- 輾轉反側(전전반측) : 누워 이리저리 뒤척이며 잠을 이루지 못함
- 轉禍爲福(전화위복) : 화가 바뀌어 복이 됨. 곧, 언짢은 일이 계기가 되어 오히려 다른 좋은 일이 있음
- 切磋琢磨(절차탁마) : 옥돌을 쪼고 갈아서 빛을 냄. 곧, 학문과 덕행을 갈고 닦음
- 絶體絶命(절체절명) : 막다른 어려움에 처해 어떻게 해야 할지 모르는 상황
- 切齒腐心(절치부심) : 대단히 분하게 여기고 속을 썩임
- 漸入佳境(점입가경) : 점점 재미있는 경지로 들어감

- 井底之蛙(정저지와) : 우물 안 개구리. 세상 물정에 어둡고 시야가 좁음
- 糟糠之妻(조강지처) : 지게미와 겨를 먹던 아내. 곧, 빈곤한 시절부터 어려움을 함께 한 아내. 본처(本妻)
- 朝令暮改(조령모개) : 아침에 내린 영을 저녁에 고침. 곧, 법령 등이 빈번하게 바뀜
- 朝三暮四(조삼모사) : 간사한 꾀로 남을 농락함을 이름
- 種豆得豆(종두득두) : 콩 심은데 콩을 거둔다는 뜻으로 원인에 따른 결과가 있음
- 坐不安席(좌불안석) : 마음이 불안하고 걱정스러워 한 곳에 오래 앉아 있지 못함
- 坐井觀天(좌정관천) : 우물에 앉아 하늘을 봄. 곧, 견문(見聞)이 썩 좁음을 이르는 말. 곧, 우물 안 개구리를 뜻함
- 左衝右突(좌충우돌) : 이리저리 마구 찌르고 치고받음
- 主客顚倒(주객전도) : 주인과 손님의 위치가 뒤바뀜
- 晝耕夜讀(주경야독) : 낮에는 밭 갈고 밤에는 글을 읽음. 곧, 가난을 극복하며 열심히 공부함
- 走馬加便(주마가편) : 달리는 말에 채찍질하기. 곧, 더 잘 되어 가도록 부추기거나 몰아침
- 走馬看山(주마간산) : 말을 타고 달리면서 산수를 봄. 곧, 바쁘게 대충 보며 지남
- 酒池肉林(주지육림) : 술의 못과 고기의 숲. 곧, 질탕히 차린 호화로운 술잔치
- 竹馬故友(죽마고우) : 죽마를 타던 옛 벗. 곧, 어릴 때부터 친하게 지낸 친구
- 衆寡不敵(중과부적) : 적은 수로써는 많은 수를 대적할 수 없음
- 衆口難防(중구난방) : 여러 사람의 입은 막기 어려움. 곧, 여러 사람들의 떠드는 원성 따위는 이루 막아내지 못한다는 말
- 中傷謀略(중상모략) : 시기, 질투하며 없는 것을 지어내며 궁지에 몰아넣음
- 指鹿爲馬(지록위마) : 사슴을 가리켜 말이라고 우긴 조고의 고사에서 비롯한 말. 곧, 윗사람을 농락하여 권세를 마음대로 함을 이름
- 知彼知己(지피지기) : 적을 알고 나를 알아서 대비함
- 指呼之間(지호지간) : 손짓하여 부르면 대답할 수 있을 정도의 가까운 거리
- 珍羞盛饌(진수성찬) : 잘 차린 좋은 음식
- 進退維谷(진퇴유곡) : 앞으로 나아갈 수도 뒤로 물러날 수도 없는 어려운 처지
- 滄海一粟(창해일속) : 넓은 바다에 좁쌀알 하나. 곧, 과대한 속의 보잘 것 없는 존재
- 天高馬肥(천고마비) : 하늘은 높고 말은 살찐다는 뜻으로, '가을'을 일컫는 말
- 千慮一得(천려일득) : 천 번 생각하여 한 가지 얻을 것이 있음
- 千萬多幸(천만다행) : 안 좋은 일을 다행히 피하게 됨
- 天方地軸(천방지축) : ① 너무나 바빠서 허둥지둥 내닫는 모양 ② 분별없이 함부로 덤비는 모양
- 泉石膏肓(천석고황) : 고치기 어려운 병처럼 굳어진 자연과의 깊은 사랑
- 天壤之判(천양지판) : 하늘과 땅의 차이. 곧, 아주 엄청난 차이
- 天佑神助(천우신조) : 하늘이 돕고 신이 도움
- 天衣無縫(천의무봉) : 천사의 옷은 솔기가 없음. 곧, 사물의 흠 없이 완전함을 이름
- 千載一遇(천재일우) : 천 년에 한 번 만남. 곧, 좀처럼 만나기 어려운 좋은 기회

- 天眞爛漫(천진난만) : 조금도 꾸밈이나 거짓이 없이 천성 그대로 행동함
- 淸廉潔白(청렴결백) : 마음이 정결하여 탐욕이 없음
- 靑出於藍(청출어람) : 제자나 후배가 스승이나 선배보다 뛰어남
- 寸鐵殺人(촌철살인) : 간단한 말이나 문장으로 듣는 이나 읽는 이를 감동시킴
- 春寒老健(춘한노건) : 어떤 것이든 오래가지 않음
- 取捨選擇(취사선택) : 취할 것은 취하고, 버릴 것은 버려서 골라잡음
- 惻隱之心(측은지심) : 불쌍하고 가엾게 여기는 마음
- 七顚八起(칠전팔기) : 일곱 번 넘어지고 여덟 번 일어남. 곧, 수없는 실패에도 굽히지 않음
- 針小棒大(침소봉대) : 작은 사건을 크게 과장해서 이야기함
- 快刀亂麻(쾌도난마) : 어렵거나 힘들게 꼬여 있는 일을 잘 풀어감
- 他山之石(타산지석) : 다른 산에서 나는 하찮은 돌도 자기의 옥을 가는 데 쓰임. 곧, 다른 사람의 하찮은 언행도 자기의 지덕을 연마하는 데 도움이 됨을 비유
- 卓上空論(탁상공론) : 이루어지지 않을 일들로 의논함
- 泰斗(태두) : '泰山北斗'의 준말. ① 우러러 받듦을 받는 사람 ② 어떤 전문분야에서 썩 권위가 있는 사람
- 太山之簡(태산지간) : 역사 사실을 있는 그대로 씀.
- 破竹之勢(파죽지세) : 대를 쪼개는 기세. 감히 막을 수 없게 맹렬히 적을 치는 기세
- 八方美人(팔방미인) : 여러 방면의 일에 능통한 사람
- 抱腹絕倒(포복절도) : 배를 움켜쥐고 쓰러질 정도로 우스움
- 風飛雹散(풍비박산) : 부서져 사방으로 흩어짐
- 風樹之嘆(풍수지탄) : '樹欲靜而風不止, 子欲養而親不待'에서 온 말. 곧, 효도를 다 하지 못하고 어버이를 여읜 자식을 이른 말
- 風前燈火(풍전등화) : 바람 앞의 등불. 곧, 몹시 위급한 상태
- 匹夫匹婦(필부필부) : 평범한 남녀
- 鶴首苦待(학수고대) : 학의 목처럼 길게 늘여 고대함. 곧, 몹시 기다림
- 汗牛充棟(한우충동) : 썩 많은 장서(藏書)
- 咸興差使(함흥차사) : 심부름 간 사람이 빨리 돌아오지 않음
- 虛張聲勢(허장성세) : 실속은 없으면서 허세만 부림
- 螢雪之功(형설지공) : 반딧불과 눈빛에 비춰 공부한 보람
- 狐假虎威(호가호위) : 여우가 범의 위세를 빎. 남의 권세를 빌어 위세를 부림
- 好事多魔(호사다마) : 좋은 일에는 방해되는 것이 많음
- 虎視耽耽(호시탐탐) : 탐욕스러운 야심으로 기회를 노리며 형세를 살핌
- 浩然之氣(호연지기) : 넓고 큰 기운. 천하에 부끄러울 것이 없이 활짝 펴진 기운
- 惑世誣民(혹세무민) : 세상 사람을 미혹하게 하여 속임
- 魂飛魄散(혼비백산) : 몹시 놀라 정신이 없음

- 昏定晨省(혼정신성) : 저녁에는 잠자리를 정하고 아침에는 문안을 살핌. 곧, 아침저녁으로 어버이의 안부를 물어서 살핌
- 畵龍點睛(화룡점정) : 용을 그릴 때 마지막으로 눈알을 그려 넣음. 곧, 무슨 일을 하는 데 가장 긴요한 부분을 마치어 완성함을 이름
- 花容月態(화용월태) : 미인의 고운 얼굴과 자태를 이르는 말
- 畵中之餠(화중지병) : 그림의 떡. 즉, 실제로 사용하거나 보탬이 되지 않음
- 確固不動(확고부동) : 어떤 시련이 와도 흔들리지 아니함
- 換骨奪胎(환골탈태) : 딴 사람이 된 듯 용모가 환히 트이고 아름다워짐
- 會者定離(회자정리) : 인생의 무상함은 인간의 힘으로는 어찌할 수 없음
- 橫說竪說(횡설수설) : 생각나는 대로 조리 없이 함부로 말을 늘어놓음
- 嚆矢(효시) : 어떤 일이나 사물의 처음
- 紅顔薄命(홍안박명) : 아름다움 여인은 수명이 짧음
- 興盡悲來(흥진비래) : 즐거움이 다하면 슬픔이 닥쳐옴

04 쓰기연습

1 한자성어 완성

1 다음 熟語(숙어)가 완성되도록 ( ) 안에 알맞은 漢字를 써 넣으시오.

① 改過遷( )   ② 身言書( )
③ 羊頭狗( )   ④ 事必( )正
⑤ ( )地思之

> **NOTE**
> ① 善(개과천선 : 잘못을 고치고 옳은 길로 들어섬)
> ② 判(신언서판 : 당나라 때 관리를 뽑는 시험에서 인물의 평가기준으로 삼았던 몸(체모)·말씨(언변)·글씨(필적)·판단(문리)를 이르는 말)
> ③ 肉(양두구육 : 양의 머리를 내세우고 개고기를 팖. 즉 보기에는 훌륭하되 속은 변변치 못함)
> ④ 歸(사필귀정 : 무슨 일이든 끝에 가서는 바르게 처리됨)
> ⑤ 易(역지사지 : 처지를 바꾸어 생각함)

2 다음 成語를 完成(완성)할 수 있도록 ( ) 안에 알맞은 漢字를 써 넣으시오.

① ( )令暮改   ② 信賞必( )
③ 錦衣( )行   ④ ( )心焦思
⑤ 烏( )梨落

> **NOTE**
> ① 朝(조령모개 : 아침에 내린 영을 저녁에 고침, 즉 법령 등이 빈번하게 바뀜)
> ② 罰(신상필벌 : 상을 줄만한 사람에게는 꼭 상을 주고, 벌을 줄만한 사람에게는 꼭 벌을 줌. 즉 상벌을 규정대로 분명하게 함)
> ③ 夜(금의야행 : 비단옷을 입고 밤길 걷기. 즉 아무 보람없는 행동)
> ④ 勞(노심초사 : 몹시 초조하게 생각하고, 속을 태움)
> ⑤ 飛(오비이락 : 까마귀 날자 배 떨어진다는 뜻으로, 즉 남의 의심을 받게 됨)

3 다음 四字成語를 完成할 수 있도록 ( ) 안에 알맞은 漢字를 써 넣으시오.

① 改( )遷善　　　　② 晚時之( )
③ 身言書( )　　　　④ 龍( )蛇尾
⑤ 結者( )之　　　　⑥ 白骨( )忘
⑦ 東奔西( )　　　　⑧ 大( )晚成
⑨ 實事求( )　　　　⑩ 烏合之( )

NOTE
① 過(개과천선 : 잘못을 고치어 옳은 길에 들어섬)
② 歎(만시지탄 : 기회를 잃고 때가 지났음을 한탄함)
③ 判(신언서판 : 당나라 때 관리를 뽑는 시험에서 인물의 평가기준으로 삼았던 몸(체모)·말씨(언변)·글씨(필적)·판단(문리)를 이르는 말)
④ 頭(용두사미 : 머리는 용이나 꼬리는 뱀이라는 뜻으로, 시작은 거창하나 끝으로 갈수록 흐지부지 됨을 이르는 말)
⑤ 解(결자해지 : 처음에 일을 시작한 사람이 그 일을 끝맺어야 함)
⑥ 難(백골난망 : 죽어 백골이 된다 하여도 은혜를 잊을 수 없음)
⑦ 走(동분서주 : 여기저기 분주하게 다님)
⑧ 器(대기만성 : 크게 될 사람은 느지막이 이루어짐)
⑨ 是(실사구시 : 사실에 근거하여 진리를 탐구하는 일)
⑩ 卒(오합지졸 : 까마귀들이 모인 것 같은 군사. 즉 임시로 모집하여 훈련이 없는 군사)

4 다음 빈칸에 알맞은 漢字를 쓰시오.

① 溫故知( )　　　　② 多多益( )
③ 自( )自得　　　　④ ( )言書判
⑤ 馬( )東風

NOTE
① 新(온고지신 : 옛것을 익히고 그것으로 미루어 새것을 깨달음)
② 善(다다익선 : 많으면 많을수록 좋음)
③ 業(자업자득 : 자기가 저지른 일의 과보(果報)를 자기 자신이 받음)
④ 身(신언서판 : 당나라 때 관리를 뽑는 시험에서 인물의 평가기준으로 삼았던 몸(체모)·말씨(언변)·글씨(필적)·판단(문리)을 이르는 말)
⑤ 耳(마이동풍 : 남이 말하는 것을 귀담아 듣지 않고 지나쳐 흘려버림)

5 다음 四字成語를 完成(완성)할 수 있도록 ( )에 漢字를 쓰시오.

① 少年易( )學難成　　② 一寸光陰不可( )
③ 盡人事( )天命　　　④ 佳人薄( )
⑤ 見( )思義　　　　　⑥ ( )從腹背
⑦ 同( )相憐　　　　　⑧ ( )過遷善
⑨ 信賞( )罰　　　　　⑩ 實事( )是

> **NOTE**
> ① 老(소년이로학난성 : 세월은 빠르고 배우기는 어렵다는 뜻으로, 늙기 전에 배우기에 힘쓰라는 말)
> ② 輕(일촌광음불가경 : 일촌광음이란 아주 짧은 시간을 이르는 말로, 즉 아주 짧은 시간도 헛되이 보내지 말라는 뜻)
> ③ 待(진인사대천명 : 인력으로서 미칠 때까지 최선을 다하고 나서 결과는 운명에 맡김)
> ④ 命(가인박명 : 아름다운 여자는 수명이 짧음. 미인박명)
> ⑤ 利(견리사의 : 이익을 보면 의리에 맞는가를 먼저 생각함)
> ⑥ 面(면종복배 : 눈앞에서는 복종하는 듯 뒤에서는 배반함)
> ⑦ 病(동병상련 : 고난을 겪는 사람끼리 서로 불쌍히 여겨 동정하고 도움)
> ⑧ 改(개과천선 : 잘못을 고치고 옳은 길에 들어섬)
> ⑨ 必(신상필벌 : 상을 받을 사람에게는 상을 주고, 벌을 받을 사람에게는 벌을 줌. 즉, 상벌을 규정대로 명확하게 함)
> ⑩ 求(실사구시 : 사실에 근거하여 진리를 탐구하는 일)

2 한자성어 및 뜻풀이

6 다음 漢字語의 뜻풀이를 하시오.

① 天壤之差(　　　　　　　　　)
② 會者定離(　　　　　　　　　)
③ 同價紅裳(　　　　　　　　　)
④ 烏飛梨落(　　　　　　　　　)

> **NOTE**
> ① 천양지차 : 하늘과 땅의 차이. 즉 엄청난 차이. 天壤之判(천양지판)
> ② 회자정리 : 인생의 무상은 인간의 힘으로는 어쩔 수 없음(만난 사람은 반드시 헤어짐)
> ③ 동가홍상 : 같은 조건이라면 보기 좋은 것을 골라 가진다는 말(같은 값이면 다홍치마)
> ④ 오비이락 : 까마귀 날자 배 떨어진다는 뜻으로, 공교롭게도 어떤 일이 동시에 일어나 남의 의심을 받게 됨

7 다음 漢字語의 뜻풀이를 하시오.

① 一笑一少(　　　　　　　　　　)
② 有備無患(　　　　　　　　　　)
③ 因果　 (　　　　　　　　　　)
④ 不可思議(　　　　　　　　　　)
⑤ 溫故知新(　　　　　　　　　　)

> **NOTE** ① 일소일소 : 한 번 웃으면 한 번 젊어진다는 뜻으로, 웃을수록 젊어진다는 뜻
> ② 유비무환 : 준비가 있으면 근심할 것이 없음
> ③ 인과 : 원인과 결과
> ④ 불가사의 : 사람의 상식으로는 헤아리기 어려운 오묘한 이치
> ⑤ 온고지신 : 옛것을 익히고 그것을 미루어 새 것을 앎

8 다음 뜻을 가진 4자 성어를 漢字로 쓰시오.

① 한 가지 일로써 두 가지 이익을 얻음(일거양득)
　　(　　　　　　)
② 썩 많은 가운데 극히 적은 수(구우일모)
　　(　　　　　　)
③ 오래부터 사귀어 온 친구(십년지기)
　　(　　　　　　)
④ 겨울철에도 지조를 지키는 소나무, 대나무, 매화(세한삼우)
　　(　　　　　　)

> **NOTE** ① 一擧兩得
> ② 九牛一毛
> ③ 十年知己
> ④ 歲寒三友

9 다음 뜻을 가진 4자 성어를 漢字로 쓰시오.

① 잘못을 고치고 옳은 길에 들어섬(개과천선)
  (   )
② 처음에 일을 시작한 사람이 그 일을 끝맺어야 함(결자해지)
  (   )
③ 죽을 때까지 은혜를 잊지 않고 갚음(결초보은)
  (   )
④ 고생 끝에 즐거움이 옴(고진감래)
  (   )

> **NOTE**
> ① 改過遷善
> ② 結者解之
> ③ 結草報恩
> ④ 苦盡甘來

10 다음 漢字語를 순 우리말로 고치시오.

① 可及的 (   )   ② 所以 (   )
③ 近者 (   )   ④ 長男 (   )
⑤ 故意 (   )

> **NOTE**
> ① 되도록(가급적)
> ② 까닭(소이)
> ③ 요즈음(근자)
> ④ 맏아들(장남)
> ⑤ 일부러(고의)

PART 3

실전 모의고사

제1회 모의고사
제2회 모의고사
제3회 모의고사
제4회 모의고사
제5회 모의고사
제6회 모의고사
제7회 모의고사
제8회 모의고사
제9회 모의고사
제10회 모의고사
정답 및 해설

제1회 모의고사

정답 및 해설 P. 406

1 한자(漢字)

[1~2] 다음 획순(劃順)에 대한 설명으로 가장 적절한 한자는 어느 것입니까?

1

| 왼쪽과 오른쪽이 대칭일 때 가운데 획을 먼저 쓴다. |

① 三
② 山
③ 上
④ 垂
⑤ 訓

2

| 바깥쪽을 먼저 쓴다. |

① 書
② 音
③ 福
④ 大
⑤ 四

[3~4] 다음 한자(漢字)의 부수를 제외한 획수(劃數)는 모두 몇 획입니까?

3

社

① 7　　　　　② 9
③ 10　　　　 ④ 3
⑤ 2

4

密

① 8　　　　　② 10
③ 12　　　　 ④ 14
⑤ 16

[5~6] 다음 한자(漢字)의 부수(部首)와 다른 부수(部首)를 가지고 있는 한자(漢字)는 무엇입니까?

5

士

① 壽　　　　　② 吉
③ 士　　　　　④ 壬
⑤ 壹

6

口

① 名　　　　　② 問
③ 高　　　　　④ 召
⑤ 味

[7~8] 다음 한자(漢字)와 만들어진 방식이 같은 한자는 어느 것입니까?

<보기> 川 : ① 産 ② 木 ③ 河 ④ 姜 ⑤ 會
<보기>에 제시된 한자 '川(시내에서 흐르는 물의 모양을 보고 만들었음)'처럼 사물의 모습을 보고 만든 상형자(象形字)는 '木(나무의 모습을 보고 만들었음)'이다. 따라서 정답 ②를 고르면 된다.

7

交

① 活　　　　　② 餘
③ 核　　　　　④ 丘
⑤ 情

8

求

① 福　　　　　② 保
③ 障　　　　　④ 優
⑤ 口

[9~14] 다음 한자(漢字)의 음(音)으로 맞는 것은 어느 것입니까?

9

貧

① 빈　　　　　② 비
③ 빔　　　　　④ 빅
⑤ 빗

10

勞

① 소　　　② 로
③ 오　　　④ 모
⑤ 호

11

組

① 보　　　② 도
③ 조　　　④ 코
⑤ 초

12

合

① 압　　　② 암
③ 납　　　④ 합
⑤ 답

13

賃

① 임　　　② 입
③ 인　　　④ 익
⑤ 일

14

雇

① 곤 ② 손
③ 언 ④ 조
⑤ 고

[15~19] 다음 음(音)과 다른 한자는 무엇입니까?

15

가

① 假 ② 所
③ 可 ④ 佳
⑤ 加

16

간

① 間 ② 姦
③ 肝 ④ 刊
⑤ 就

17

감

① 感 ② 鑑
③ 縮 ④ 減
⑤ 敢

18

강

① 强　　② 降
③ 講　　④ 停
⑤ 江

19

개

① 介　　② 個
③ 皆　　④ 正
⑤ 改

[20~24] 다음 한자(漢字)와 음(音)이 다른 한자는 어느 것입니까?

20

格

① 擊　　② 激
③ 隔　　④ 檄
⑤ 價

21

管

① 假　　② 關
③ 官　　④ 館
⑤ 觀

22

醫

① 義　　② 覺
③ 意　　④ 議
⑤ 依

23

閣

① 各　　② 角
③ 刻　　④ 立
⑤ 却

24

平

① 評　　② 坪
③ 甲　　④ 萍
⑤ 枰

[25~30] 다음 한자(漢字)의 훈(訓)은 무엇입니까?

25

置

① 놀다　　② 오다
③ 두다　　④ 먹다
⑤ 막다

26

逃

① 피신　　　② 도망
③ 더움　　　④ 쉬움
⑤ 좋음

27

避

① 맞섬　　　② 피함
③ 뾰족　　　④ 상처
⑤ 불안

28

揮

① 빠르다　　② 느리다
③ 이상하다　④ 휘둘다
⑤ 서둘다

29

發

① 싫다　　　② 좋다
③ 죽다　　　④ 살다
⑤ 피다

30

訓

① 가르치다　　　　　　② 좋아하다
③ 싫어하다　　　　　　④ 산만하다
⑤ 침착하다

[31~35] 다음의 훈(訓)을 가진 한자(漢字)는 무엇입니까?

31

비율

① 率　　　　　　② 强
③ 奪　　　　　　④ 倒
⑤ 置

32

곧다

① 解　　　　　　② 夢
③ 快　　　　　　④ 直
⑤ 報

33

들이다

① 洞　　　　　　② 燭
③ 納　　　　　　④ 敗
⑤ 訴

34

얻다

① 砲
② 得
③ 手
④ 賀
⑤ 禮

35

베풀다

① 陷
② 沒
③ 抗
④ 辯
⑤ 設

[36~40] 다음 한자(漢字)와 훈(訓)이 비슷한 한자는 어느 것입니까?

36

惠

① 虛
② 想
③ 混
④ 恩
⑤ 亂

37

生

① 歡
② 送
③ 活
④ 毀
⑤ 破

38

欺

① 詐 ② 凍
③ 結 ④ 妄
⑤ 言

39

友

① 苗 ② 朋
③ 木 ④ 酸
⑤ 酵

40

分

① 辨 ② 償
③ 補 ④ 佐
⑤ 別

2 어휘(語彙)

[41~45] 다음 한자어(漢字語)와 同音異議語(동음이의어)는 어느 것입니까?

41

容器

① 狂人   ② 敎授
③ 阿膠   ④ 購入
⑤ 勇氣

42

醫師

① 洞窟   ② 意思
③ 圈外   ④ 闕門
⑤ 軌道

43

祝典

① 糾彈   ② 鐵筋
③ 祝電   ④ 汽船
⑤ 泥土

44

再拜

① 栽培   ② 纖維
③ 平穩   ④ 垈地
⑤ 陶工

45

感想

① 招待　　② 通話
③ 年長　　④ 鑑賞
⑤ 帳簿

[46~47] 다음 괄호 속 한자(漢字)의 일자다음어(一字多音語) 중 다르게 발음되는 음(音)은 어느 것입니까?

46　① (北)風　　② 南(北)
　　③ (北)韓　　④ (北)向
　　⑤ 敗(北)

47　① (省)察　　② 反(省)
　　③ 自(省)　　④ (省)略
　　⑤ 感(省)

[48~57] 다음 단어들의 '( )'에 똑같이 들어갈 한자(漢字)로 알맞은 것은 어느 것입니까?

48

崩( ), 破( ), ( )苦

① 思　　② 文
③ 大　　④ 壞
⑤ 好

49

( )御, ( )頹, ( )落

① 崩　　② 年
③ 藝　　④ 劇
⑤ 演

50

( )年, ( )青, ( )山

① 作　　　　　② 靑
③ 繪　　　　　④ 遺
⑤ 不

51

( )空, ( )眼, ( )海

① 傳　　　　　② 推
③ 碧　　　　　④ 裝
⑤ 滅

52

增( ), 追( ), 參( )

① 敎　　　　　② 偏
③ 退　　　　　④ 學
⑤ 加

53

急( ), ( )幅, ( )殖

① 段　　　　　② 階
③ 增　　　　　④ 飢
⑤ 餓

54

疑(　), 誘(　), 眩(　)

① 專
② 博
③ 留
④ 惑
⑤ 兒

55

(　)兒, 昏(　), (　)路

① 迷
② 隨
③ 情
④ 勢
⑤ 國

56

改(　), 內(　), (　)僚

① 寄
② 附
③ 後
④ 閣
⑤ 世

57

望(　), 門(　), 瓊(　)

① 教
② 育
③ 技
④ 術
⑤ 樓

[58~65] 다음 한자어(漢字語)의 반대어(反對語) 또는 상대어(相對語)의 한자어(漢字語)는 무엇입니까?

58
客體

① 過去　　② 主體
③ 事情　　④ 苦勞
⑤ 自力

59
健康

① 成果　　② 隔差
③ 努力　　④ 去來
⑤ 柔弱

60
巨大

① 氣分　　② 比較
③ 微小　　④ 更生
⑤ 幸運

61
巨富

① 向後　　② 政策
③ 容忍　　④ 極貧
⑤ 政治

62

拒絕

① 承諾
② 人道
③ 接觸
④ 經濟
⑤ 協力

63

輕減

① 觀光
② 藝術
③ 招請
④ 公演
⑤ 加重

64

建設

① 交流
② 破壞
③ 代價
④ 隱蔽
⑤ 姿勢

65

乾燥

① 將來
② 認識
③ 濕潤
④ 恭遜
⑤ 謙遜

[66~70] 다음 성어(成語)에서 '( )'에 들어갈 가장 적절한 한자(漢字)는 무엇입니까?

66

( )言利說

① 附　　② 甘
③ 加　　④ 價
⑤ 値

67

牽強( )會

① 競　　② 爭
③ 附　　④ 契
⑤ 約

68

百年( )淸

① 河　　② 綜
③ 合　　④ 商
⑤ 社

69

身言( )判

① 關　　② 連
③ 企　　④ 書
⑤ 業

70

畫(　)夜讀

① 零
② 耕
③ 細
④ 引
⑤ 上

[71~75] 다음 성어(成語)의 음(音)과 뜻풀이로 가장 알맞은 것은 무엇입니까?

71

指鹿爲馬

① 지록위마 : 끝까지 우겨서 속임
② 지록위세 : 끝까지 권력을 부림
③ 지록위장 : 사슴으로 위장함
④ 지록위마 : 맞는 사실을 밝혀 냄
⑤ 지상명령 : 땅에서 내리는 지시

72

過猶不及

① 과유불순 : 지나치면 오히려 독이 됨
② 과유불발 : 지나치면 지나칠수록 좋음
③ 과유물급 : 지나쳐서 나쁠 것이 없음
④ 과유불급 : 지나침이 좋지 않음
⑤ 과유불소 : 지나치면 그릇되게 감

73

進退維谷

① 진퇴유국 : 이러지도 저러지도 못함
② 진퇴유고 : 앞뒤가 뚫려 있음
③ 진퇴양난 : 사방이 적들로 둘러쌓여 있음
④ 진퇴유곡 : 꼼짝할 수 없는 궁지에 빠짐
⑤ 진퇴진보 : 앞이나 뒤나 전부다 적임

74

昏定晨省

① 혼전신수 : 부모를 공경하고 지극히 모심
② 혼전신성 : 부모에게 불효하여 후회함
③ 혼인절차 : 결혼하기까지 과정
④ 혼정신성 : 부모를 잘 섬기고 효성을 다함
⑤ 혼인신사 : 혼인하는데 있어서의 모습

75

貪官汚吏

① 탐관탐수 : 백성의 재물을 탐냄
② 탐관오만 : 행실이 교만한 관리
③ 탐관오리 : 행동거지가 굉장히 투명함
④ 탐관오락 : 어두워서 아무것도 안 보임
⑤ 탐관오리 : 행실이 깨끗하지 못한 관리

[76~80] 다음 풀이된 문장에 해당하는 성어(成語)는 무엇입니까?

76

동족끼리 서로 싸움

① 骨肉相爭 ② 轉禍爲福
③ 日久月深 ④ 千篇一律
⑤ 非夢似夢

77

꼭 죽을 지경을 당하였다가 살아남

① 靑出於藍 ② 錦衣還鄕
③ 金枝玉葉 ④ 臥薪嘗膽
⑤ 九死一生

78

| 저마다 세력을 떨치려고 날뜀 |

① 明若觀火　　　　② 群雄割據
③ 目不識丁　　　　④ 刻骨難忘
⑤ 刻舟求劍

79

| 좋은 것 위에 더 좋은 것을 더함 |

① 鷄卵有骨　　　　② 易地思之
③ 抑强扶弱　　　　④ 錦上添花
⑤ 走馬看山

80

| 성공하였어도 그 보람이 없음 |

① 竹馬故友　　　　② 衆口難防
③ 錦衣夜行　　　　④ 支離滅裂
⑤ 千辛萬苦

3 독해(讀解)

[81~86] 다음 문장에서 밑줄 그은 것에 해당하는 한자어(漢字語)는 무엇입니까?

81

참정권은 국민이 정치에 작용할 수 있는 권리다.

① 隣近 ② 參政
③ 靑靑 ④ 謝絶
⑤ 懲戒

82

재원부족으로 예산이 없다.

① 財源 ② 船舶
③ 令息 ④ 束縛
⑤ 召命

83

개인소득에 대해서 과세가 붙는다.

① 伐採 ② 臨席
③ 舍廊 ④ 課稅
⑤ 能力

84

회계연도 기간이 정해져 있다.

① 白露 ② 雷聲
③ 會計 ④ 火爐
⑤ 溺死

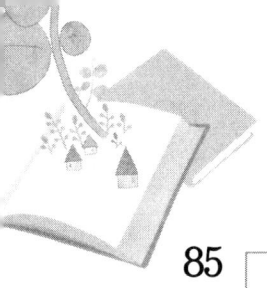

85

> 공기업의 정원 삭감이 있을 예정이다.

① 削減
② 凉秋
③ 相殺
④ 便所
⑤ 術策

86

> 지방자치제로 주민이 정치에 참여할 수 있다.

① 編隊
② 伏兵
③ 地方
④ 幕舍
⑤ 降伏

[87~92] 다음 문장에서 밑줄 친 한자어(漢字語)의 음(音)과 뜻풀이로 가장 맞는 것은 무엇입니까?

87

> 표를 돈으로 매수하면 違反이 된다.

① 위반 : 잘 지켜서 끝까지 지속함
② 위반 : 반대로 어긋나 버림
③ 위배 : 원래 상황을 지키지 않음
④ 위기 : 현재 처해 있는 위급한 상황
⑤ 위로 : 어려운 상황에서 받는 격려

88

> 수뢰사건에 관련된 범인에게 懲役형이 선고됐다.

① 징수 : 잘못한 행동에 대해 벌금을 냄
② 징역 : 죄인을 교도소에 가두어 노동을 시키는 형벌
③ 징역 : 일을 잘하여 포상을 두둑히 줌
④ 징병 : 군사들을 모음
⑤ 징수 : 세금을 매겨서 내게 함

89 세계는 **多極**화되어 가고 있다.

① 적극 : 굉장히 열정적으로 참여함
② 소극 : 뒤로 물러서 있으며 나서지 못함
③ 다극 : 점차 많아져서 분리되어 감
④ 자극 : 어떠한 상황에서 받는 긴장감
⑤ 북극 : 북쪽 끝 지역

90 가해자에게 **賠償**금의 지불요구가 제기되었다.

① 배상 : 물어줘서 갚음   ② 진상 : 보기 모호한 상황
③ 이상 : 평소와 다른 생각이나 행동을 함   ④ 상상 : 머릿속으로 떠올리는 생각들
⑤ 현상 : 현재 보이는 모습

91 **戰爭**은 늘 막대한 인명손상을 가져 온다.

① 전시 : 싸움이 일어나려는 위급한 상황
② 전진 : 앞으로 나아감
③ 전사 : 싸우다가 죽음
④ 전우 : 같이 싸우는 군인들
⑤ 전쟁 : 서로 싸우고 다툼

92 북한의 **南侵**으로 6 · 25전쟁이 시작되었다.

① 초침 : 일의 상황을 망쳐버림   ② 나침 : 방향을 가리킴
③ 일침 : 말을 쏘아 붙임   ④ 북침 : 북한을 쳐들어옴
⑤ 남침 : 남한을 쳐들어옴

[93~95] 다음 문장에서 ( )에 들어갈 한자어(漢字語)와 반대어(反對語) 또는 상대어(相對語)되는 한자어(漢字語)는 무엇입니까?

93

매사에 ( )적인 생각을 갖는 것이 중요하다.

① 賻儀 ② 瀋陽
③ 强首 ④ 否定
⑤ 平壤

94

세상에서 ( )이 가장 중요하다고 하는 잘못된 생각이 만연되어 있다.

① 淸津 ② 精神
③ 任實 ④ 統營
⑤ 睿宗

95

도시에 건물들이 ( )되어 있다.

① 濊貊 ② 蔚山
③ 高敞 ④ 坡州
⑤ 散在

[96~98] 다음 문장에서 한자어(漢字語)의 올바른 한자표시(漢字表示)로 맞는 것은 무엇입니까?

96

이 ①文制의 ②解決은 두 나라 사이의 상호 ③二解가 ④節失히 ⑤必腰하다.

97
①風謠한 나라는 ②髮展 ③道傷 ④國家를 ⑤的克적으로 지원해야 한다.

98
①說計는 아직까지 ②仁從차별과 비 ③刃擊적 ④對偶가 ⑤萬年해 있는 안타까운 상황에 있다.

[99~101] 다음 문장에서 밑줄 친 한자어(漢字語)와 뜻이 반대어(反對語) 또는 상대어(相對語)가 되는 한자어(漢字語)의 음(音)은 무엇입니까?

99
현재 <u>敵對</u>적인 관계에서 살얼음판을 걷고 있다.

① 우정 ② 적수
③ 적대 ④ 우수
⑤ 우호

100
<u>絕對</u>적인 권력은 없음이 증명되었다.

① 상대 ② 상처
③ 절대 ④ 절수
⑤ 상징

101
노력하며 공부해서 성적이 <u>漸進</u>적으로 올랐다.

① 점진 ② 점차
③ 급진 ④ 급수
⑤ 급경

[102~104] 다음 문장에서 밑줄 친 단어(單語)나 어구(語句)의 뜻과 반대되는 반대어(反對語) 또는 상대어(相對語)의 한자어(漢字語)는 무엇입니까?

102

공부시간에는 <u>고요하며 엄숙해야</u> 한다.

① 沃川 ② 騷亂
③ 舊正 ④ 新正
⑤ 元旦

103

<u>낮 열두시</u>가 돼서 점심을 먹게 되었다.

① 次例 ② 年歲
③ 德談 ④ 子正
⑤ 上元

104

집을 <u>정하여 붙어있으며</u> 적응하기 시작했다.

① 漂流 ② 韓食
③ 洋食 ④ 常識
⑤ 認識

[105~107] 다음 글을 읽고 물음에 답하시오.

한자를 평소에 보다 쉽게 ㉠接近할 수 있는 방법을 없을까?
먼저는 그림이나 삽화를 통한 ㉡方法이 있을 수 있다. 산 그림을 통해 ㉢象形化 되어 있는 ㉣과정을 바라보며 뫼 산 이라는 ㉤한자를 알아가는 것이 가장 쉬운 것이라 할 수 있겠다.
또한 ㉥기본 ㉦부수를 바탕으로 ㉧구조적 접근을 통한 뜻풀이 역시 좋은 접근 방법이라 할 수 있다.

105 ㉠'接近'의 음(音)으로 옳은 것은?

① 접근 ② 근접
③ 이해 ④ 설득
⑤ 접촉

106 ㉡'方法'과 ㉢'象形'의 음(音)으로 짝지은 것은?

① 방법-형상 ② 방법-상형
③ 생각-상형 ④ 방식-형식
⑤ 방법-상상

107 ㉣~㉧ 중에서 한자 표시가 옳은 것은?

① ㉣ 過政 ② ㉤ 漢子
③ ㉥ 起本 ④ ㉦ 部數
⑤ ㉧ 構造

[108~110] 다음 글을 읽고 물음에 답하시오.

한자를 ㉠使用하는 것이 ㉡事實은 쉽지 않다. 한글을 많이 사용하고 근래에는 ㉢英語를 사용하는 경향성이 커지면서 한자가 자취를 많이 감춰갔다. 그러나 한자를 알면 보다 ㉣豊盛하게 한글을 이해할 수 있고, 이후에 중국어나 일본어를 공부하게 되면 쉽게 접근할 수 있는 기회가 분명 생긴다.

108 ㉠'使用'과 ㉡'事實'의 음(音)으로 옳은 것은?

① 이용-실제 ② 사실-사용
③ 사용-사실 ④ 사용-가상
⑤ 이용-사실

109 ⓒ '英語'의 '語'와 같은 한자를 사용하지 않은 것은?

① 국어
② 언어
③ 어순
④ 어사
⑤ 어색

110 ㉣'豊盛'의 '盛'와 같은 한자를 사용하지 않는 것은?

① 무성
② 왕성
③ 성전
④ 정성
⑤ 성행

[111~115] 다음 글을 읽고 물음에 답하시오.

사회주의 세계의 ㉠秩序는 가족의 질서와 ㉡유사하다. 인민은 노력의 대가가 아니라 당의 지배를 받아서 ㉢분배받는다. 그리고 작은 국가는 중국, 러시아와 같은 나라로부터 경제적 거래가 아니라 정치적 도움을 얻어 ㉣자원을 구하는 것이다. 북한이 이제까지 국제사회에서 ㉤억지나 정치적 거래로 이득을 얻으려는 자세를 보여온 것은 이러한 그들의 체제적 ㉥인습을 이해한다면 어느 정도 ㉦納得할 수 있다. 북한은 ㉧孤立의 터전이었던 사회주의 세계의 우방을 하나하나 잃어 가고 있다. 언젠가는 그들의 ㉨전철을 밟아 새 세계로 나와서 새로운 생존방식을 습득해야 함이 북한의 운명이 될 것이다.

111 ㉠'秩序'의 음(音)으로 옳은 것은?

① 진위
② 질문
③ 진실
④ 질서
⑤ 진척

112 ㉡~㉥ 중에서 올바르게 쓰인 한자 표시로 맞는 것은?

① ㉡ 乳事
② ㉢ 分配
③ ㉣ 自源
④ ㉤ 億地
⑤ ㉥ 認習

113 ⓐ'納得'의 음(音)으로 옳은 것은?
① 혈세
② 설득
③ 납득
④ 납세
⑤ 납부

114 ⓞ'孤立'의 음(音)으로 옳은 것은?
① 고유
② 고집
③ 고속
④ 고민
⑤ 고립

115 ⓩ'전철'에서 '전'의 한자(漢字)의 부수로 옳은 것은?
① 刀
② 立
③ 高
④ 广
⑤ 宀

[116~120] 다음 글을 읽고 물음에 답하시오.

마음에 담고 있는 것은 ㉠현실로 나타나고 생각을 가지고 있으면 언젠가 ㉡행동으로 나오는 것 같다. 작은 것을 먼저 ㉢실천해야 큰 것도 감당이 되는데 작은 것도 하지 못하면서 큰 것을 잘하는 것은 말이 되지 않음을 느껴간다.
내 방부터 ㉣청결하게 청소하며 내 ㉤주변 가족과 ㉥친구들을 챙기지 않고 다른 사람들에게 잘 대한다면 그것은 ⓢ위선이며 거짓이다. 나를 가장 잘 알고 있는 사람들의 ⓞ評價가 진짜이며 다른 사람에게 겉으로 보여 지는 것은 언제든 꾸미면서 나타날 수 있기에 말이다. 마음부터 고운 마음씨를 가지고 긍정적 ⓩ思考와 행동을 통해 서로 섬긴다면 방에서부터 ⓩ( )에 이르기까지 좋은 ㉢( )으로 바꿀 수 있지 않을까 생각해 본다.

116 ㉠'현실'의 한자어(漢字語)로 옳은 것은?
① 現實
② 拙作
③ 絶對
④ 相對
⑤ 生角

117 ㉡~㉥ 중에서 올바르게 쓰인 한자 표시로 맞는 것은?

① ㉡ 行動
② ㉢ 室川
③ ㉣ 靑結
④ ㉤ 州邊
⑤ ㉥ 親九

118 ⓐ'위선'의 한자어(漢字語)로 옳은 것은?

① 實施
② 施設
③ 僞善
④ 施行
⑤ 施策

119 ⓞ'評價'와 ⓙ'思考'의 음(音)으로 옳은 것은?

① 평가-사건
② 평가-사고
③ 평가-사선
④ 평평-사고
⑤ 평범-사고

120 ⓙ과 ㉠의 ( )에 들어갈 가장 적절한 한자어는?

① 友好-增進
② 恭遜-謙遜
③ 友情-義理
④ 關係-環境
⑤ 福音-傳道

제2회 모의고사

정답 및 해설 P. 415

1 한자(漢字)

[1~2] 다음 획순(劃順)에 대한 설명으로 가장 적절한 한자는 어느 것입니까?

1

글자 전체를 꿰뚫는 획은 나중에 쓴다.

① 彼　　　　　　　② 我
③ 申　　　　　　　④ 硯
⑤ 滴

2

가운데 획을 나중에 쓴다.

① 火　　　　　　　② 汚
③ 染　　　　　　　④ 哀
⑤ 歡

[3~4] 다음 한자(漢字)의 부수를 제외한 획수(劃數)는 모두 몇 획입니까?

3

劍

① 17　　　　　　　② 16
③ 15　　　　　　　④ 14
⑤ 13

4

聲

① 10　　　　　　　　　　② 11
③ 13　　　　　　　　　　④ 14
⑤ 15

[5~6] 다음 한자(漢字)의 부수(部首)와 다른 부수(部首)를 가지고 있는 한자(漢字)는 무엇입니까?

5

下

① 上　　　　　　　　　　② 三
③ 經　　　　　　　　　　④ 且
⑤ 丁

6

乘

① 乃　　　　　　　　　　② 久
③ 乎　　　　　　　　　　④ 敬
⑤ 之

[7~8] 다음 한자(漢字)와 만들어진 방식이 같은 한자는 어느 것입니까?

〈보기〉 川 : ① 産　② 木　③ 河　④ 姜　⑤ 會
〈보기〉에 제시된 한자 '川(시내에서 흐르는 물의 모양을 보고 만들었음)'처럼 사물의 모습을 보고 만든 상형자(象形字)는 '木(나무의 모습을 보고 만들었음)'이다. 따라서 정답 ②을 고르면 된다.

7

甘

① 角　　　　　　　② 干
③ 甲　　　　　　　④ 豈
⑤ 九

8

久

① 乃　　　　　　　② 去
③ 巨　　　　　　　④ 巾
⑤ 犬

[9~14] 다음 한자(漢字)의 음(音)으로 맞는 것은 어느 것입니까?

9

公

① 곤　　　　　　　② 공
③ 곡　　　　　　　④ 고
⑤ 곰

10

官

① 곽　　　　　　　② 과
③ 관　　　　　　　④ 고
⑤ 곳

11

民

① 미　　　② 밑
③ 비　　　④ 민
⑤ 빈

12

起

① 깃　　　② 길
③ 김　　　④ 긴
⑤ 기

13

訴

① 손　　　② 소
③ 속　　　④ 솜
⑤ 송

14

條

① 조　　　② 저
③ 자　　　④ 주
⑤ 지

[15~19] 다음 음(音)과 다른 한자는 무엇입니까?

15

수

① 水
② 輸
③ 鮮
④ 洙
⑤ 收

16

공

① 明
② 工
③ 公
④ 空
⑤ 孔

17

국

① 局
② 菊
③ 鞠
④ 淸
⑤ 麴

18

거

① 居
② 擧
③ 去
④ 巨
⑤ 潔

19

채

① 債　　② 蔡
③ 菜　　④ 彩
⑤ 軸

[20~24] 다음 한자(漢字)와 음(音)이 다른 한자는 어느 것입니까?

20

首

① 派　　② 手
③ 壽　　④ 受
⑤ 修

21

共

① 功　　② 障
③ 攻　　④ 供
⑤ 恭

22

均

① 菌　　② 鈞
③ 國　　④ 筠
⑤ 勻

23

拒

① 據
② 距
③ 車
④ 渠
⑤ 恨

24

皮

① 被
② 避
③ 疲
④ 採
⑤ 彼

[25~30] 다음 한자(漢字)의 훈(訓)은 무엇입니까?

25

防

① 주다
② 받다
③ 사다
④ 막다
⑤ 놓다

26

干

① 무기
② 연장
③ 방패
④ 투석
⑤ 발석

27

貢

① 나눔   ② 버림
③ 바침   ④ 받음
⑤ 뺏김

28

合

① 느끼다   ② 맛보다
③ 사랑하다   ④ 나누다
⑤ 합하다

29

軍

① 군사   ② 장교
③ 하사   ④ 부하
⑤ 장군

30

武

① 대포   ② 호반
③ 총알   ④ 노래하다
⑤ 뛰놀다

[31~35] 다음의 훈(訓)을 가진 한자(漢字)는 무엇입니까?

31

| 씨 |

① 塗
② 核
③ 布
④ 膽
⑤ 本

32

| 나누다 |

① 仰
② 騰
③ 半
④ 裸
⑤ 分

33

| 긴하다 |

① 練
② 乳
③ 獵
④ 緊
⑤ 犬

34

| 권세 |

① 療
② 養
③ 權
④ 同
⑤ 僚

35

정도

① 度 ② 誤
③ 謬 ④ 魔
⑤ 鬼

[36~40] 다음 한자(漢字)와 훈(訓)이 비슷한 한자는 어느 것입니까?

36

慕

① 大 ② 縣
③ 難 ④ 獨
⑤ 戀

37

察

① 經 ② 資
③ 基 ④ 審
⑤ 財

38

連

① 國 ② 絡
③ 傳 ④ 市
⑤ 好

39

言

① 景　　② 緩
③ 說　　④ 恐
⑤ 上

40

抑

① 壓　　② 指
③ 通　　④ 金
⑤ 貯

2 어휘(語彙)

[41~45] 다음 한자어(漢字語)와 同音異議語(동음이의어)는 어느 것입니까?

41

大事

① 大使　　② 媽媽
③ 魅力　　④ 輕蔑
⑤ 母子

42

高雅

① 紊亂　　② 同伴
③ 孤兒　　④ 混紡
⑤ 偏僻

43

厭症

① 減俸　　　　　　　② 縫合
③ 示唆　　　　　　　④ 炎蒸
⑤ 放飼

44

初喪

① 山蔘　　　　　　　② 肖像
③ 瑞光　　　　　　　④ 專貰
⑤ 腎臟

45

失政

① 壓力　　　　　　　② 惹起
③ 豫備　　　　　　　④ 雇傭
⑤ 實情

[46~47] 다음 괄호 속 한자(漢字)의 일자다음어(一字多音語) 중 다르게 발음되는 음(音)은 어느 것입니까?

46　① 標(識)　　　　　　② 認(識)
　　　③ 意(識)　　　　　　④ 知(識)
　　　⑤ 常(識)

47　① (讀)書　　　　　　② (讀)者
　　　③ 精(讀)　　　　　　④ 朗(讀)
　　　⑤ 句(讀)

[48~57] 다음 단어들의 '( )'에 똑같이 들어갈 한자(漢字)로 알맞은 것은 어느 것입니까?

48

( )거, 검( ), 방( )

① 諮   ② 問
③ 竊   ④ 盜
⑤ 證

49

( )력, ( )동, 횡( )

① 綜   ② 暴
③ 合   ④ 鑄
⑤ 刑

50

( )자, ( )기, ( )표

① 粉   ② 塵
③ 投   ④ 十
⑤ 隻

51

( )역, ( )미, ( )매

① 焦   ② 點
③ 付   ④ 貿
⑤ 託

52
( )련, ( )계, 기( )

① 關　　② 胎
③ 盤　　④ 偏
⑤ 重

53
( )신, ( )유, ( )체

① 抱　　② 棄
③ 軍　　④ 自
⑤ 艦

54
정( ), ( )료, ( )유

① 幻　　② 影
③ 短　　④ 靴
⑤ 治

55
( )시, ( )박, ( )중

① 模　　② 輕
③ 型　　④ 港
⑤ 口

56

( )속, ( )승, 중( )

① 廟　　　② 宗
③ 種　　　④ 苗
⑤ 繼

57

( )광, ( )측, 객( )

① 觀　　　② 長
③ 篇　　　④ 掌
⑤ 片

[58~65] 다음 한자어(漢字語)의 반대어(反對語) 또는 상대어(相對語)의 한자어(漢字語)는 무엇입니까?

58

過激

① 遮斷　　　② 認准
③ 穩健　　　④ 衷情
⑤ 地軸

59

官尊

① 民卑　　　② 秒針
③ 撤收　　　④ 推進
⑤ 狹小

60

光明

① 初潮　　　　② 悲感
③ 攝理　　　　④ 暗黑
⑤ 遠隔

61

圓熟

① 軍靴　　　　② 滯納
③ 糾明　　　　④ 敷地
⑤ 拙劣

62

拘禁

① 匪賊　　　　② 釋放
③ 敷衍　　　　④ 破格
⑤ 罷職

63

拘束

① 放免　　　　② 編成
③ 廢刊　　　　④ 可恐
⑤ 加療

64

求心

① 苛責　　　　　　　② 苛法
③ 遠心　　　　　　　④ 跳躍
⑤ 獨裁

65

君子

① 累加　　　　　　　② 能率
③ 黨員　　　　　　　④ 小人
⑤ 更蘇

[66~70] 다음 성어(成語)에서 '( )'에 들어갈 가장 적절한 한자(漢字)는 무엇입니까?

66

(　)父之利

① 魚　　　　　　　　② 語
③ 漁　　　　　　　　④ 圄
⑤ 御

67

(　)不忍見

① 木　　　　　　　　② 牧
③ 睦　　　　　　　　④ 目
⑤ 沐

68

刻骨(　)忘

① 亂　　　　　② 難
③ 蘭　　　　　④ 煖
⑤ 卵

69

刻舟求(　)

① 儉　　　　　② 檢
③ 瞼　　　　　④ 鈴
⑤ 劍

70

結草(　)恩

① 保　　　　　② 寶
③ 報　　　　　④ 普
⑤ 步

[71~75] 다음 성어(成語)의 음(音)과 뜻풀이로 가장 알맞은 것은 무엇입니까?

71

能小能大

① 능소늑대 : 모든 일을 잘 못함
② 능소능대 : 모든 일에 두루 능함
③ 능소능허 : 모든 일에 두루 능함
④ 능소능다 : 모든 일에 신중함
⑤ 능대능소 : 모든 일에 두루 능함

72

單刀直入

① 단도직입 : 이것저것 얘기를 많이 함
② 단도직임 : 군말을 빼고 요점으로 바로 들어감
③ 단서직입 : 증거들을 가지고 보고함
④ 단편지식 : 알고 있는 지식이 짧음
⑤ 단도직입 : 군말을 빼고 요점으로 바로 들어감

73

明鏡止水

① 명경지주 : 맑은 물과 같이 깨끗한 마음
② 명령지수 : 스스로 터득하며 앞서감
③ 명경지수 : 맑은 거울같이 깨끗한 마음
④ 명명백백 : 거짓 없이 깨끗함
⑤ 명령불복 : 명령 앞에 복종함

74

語不成說

① 어물성설 : 말의 앞뒤가 도무지 맞지 않음
② 어불설성 : 말의 이치가 맞지 않음
③ 어불성설 : 말이 사리에 맞지 아니함
④ 어부자리 : 어떻게 하다 얻은 자리
⑤ 어불서성 : 말의 이치가 다 맞음

75

言中有骨

① 언중유골 : 말 가운데에 뜻이 들어 있음
② 언중유갈 : 말에 핵심이 있음
③ 언어출중 : 말을 굉장히 잘함
④ 언중무골 : 말을 해도 믿겨지지 않음
⑤ 언어조심 : 말을 조심하여 배려함

[76~80] 다음 풀이된 문장에 해당하는 성어(成語)는 무엇입니까?

76

적대되는 자끼리 한 자리에 모임

① 博而不精   ② 吳越同舟
③ 生面不知   ④ 甲男乙女
⑤ 興盡悲來

77

산수의 경치를 즐김

① 樂山樂水   ② 窮餘之策
③ 傾國之色   ④ 孤軍奮鬪
⑤ 九折羊腸

78

미리 준비를 하면 나중에 우환이 없음

① 近墨者黑   ② 金科玉條
③ 有備無患   ④ 金枝玉葉
⑤ 砂上樓閣

79

| 끼리끼리 사귐 |

① 能小能大   ② 東問西答
③ 金蘭之交   ④ 錦衣夜行
⑤ 類類相從

80

| 마음으로 마음에 전함 |

① 烏合之卒   ② 一脈相通
③ 一絲不亂   ④ 以心傳心
⑤ 臨機應變

3 독해(讀解)

[81~86] 다음 문장에서 밑줄 그은 것에 해당하는 한자어(漢字語)는 무엇입니까?

81

| 상제에게 어려움을 호소했다. |

① 怪疑   ② 軍帽
③ 上帝   ④ 葛布
⑤ 驚歎

82

| 황제 즉위식을 이듬해에 했다. |

① 乾蔘   ② 卽位
③ 狂騰   ④ 決濟
⑤ 競進

83

> 권력의 세습이 시작되었다.

① 機軸 ② 盜聽
③ 多額 ④ 答辭
⑤ 權力

84

> 도적이 벌떼처럼 일어났다.

① 加擔 ② 加護
③ 致死 ④ 盜賊
⑤ 忘却

85

> 귀족들 사이에서 권력 투쟁이 벌어졌다.

① 謀陷 ② 鬪爭
③ 無謀 ④ 排卵
⑤ 繁昌

86

> 왕이 살해되고 결국 이때부터 나라가 기울어졌다.

① 補缺 ② 蜂蜜
③ 備考 ④ 殺害
⑤ 悲憤

[87~92] 다음 문장에서 밑줄 친 한자어(漢字語)의 음(音)과 뜻풀이로 가장 맞는 것은 무엇입니까?

87

事實을 기반으로 정직하게 말해야 한다.

① 사설 : 개인적인 의견
② 사실 : 앞으로 이루어질 일
③ 사실 : 현재 이루어진 일
④ 사건 : 현재 벌어진 일
⑤ 사선 : 경계선을 넘나드는 일

88

정권과 금권에 대한 耽溺을 내려놔야 한다.

① 탐욕 : 욕심을 내어 뺏고자 함
② 탐심 : 욕심을 품은 마음
③ 탐닉 : 어떤 일을 몹시 즐겨서 거기에 빠짐
④ 탐관 : 욕심을 가지고 자리를 차지함
⑤ 탐복 : 다른 사람의 복을 탐냄

89

東西고금에 변함없는 것들이 존재한다.

① 동시 : 같은 시간과 장소
② 동사 : 문장에서 핵심이 되는 요소
③ 동선 : 가야 하는 길의 선
④ 동서 : 동쪽과 서쪽
⑤ 동네 : 내가 살고 있는 근처 지역

90

世界는 늘 변화한다.

① 세상 : 사람들로 붐빈 장소
② 세계 : 사람이 살고 있는 모든 장소
③ 세기 : 시대를 구분 짓는 요소
④ 세력 : 비슷한 부류들의 모임
⑤ 세수 : 몸을 씻고 청결함을 유지함

91

> 實際로 변한 것이 하나도 없다.

① 실제 : 현재 존재하고 있는 것 ② 실상 : 현재의 모습
③ 실수 : 착각하여 그릇되게 행동함 ④ 실망 : 일이 뜻대로 되지 않음
⑤ 실탄 : 총에 넣는 탄알

92

> 眞理는 정말 중요한 것이다.

① 진리 : 참된 이치 ② 진수 : 참된 생각
③ 진로 : 앞으로 하고자 하는 일 ④ 진상 : 아닌 듯한 행동을 함
⑤ 진언 : 참된 말

[93~95] 다음 문장에서 ( )에 들어갈 한자(漢字)와 반대(反對) 또는 상대(相對)되는 한자(漢字)는 무엇입니까?

93

> 예술 작품은 많은 ( )의 요소가 들어있다.

① 保 ② 多
③ 提 ④ 合
⑤ 醜

94

> 현( )의 걱정을 내려놓아야 한다.

① 獨 ② 物
③ 無 ④ 價
⑤ 需

95

인( )가 한 마음으로 보존해야 하는 것이 있다.

① 獨　　　　　　　　② 都
③ 消　　　　　　　　④ 流
⑤ 在

[96~98] 다음 문장에서 한자어(漢字語)의 한자표식(漢字表記式)이 맞는 것은 무엇입니까?

96

①傅粉들이 ②變和한다고 해도 ③人爲적으로 ④變疾 시켜서는 안 될 ⑤要所들이 있다.

97

①禮術작품은 정말 ②歸重하고 ③微積요소가 ④密執 돼 있는 ⑤高度의 작품이다.

98

유네스코는 ①世系 ②文火 ③流産이란 것을 ④地釘해 ⑤保護하고 있다.

[99~101] 다음 문장에서 밑줄 친 한자어(漢字語)와 뜻이 반대어(反對語) 또는 상대어(相對語)가 되는 한자어(漢字語)의 음(音)은 무엇입니까?

99

산의 **高度**가 굉장히 높다.

① 저도　　　　　　　② 초기
③ 순간　　　　　　　④ 아직
⑤ 멀리

100

공간이 狹小하여 넓은 장소로 이동했다.

① 답지　　　　　　　　　② 문답
③ 형식　　　　　　　　　④ 응답
⑤ 광활

101

건물을 建築하는데 있어서 지반을 봐야 한다.

① 성장　　　　　　　　　② 허세
③ 발휘　　　　　　　　　④ 실패
⑤ 파괴

[102~104] 다음 문장에서 밑줄 친 단어(單語)나 어구(語句)의 뜻과 반대되는 반대어(反對語) 또는 상대어(相對語)의 한자어(漢字語)는 무엇입니까?

102

최근 강력한 법규제가 풀림으로써 자유롭게 된 부분이 많아졌다.

① 頻數　　　　　　　　　② 間接
③ 緊縮　　　　　　　　　④ 動議
⑤ 國籍

103

일상생활에서의 최고의 발견은 자신의 모습을 찾은 것이다.

① 發揮　　　　　　　　　② 激戰
③ 落照　　　　　　　　　④ 拘置
⑤ 隱蔽

104
> 무엇에 얽매이지 않은 환경 속에서 나는 성찰을 하게 되었다.

① 緊縮
② 拘束
③ 激勵
④ 亂發
⑤ 考慮

[105~107] 다음 글을 읽고 물음에 답하시오.

요즘 ㉠時代에 핸드폰이 없다면 어떤 삶을 살 수 있을까? 아마도 ㉡想像할 수도 없고 하기 싫은 ㉢假定일 수도 있겠다. 그만큼 ㉣現代 사회는 신속함을 원하고 있다.
그러나 때론 ㉤臣屬함만을 찾다 지칠 수도 있기에 우리는 ㉥均形잡힌 삶을 ㉦地響해야 하지 않을까 생각해 본다. 핸드폰을 통해 사라지는 ㉧大化와 교제가 너무 아쉽게 느껴지고 여유가 없어진다는 것에 안타까움이 있는 것은 우연이 아닐 것이다.

105 ㉠ '時代'의 음(音)으로 옳은 것은?

① 시간
② 시대
③ 시도
④ 시소
⑤ 시각

106 ㉡ '想像'과 ㉢ '假定'의 음(音)으로 짝지은 것은?

① 생각-가정
② 상상-가증
③ 상상-가정
④ 상식-가정
⑤ 상상-가령

107 ㉣~㉧ 중에서 한자 표시가 옳은 것은?

① ㉣ 現代
② ㉤ 臣屬
③ ㉥ 均形
④ ㉦ 地響
⑤ ㉧ 大化

[108~110] 다음 글을 읽고 물음에 답하시오.

자연을 바라보며 정말 아름답다고 느끼는 것은 정말 ㉠重要하다. 스쳐 지나가는 ㉡事物에 의미를 하나하나 부여하며 그것이 가져다주는 ㉢生命력을 느끼는 것이야 말로 ㉣五感을 사용한 멋진 일이라고 생각한다.

108 ㉠'重要'과 ㉡'事物'의 음(音)으로 옳은 것은?

① 중요-사념 ② 중요-사치
③ 중성-사물 ④ 중요-사물
⑤ 증오-사문

109 ㉢'生命'의 '生'와 같은 한자를 사용하지 않은 것은?

① 생활 ② 발생
③ 학생 ④ 생명
⑤ 희생

110 ㉣'五感'의 '感'와 같은 한자를 사용하지 않는 것은?

① 감동 ② 감정
③ 민감 ④ 감화
⑤ 가감

[111~115] 다음 글을 읽고 물음에 답하시오.

편지를 쓸 때 컴퓨터를 통한 이메일을 쓰는 것이 대부분일 것이다. 현대 ㉠社會에 ㉡자필로 쓰며 정성스럽게 쓰는 것이 점차 사라지고 있다. 물론 이메일은 신속하고 언제든 볼 수 있다는 ㉢장점이 있다. 그러나 그 속에 여유와 마음의 묻어남은 손으로 쓸 때 보다는 ㉣감격이 덜 한 듯하다.
시간과 정성을 들여가며 썼던 손 편지의 사라짐에는 시대의 ㉤변화가 한 몫 하고 있다. 그러나 때론 우리가 잊지 말아야 할 무언가가 있는데 정이 아닐까 생각해 본다. 틀린 것 자체가 ㉥추억이 되고, 미소를 짓게 만드는 것은 어쩌면 ㉦失手를 ㉧容納하며 아량으로 받아들이는 삶의 여유가 묻어있는 것은 아닐까 생각해 본다. 그 만큼 ㉨소중함이 잊혀져 가는 아쉬운 이 때이다.

111 ㉠'社會'의 음(音)으로 옳은 것은?
① 회의
② 회사
③ 사문
④ 사적
⑤ 사회

112 ㉡~㉥ 중에서 올바르게 쓰인 한자 표시로 맞는 것은?
① ㉡ 自必
② ㉢ 粧點
③ ㉣ 感激
④ ㉤ 變和
⑤ ㉥ 抽憶

113 ㉦'失手'의 음(音)으로 옳은 것은?
① 실망
② 실직
③ 실효
④ 실수
⑤ 실제

114 ㉧'容納'의 음(音)으로 옳은 것은?
① 용납
② 용서
③ 용기
④ 용언
⑤ 용단

115 ㉨'소중'에서 '중'의 한자(漢字)의 부수로 옳은 것은?
① 乙
② 里
③ 口
④ 月
⑤ 土

[116~120] 다음 글을 읽고 물음에 답하시오.

> ㉠동양문화는 한자문화라 해도 ㉡寡言이 아니다. 동양학에 ㉢關係되는 옛 한적음 ㉣苦辭하고 국한혼용문의 ㉤書跡 해독력도 ㉥邸下될 것은 명약관화하다.
> 학술적인 용어가 대부분 한자어에 의해 있는 ㉦실정인데, 한자를 소외하면 자연 문법술어나 서구계 술어가 판을 칠 것이다.
> 그런데 ㉧表音 문자는 배우기 쉽고 쓰기 쉬운 이점이 있고, ㉨表意 문자인 한자는 시각적으로 바로 뜻을 알아차릴 수 있는 이점과 ㉩( )한 조어력이나 ㉪( )력이 있다. 이 장단점을 깊이 살펴 활용해야 한다는 것이다.

116 ㉠'동양'의 한자어(漢字語)로 옳은 것은?

① 東洋　　　　　　② 同樣
③ 同樣　　　　　　④ 東向
⑤ 同鄉

117 ㉡~㉥ 중에서 올바르게 쓰인 한자 표시로 맞는 것은?

① ㉡ 寡言　　　　　② ㉢ 關係
③ ㉣ 苦辭　　　　　④ ㉤ 書跡
⑤ ㉥ 邸下

118 ㉦'실정'의 한자어(漢字語)로 옳은 것은?

① 失政　　　　　　② 失貞
③ 實定　　　　　　④ 實情
⑤ 實正

119 ㉧'表音'와 ㉨'表意'의 음(音)으로 옳은 것은?

① 표음 – 표현　　　② 표음 – 표시
③ 표음 – 표의　　　④ 표현 – 표의
⑤ 표시 – 표의

120 ⓒ과 ㉠의 ( )에 들어갈 가장 적절한 한자어는?

① 無窮 – 縮小
② 極盡 – 縮約
③ 特別 – 推理
④ 無窮 – 縮約
⑤ 多念 – 蓄積

제3회 모의고사

정답 및 해설 P. 424

1 한자(漢字)

[1~2] 다음 획순(劃順)에 대한 설명으로 가장 적절한 한자는 어느 것입니까?

1

받침을 나중에 쓴다.

① 小   ② 作
③ 代   ④ 進
⑤ 評

2

삐침과 파임이 교차할 때는 삐침을 먼저 쓴다.

① 揭   ② 父
③ 取   ④ 編
⑤ 視

[3~4] 다음 한자(漢字)의 부수를 제외한 획수(劃數)는 모두 몇 획입니까?

3

勸

① 18   ② 19
③ 20   ④ 21
⑤ 22

4

歸

① 18　　　　　　　　　　② 17
③ 16　　　　　　　　　　④ 15
⑤ 14

[5~6] 다음 한자(漢字)의 부수(部首)와 다른 부수(部首)를 가지고 있는 한자(漢字)는 무엇입니까?

5

權

① 棄　　　　　　　　　　② 機
③ 校　　　　　　　　　　④ 沐
⑤ 枯

6

貴

① 賢　　　　　　　　　　② 賤
③ 賦　　　　　　　　　　④ 負
⑤ 則

[7~8] 다음 한자(漢字)와 만들어진 방식이 같은 한자는 어느 것입니까?

〈보기〉 川 : ① 産　② 木　③ 河　④ 姜　⑤ 會
〈보기〉에 제시된 한자 '川(시내에서 흐르는 물의 모양을 보고 만들었음)'처럼 사물의 모습을 보고 만든 상형자(象形字)는 '木(나무의 모습을 보고 만들었음)'이다. 따라서 정답 ②을 고르면 된다.

7

加

① 家　　　　② 京
③ 系　　　　④ 皐
⑤ 高

8

可

① 曲　　　　② 各
③ 工　　　　④ 串
⑤ 戈

[9~14] 다음 한자(漢字)의 음(音)으로 맞는 것은 어느 것입니까?

9

點

① 전　　　　② 절
③ 점　　　　④ 접
⑤ 저

10

家

① 각　　　　② 간
③ 감　　　　④ 가
⑤ 갈

11

屋

① 오 ② 옴
③ 온 ④ 올
⑤ 옥

12

轉

① 전 ② 점
③ 저 ④ 접
⑤ 절

13

嫁

① 감 ② 갑
③ 가 ④ 각
⑤ 갓

14

和

① 확 ② 화
③ 환 ④ 활
⑤ 할

[15~19] 다음 음(音)과 다른 한자는 무엇입니까?

15

소

① 疎
② 所
③ 小
④ 提
⑤ 少

16

송

① 送
② 開
③ 訟
④ 松
⑤ 頌

17

신

① 信
② 申
③ 愼
④ 紳
⑤ 應

18

심

① 優
② 深
③ 沈
④ 甚
⑤ 瀋

19

아

① 審   ② 雅
③ 亞   ④ 我
⑤ 兒

[20~24] 다음 한자(漢字)와 음(音)이 다른 한자는 어느 것입니까?

20

家

① 價   ② 勝
③ 可   ④ 加
⑤ 街

21

肝

① 間   ② 簡
③ 野   ④ 刊
⑤ 幹

22

九

① 舊   ② 口
③ 苟   ④ 解
⑤ 具

23

蓋

① 行　　② 開
③ 個　　④ 改
⑤ 介

24

甘

① 監　　② 感
③ 減　　④ 敢
⑤ 環

[25~30] 다음 한자(漢字)의 훈(訓)은 무엇입니까?

25

酸

① 사과　　② 포도
③ 등불　　④ 불
⑤ 시다

26

地

① 구름　　② 바다
③ 바람　　④ 땅
⑤ 불

27
騷

① 나눔　② 버림
③ 좋음　④ 떠듦
⑤ 빠름

28
公

① 공평함　② 불평함
③ 원망함　④ 사랑함
⑤ 감사함

29
廢

① 열림　② 폐함
③ 쫓음　④ 막음
⑤ 뱉음

30
破

① 붙잡음　② 뛰놀음
③ 깨뜨림　④ 노래함
⑤ 좋아함

[31~35] 다음의 훈(訓)을 가진 한자(漢字)는 무엇입니까?

31

낳다

① 宣　　② 布
③ 生　　④ 秩
⑤ 序

32

섬돌

① 階　　② 佳
③ 作　　④ 總
⑤ 點

33

등급

① 惱　　② 雷
③ 逃　　④ 亡
⑤ 級

34

주다

① 驅　　② 逐
③ 橋　　④ 付
⑤ 脚

35

공손

① 奇　　　　　　　　② 恭
③ 岩　　　　　　　　④ 巢
⑤ 窟

[36~40] 다음 한자(漢字)와 훈(訓)이 비슷한 한자는 어느 것입니까?

36

禱

① 祈　　　　　　　　② 催
③ 援　　　　　　　　④ 勝
⑤ 判

37

驗

① 負　　　　　　　　② 球
③ 說　　　　　　　　④ 樂
⑤ 試

38

下

① 境　　　　　　　　② 壤
③ 降　　　　　　　　④ 盤
⑤ 音

39

固

① 害　　② 棄
③ 性　　④ 堅
⑤ 態

40

段

① 源　　② 階
③ 暖　　④ 漠
⑤ 波

2 어휘(語彙)

[41~45] 다음 한자어(漢字語)와 同音異議語(동음이의어)는 어느 것입니까?

41

憂愁

① 迫眞　　② 雨水
③ 白露　　④ 逸話
⑤ 總括

42

修行

① 西歐　　② 歡呼
③ 大闕　　④ 遂行
⑤ 購買

43
寢睡

① 獵銃　　② 洗濯
③ 驅迫　　④ 崇尙
⑤ 浸水

44
災禍

① 皮膚　　② 紙幣
③ 財貨　　④ 左右
⑤ 閣下

45
異性

① 理性　　② 布告
③ 街頭　　④ 陳情
⑤ 具備

[46~47] 다음 괄호 속 한자(漢字)의 일자다음어(一字多音語) 중 다르게 발음되는 음(音)은 어느 것입니까?

46
① (降)世　　② (降)伏
③ (降)任　　④ (降)嫁
⑤ (降)下

47
① (便)所　　② (便)近
③ (便)道　　④ (便)門
⑤ (便)易

[48~57] 다음 단어들의 '( )'에 똑같이 들어갈 한자(漢字)로 알맞은 것은 어느 것입니까?

48

원( ), ( )각, 시( )

① 辰
② 放
③ 心
④ 操
⑤ 信

49

( )증, 참( ), ( )적

① 背
② 恩
③ 汗
④ 報
⑤ 惠

50

( )준, 우( ), 홍( )

① 白
② 髮
③ 紅
④ 水
⑤ 顔

51

( )앙, 화( ), ( )해

① 凡
② 人
③ 超
④ 子
⑤ 災

52

새( ), 국( ), 기( )

① 別   ② 會
③ 居   ④ 同
⑤ 善

53

( )실, ( )건, ( )태

① 本   ② 業
③ 副   ④ 數
⑤ 事

54

희( ), 성( ), 시( )

① 牲   ② 富
③ 貴   ④ 貧
⑤ 賤

55

범( ), 쥬( ), 포( )

① 無   ② 有
③ 圍   ④ 民
⑤ 心

56   대(   ), 반(   ), 적(   )

① 應
② 紛
③ 爭
④ 和
⑤ 解

57   (   )원, (   )료, (   )학

① 不
② 醫
③ 法
④ 合
⑤ 化

[58~65] 다음 한자어(漢字語)의 반대어(反對語) 또는 상대어(相對語)의 한자어(漢字語)는 무엇입니까?

58   濃厚

① 潛跡
② 糾合
③ 稚魚
④ 稀薄
⑤ 繫留

59   能動

① 卒倒
② 被動
③ 均衡
④ 別莊
⑤ 藏書

60
多元

① 販路　　② 秋毫
③ 閑寂　　④ 白髮
⑤ 一元

61
單純

① 複雜　　② 打倒
③ 諒解　　④ 拙劣
⑤ 出衆

62
單式

① 構造　　② 擴充
③ 複式　　④ 歷史
⑤ 悲戀

63
短縮

① 吏頭　　② 延長
③ 交隣　　④ 廉恥
⑤ 疏忽

64

對話

① 主席　　　　　　　② 象徵
③ 橋梁　　　　　　　④ 獨白
⑤ 御使

65

都心

① 束縛　　　　　　　② 蔑視
③ 硫黃　　　　　　　④ 督促
⑤ 郊外

[66~70] 다음 성어(成語)에서 '( )'에 들어갈 가장 적절한 한자(漢字)는 무엇입니까?

66

(　)前燈火

① 楓　　　　　　　　② 豊
③ 諷　　　　　　　　④ 風
⑤ 馮

67

匹夫匹(　)

① 夫　　　　　　　　② 父
③ 扶　　　　　　　　④ 負
⑤ 婦

68

鶴首(　　)待

① 古
② 故
③ 苦
④ 固
⑤ 告

69

(　　)逆之友

① 莫
② 寞
③ 幕
④ 漠
⑤ 膜

70

(　　)男乙女

① 匣
② 岬
③ 胛
④ 甲
⑤ 閘

[71~75] 다음 성어(成語)의 음(音)과 뜻풀이로 가장 알맞은 것은 무엇입니까?

71

過猶不及

① 과유불소 : 너무 많거나 적은 것이 좋지 않음
② 과대망상 : 분수에 지나치는 생각
③ 과유불급 : 정도를 지나침은 미치지 못함과 같다.
④ 과유불급 : 너무 많거나 적은 것이 좋음
⑤ 과대포장 : 굉장히 큰 것처럼 여김

72 　　　　　　　　　　　内憂外患

① 내우외환 : 나라 안팎의 근심과 걱정
② 내우외완 : 여기저기에서 들여오는 근심과 걱정
③ 내우내환 : 나라 안팎에서 들려오는 소식
④ 내우외환 : 집안 살림을 잘함
⑤ 내수시장 : 국내 경기지표

73 　　　　　　　　　　　多多益善

① 다다익선 : 많으면 많을수록 피해가 감　② 다다익서 : 많이 읽을수록 도움이 됨
③ 다다이선 : 착하면 착할수록 좋음　　　④ 다다익선 : 많으면 많을수록 좋음
⑤ 다과익선 : 맛있는 것을 많이 먹음

74 　　　　　　　　　　　烏合之卒

① 오합지졸 : 어중이떠중이의 모임
② 오합지졸 : 정예부대의 모임
③ 오합지군 : 이것도 아니고 저것도 아닌 모임
④ 오합지휘 : 어중이떠중이의 모임
⑤ 오합지순 : 중간계층들의 모임

75 　　　　　　　　　　　一脈相通

① 일맥상통 : 서로 의견이 맞지 않음　　② 일맥상통 : 성격이나 솜씨가 서로 잘 통함
③ 일맥상서 : 글이나 말에 막힘이 없음　④ 일맥상소 : 일관된 말을 전달함
⑤ 일맥상상 : 상상하여 이것저것 말함

[76~80] 다음 풀이된 문장에 해당하는 성어(成語)는 무엇입니까?

76

| 세금을 가혹하게 징수함 |

① 目不識丁　　② 門前成市
③ 苛斂誅求　　④ 明鏡止水
⑤ 目不忍見

77

| 아름다운 여자는 목숨이 짧음 |

① 各自圖生　　② 佳人薄命
③ 刻舟求劍　　④ 艱難辛苦
⑤ 肝膽相照

78

| 집안의 온갖 세간 |

① 感慨無量　　② 甘言利說
③ 康衢煙月　　④ 家藏什物
⑤ 剛毅木訥

79

| 몹시 애쓰고 힘씀 |

① 刻苦勉勵　　② 江湖煙波
③ 去頭截尾　　④ 改過遷善
⑤ 車載斗量

80

| 은혜의 고마움이 뼈에 사무쳐 있음 |

① 乾坤一擲　　② 格物致知
③ 隔靴搔癢　　④ 登龍門
⑤ 刻骨難忘

3 독해(讀解)

[81~86] 다음 문장에서 밑줄 그은 것에 해당하는 한자어(漢字語)는 무엇입니까?

81 사막화가 기상에까지 영향을 미치고 있다.

① 君臨 ② 藍色
③ 丘陵 ④ 砂漠
⑤ 拉致

82 기온이 저하되며 한파가 찾아왔다.

① 地雷 ② 浪說
③ 寒波 ④ 耽溺
⑤ 下諒

83 많은 지역에서 지진이 발생하고 있다.

① 地震 ② 悲痛
③ 惡寒 ④ 策略
⑤ 喜劇

84 태풍의 피해상황이 발표되었다.

① 店鋪 ② 煙幕
③ 奏請 ④ 釜山
⑤ 被害

85

> 큰 비로 인한 <u>홍수</u> 때문에 많은 피해를 입었다.

① 蘇息　　② 賈島
③ 洪水　　④ 羅州
⑤ 咸興

86

> 제방이 붕괴되어 주변이 <u>침수</u>되었다.

① 井州　　② 晉州
③ 主君　　④ 睿宗
⑤ 浸水

[87~92] 다음 문장에서 밑줄 친 한자어(漢字語)의 음(音)과 뜻풀이로 가장 맞는 것은 무엇입니까?

87

> 영화가 <u>客席</u>이 꽉 찰 정도로 인기가 많았다.

① 객석 : 손님이 서 있는 자리　　② 객서 : 휴가를 나온 사람들
③ 객선 : 손님이 앉은 자리　　④ 객석 : 손님이 앉은 자리
⑤ 객관 : 사실적으로 바라 봄

88

> <u>客車</u>에 손님들이 한산하여 다 앉을 수 있었다.

① 객거 : 손님을 실어 나름
② 객석 : 자리를 앉음
③ 객수 : 손님을 실어 나르며 운동함
④ 객차 : 손님을 실어 나르는 철도
⑤ 객선 : 사람을 실어나르기 위한 운송수단

89

面接을 보기 위해 많은 준비를 했다.

① 면제 : 어떤 일이든 제함
② 면면 : 어느 쪽을 보기 위한 부분
③ 면세 : 세금을 감면함
④ 면회 : 서로 보며 만남
⑤ 면접 : 서로 대면하여 만나 봄

90

결혼식을 慶祝하며 많은 관심 속에 했다.

① 경사 : 축하하며 좋아함
② 경계 : 지켜야만 하는 선
③ 경축 : 기쁘고 좋은 일을 축하함
④ 경기 : 승패를 가리기 위해 대결함
⑤ 경험 : 부딪혀가며 깨달아 감

91

취업도 되고 결혼도 하고 慶事가 겹쳤다.

① 경도 : 현재 있는 위치
② 경사 : 경축할 만한 즐겁고 기쁜 일
③ 경사 : 기울어져 있는 정도
④ 경애 : 사랑하며 감싸 줌
⑤ 경단 : 떡으로 만들어서 먹음

92

달리기 기록을 更新하여 시간을 앞당김

① 갱서 : 문서로 남긴 기록
② 갱신 : 옛것을 고치어 새롭게 함
③ 갱유 : 문서들을 불태움
④ 갱신 : 누적된 기록
⑤ 갱구 : 구덩이에 빠짐

[93~95] 다음 문장에서 ( )에 들어갈 한자(漢字)와 반대(反對) 또는 상대(相對)되는 한자(漢字)는 무엇입니까?

93

( )리 되었던 마음이 치유 속에 하나가 되었다.

① 合 ② 方
③ 難 ④ 子
⑤ 射

94

축구에서 (   )반전을 진 채로 경기가 끝났다.

① 融 ② 胞
③ 傳 ④ 後
⑤ 驗

95

( )진 세력의 등장으로 활기를 띠게 되었다.

① 毒 ② 舊
③ 原 ④ 生
⑤ 剖

[96~98] 다음 문장에서 한자어(漢字語)의 한자표식(漢字表記式)이 맞는 것은 무엇입니까?

96

① 圖心의 ② 考層 ③ 健物에서 ④ 火災가 발생하여 많은 ⑤ 因明피해를 입게 되었다.

97

①鬱蒼한 ②高算에 불이 나서 ③在害를 입었지만, 다시 나무를 심어 ④錄畫⑤支待가 되었다.

98

①颱風이 와서 ②州宅, ③街衢, 상하수도 등 모두가 ④避海를 입은 ⑤慘史를 겪게 되었다.

[99~101] 다음 문장에서 밑줄 친 한자어(漢字語)와 뜻이 반대어(反對語) 또는 상대어(相對語)가 되는 한자어(漢字語)의 음(音)은 무엇입니까?

99

더 이상 <u>不法</u>을 저지르지 않고 올바르게 살았다.

① 불법　　　　　　② 합법
③ 부정　　　　　　④ 긍정
⑤ 중립

100

오늘 <u>非番</u>이라 푹 쉬며 체력을 보충했다.

① 비애　　　　　　② 상실
③ 당번　　　　　　④ 당첨
⑤ 비수

101

모든 행동이 <u>非凡</u>하여 의미가 담겨져 있다.

① 환자　　　　　　② 의사
③ 의견　　　　　　④ 성사
⑤ 평범

[102~104] 다음 문장에서 밑줄 친 단어(單語)나 어구(語句)의 뜻과 반대되는 반대어(反對語) 또는 상대어(相對語)의 한자어(漢字語)는 무엇입니까?

102

안 좋은 일로 <u>슬픔과 애통함으로</u> 시간을 보내게 되었다.

① 多樣
② 腦炎
③ 耐熱
④ 歡喜
⑤ 糾察

103

훌륭한 인물들은 <u>죽고 나서도</u> 좋은 평가를 받으며 사람들에게 많은 교훈을 준다.

① 生前
② 鑛坑
③ 悔改
④ 交替
⑤ 苦衷

104

경기가 불황이라 월급이 <u>깎였지만</u> 묵묵히 일을 하며 회사를 살리기 위해 노력했다.

① 健勝
② 怪疾
③ 添加
④ 輕艇
⑤ 棋院

[105~107] 다음 글을 읽고 물음에 답하시오.

많은 ㉠文化에서 특히 남아에게는 매우 거창하고 힘든 성년식을 치르게 했다. ㉡聖人으로서의 ㉢自尊감과 ㉣권리와 ㉤의무감을 공적으로 확인시켜주려는 목적이었다고 한다.
보통 남녀 15~20세에 해당하는 이들에게 ㉥가정과 사회에서 어른으로서의 권리와 책임감을 ㉦행사하게 했는데 양반층에 ㉧한정되었다고 한다.
그만큼 어른이 된다는 것에 대해 의미를 부여했다고 볼 수 있겠다.

105 ㉠ '文化'의 음(音)으로 옳은 것은?

① 문제
② 문서
③ 문화
④ 문명
⑤ 문시

106 ㉡ '聖人'과 ㉢ '自尊'의 음(音)으로 짝지은 것은?

① 성인-지존
② 성화-자존
③ 성인-자신
④ 성인-자존
⑤ 성화-자만

107 ㉣~㉧ 중에서 한자 표시가 옳은 것은?

① ㉣ 券利
② ㉤ 義務
③ ㉥ 價正
④ ㉦ 幸史
⑤ ㉧ 汗情

[108~110] 다음 글을 읽고 물음에 답하시오.

> 대부분 문화에서는 성인기에 ㉠進入하는 성년식이 있었고, ㉡元始문화에서는 ㉢殘酷하리만치 엄격한 의식을 거치도록 했다고 한다. 12세가 되자 예루살렘 ㉣聖典에 올라가 대중 앞에서 강론한 예수도 고대 유대사회의 성년식을 치르는 예로 볼 수 있다.

108 ㉠ '進入'과 ㉡ '元始'의 음(音)으로 옳은 것은?

① 중요-사념
② 중요-사치
③ 중성-사물
④ 중요-사물
⑤ 진입-원시

109 ⓒ '殘酷'의 '殘'와 같은 한자를 사용하지 않은 것은?

① 잔교
② 잔인
③ 잔액
④ 잔류
⑤ 잔해

110 ⓔ '聖典'의 '典'와 같은 한자를 사용하지 않는 것은?

① 전부
② 사전
③ 전형
④ 고전
⑤ 성전

[111~115] 다음 글을 읽고 물음에 답하시오.

초, 중, 고등학생과 심지어 ⓐ大學생들은 중간고사와 ⓑ기말고사로 시험기간을 갖게 된다. 그러면서 본인의 ⓒ실력을 가늠해 볼 수 있고 무엇이 부족한지 알아가게 된다.
그런데 너무 ⓓ성적에 ⓔ치중하다 보면 본의 아니게 많은 스트레스를 받게 되고 육체적, ⓕ정신적 건강을 해치게 된다. 성적 위주의 ⓖ成果를 내는 환경에서 쉽게 빠질 수 있는 문제라 볼 수 있겠다.
그러나 그것을 ⓗ超越하여 본인의 현재 상황을 판단해 볼 수 있는 지표로만 삼는다면 자기계발에 있어서 굉장히 많은 ⓘ유익을 가져다 줄 수 있을 것이다. 성적도 전체 중에 일부분이라고 생각하며 때론 나무보단 숲을 바라보는 지혜와 총명이 필요하지 않을까 생각해 본다.

111 ⓐ '大學'의 음(音)으로 옳은 것은?

① 대학
② 대기
③ 대사
④ 대표
⑤ 대리

112 ⓑ~ⓕ 중에서 올바르게 쓰인 한자 표시로 맞는 것은?

① ⓑ 期沫
② ⓒ 失歷
③ ⓓ 晟赤
④ ⓔ 置重
⑤ ⓕ 貞新

113 Ⓐ'成果'의 음(音)으로 옳은 것은?

① 성수
② 성실
③ 성공
④ 성막
⑤ 성과

114 Ⓞ'超越'의 음(音)으로 옳은 것은?

① 초췌
② 초월
③ 초막
④ 초조
⑤ 초심

115 ㉛'유악'에서 '악'의 한자(漢字)의 부수로 옳은 것은?

① 一
② 日
③ 皿
④ 水
⑤ 木

[116~120] 다음 글을 읽고 물음에 답하시오.

이별의 슬픔을 ㉠인종을 통해 ㉡극복해 내는 여인을 시적 ㉢화자로 설정하여 전통적인 정한을 노래한 작품이다. 전통적 율격과 정서를 계승하고, 향토적 소재를 구사하는 등 민요시의 ㉣대표작이라 할 만하다. 중심 소재인 '진달래꽃'은 시적 화자의 아름답고 희생적인 사랑의 표상이요, 떠나는 임에 대한 ㉤원망과 슬픔, 정성과 사랑의 상징이다. 김소월(1902~1934), ㉥시인이며 본명은 정식(廷湜). 김억의 Ⓐ영향으로 문단에 등단. 전통적 정서와 민중적 정감을 여성적 Ⓞ語調, 민요적 ㉛律調로 ㉜( )하였다. 1922년 '개벽'에 대표작 〈진달래꽃〉을 ㉠( )하였으며, 작품에 〈초혼〉, 〈산유화〉, 〈진달래꽃〉, 〈접동새〉, 〈먼 후일〉, 〈길〉 등이 있고, 시집에 〈진달래꽃〉, 〈소월 시집〉 등이 있다.

116 ㉠'인종'의 한자어(漢字語)로 옳은 것은?

① 仁種
② 人種
③ 忍從
④ 仁宗
⑤ 人鐘

117 ㉡~㉥ 중에서 올바르게 쓰인 한자 표시로 맞는 것은?

① ㉡ 克福
② ㉢ 華字
③ ㉣ 代表
④ ㉤ 願望
⑤ ㉥ 是認

118 ㉦'영향'의 한자어(漢字語)로 옳은 것은?

① 領鄕
② 英向
③ 影向
④ 永享
⑤ 影響

119 ㉧'語調'와 ㉨'律調'의 음(音)으로 옳은 것은?

① 어조-율주
② 어주-유조
③ 어사-유사
④ 어조-율조
⑤ 어의-율령

120 ㉩과 ㉪의 (　)에 들어갈 가장 적절한 한자어는?

① 表現-發表
② 障碍-能辯
③ 對稱-盜用
④ 政府-突發
⑤ 謙稱-躍進

제4회 모의고사

정답 및 해설 P. 433

1 한자(漢字)

[1~2] 다음 획순(劃順)에 대한 설명으로 가장 적절한 한자는 어느 것입니까?

1

오른쪽 위에 점은 맨 나중에 쓴다.

① 新　　　　　　② 約
③ 聖　　　　　　④ 經
⑤ 代

2

가로획을 먼저 쓰고 세로획은 나중에 쓴다.

① 火　　　　　　② 水
③ 杏　　　　　　④ 金
⑤ 日

[3~4] 다음 한자(漢字)의 부수를 제외한 획수(劃數)는 모두 몇 획입니까?

3

固

① 4　　　　　　② 5
③ 6　　　　　　④ 7
⑤ 8

4

執

① 5　　　　　　　　　　② 6
③ 7　　　　　　　　　　④ 8
⑤ 9

[5~6] 다음 한자(漢字)의 부수(部首)와 다른 부수(部首)를 가지고 있는 한자(漢字)는 무엇입니까?

5

立

① 競　　　　　　　　　　② 章
③ 竟　　　　　　　　　　④ 端
⑤ 境

6

地

① 庄　　　　　　　　　　② 塞
③ 壞　　　　　　　　　　④ 壓
⑤ 報

[7~8] 다음 한자(漢字)와 만들어진 방식이 같은 한자는 어느 것입니까?

〈보기〉 川 : ① 産　② 木　③ 河　④ 姜　⑤ 會
〈보기〉에 제시된 한자 '川(시내에서 흐르는 물의 모양을 보고 만들었음)'처럼 사물의 모습을 보고 만든 상형자(象形字)는 '木(나무의 모습을 보고 만들었음)'이다. 따라서 정답 ②을 고르면 된다.

7

佳

① 果 ② 假
③ 瓜 ④ 串
⑤ 工

8

價

① 交 ② 丘
③ 暇 ④ 口
⑤ 求

[9~14] 다음 한자(漢字)의 음(音)으로 맞는 것은 어느 것입니까?

9

資

① 잠 ② 작
③ 잔 ④ 자
⑤ 저

10

溫

① 얼 ② 언
③ 옥 ④ 온
⑤ 오

11
砂

① 사
② 산
③ 삭
④ 삽
⑤ 살

12
寒

① 하
② 한
③ 학
④ 함
⑤ 합

13
地

① 집
② 짐
③ 진
④ 지
⑤ 질

14
被

① 필
② 편
③ 피
④ 미
⑤ 비

[15~19] 다음 음(音)과 다른 한자는 무엇입니까?

15

안

① 岸　　② 眼
③ 顔　　④ 安
⑤ 推

16

암

① 暗　　② 巖
③ 龜　　④ 岩
⑤ 癌

17

야

① 氣　　② 野
③ 夜　　④ 也
⑤ 冶

18

양

① 養　　② 斷
③ 陽　　④ 讓
⑤ 兩

19

어

① 語 ② 緊
③ 御 ④ 於
⑤ 魚

[20~24] 다음 한자(漢字)와 음(音)이 다른 한자는 어느 것입니까?

20

耕

① 敬 ② 境
③ 治 ④ 競
⑤ 京

21

庫

① 考 ② 古
③ 故 ④ 療
⑤ 苦

22

姑

① 告 ② 高
③ 顧 ④ 鼓
⑤ 診

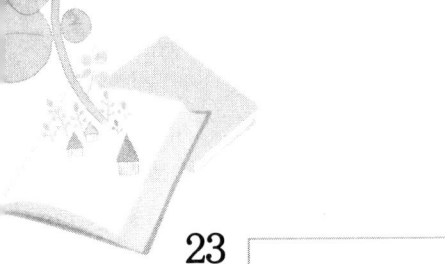

23

工

① 貢 ② 重
③ 共 ④ 功
⑤ 空

24

科

① 傷 ② 過
③ 果 ④ 瓜
⑤ 戈

[25~30] 다음 한자(漢字)의 훈(訓)은 무엇입니까?

25

洪

① 넓음 ② 좁음
③ 접함 ④ 많음
⑤ 적음

26

犧

① 무취 ② 사랑
③ 이기 ④ 유익
⑤ 희생

27

貨

① 재벌 ② 재수
③ 재야 ④ 재앙
⑤ 재물

28

慘

① 즐거움 ② 참혹함
③ 기뻐함 ④ 부러움
⑤ 부끄러움

29

災

① 재기 ② 재미
③ 재앙 ④ 재야
⑤ 재주

30

浸

① 취하다 ② 일하다
③ 즐기다 ④ 잠기다
⑤ 어리다

[31~35] 다음의 훈(訓)을 가진 한자(漢字)는 무엇입니까?

31

| 다니다 |

① 造　　② 放
③ 細　　④ 行
⑤ 實

32

| 근원 |

① 病　　② 原
③ 抗　　④ 解
⑤ 移

33

| 씨 |

① 核　　② 派
③ 令　　④ 測
⑤ 星

34

| 남기다 |

① 活　　② 帶
③ 値　　④ 生
⑤ 遺

35

사라지다

① 間　　　　　　　② 求
③ 消　　　　　　　④ 露
⑤ 辭

[36~40] 다음 한자(漢字)와 훈(訓)이 비슷한 한자는 어느 것입니까?

36

敎

① 繼　　　　　　　② 訓
③ 産　　　　　　　④ 談
⑤ 却

37

技

① 術　　　　　　　② 偶
③ 法　　　　　　　④ 富
⑤ 密

38

段

① 朽　　　　　　　② 動
③ 代　　　　　　　④ 階
⑤ 弟

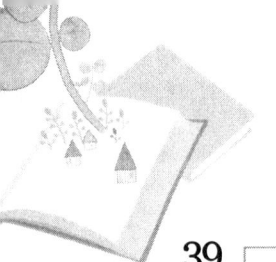

39

珍

① 勞 ② 料
③ 與 ④ 暇
⑤ 寶

40

蓄

① 雇 ② 雜
③ 貯 ④ 壯
⑤ 將

2 어휘(語彙)

[41~45] 다음 한자어(漢字語)와 同音異議語(동음이의어)는 어느 것입니까?

41

認定

① 領土 ② 分離
③ 人情 ④ 慮外
⑤ 倍加

42

主演

① 胎紅 ② 把握
③ 令愛 ④ 救恤
⑤ 酒宴

43
| 同情 |

① 動靜 ② 徵收
③ 絕景 ④ 躁急
⑤ 基礎

44
| 電氣 |

① 表裏 ② 樂園
③ 國祿 ④ 傳記
⑤ 蘭草

45
| 奪取 |

① 戲弄 ② 脫臭
③ 欄干 ④ 結紐
⑤ 雲泥

[46~47] 다음 괄호 속 한자(漢字)의 일자다음어(一字多音語) 중 다르게 발음되는 음(音)은 어느 것입니까?

46 ① (幹)部 ② 根(幹)
③ 主(幹) ④ 緊(幹)
⑤ (幹)線

47
① (干)涉
② (干)坤
③ 若(干)
④ (干)戈
⑤ 如(干)

[48~57] 다음 단어들의 '( )'에 똑같이 들어갈 한자(漢字)로 알맞은 것은 어느 것입니까?

48
( )의, 여( ), 물( )

① 變
② 論
③ 裝
④ 句
⑤ 讀

49
( )원, 논( ), 협( )

① 委
② 託
③ 發
④ 議
⑤ 掘

50
( )례, 매( ), ( )의

① 擊
② 沈
③ 鄕
④ 約
⑤ 葬

51 ( )실, ( )건, ( )례

① 事　　　② 威
③ 嚴　　　④ 弁
⑤ 韓

52 ( )도, ( )석, ( )금

① 堯　　　② 舜
③ 首　　　④ 加
⑤ 倻

53 ( )시, 수( ), ( )심

① 都　　　② 尙
③ 州　　　④ 濟
⑤ 周

54 협( ), ( )품, 통( )

① 鏡　　　② 商
③ 城　　　④ 鎭
⑤ 海

55

제( ), 상( ), 식( )

① 孔　　　　　　② 子
③ 影　　　　　　④ 品
⑤ 德

56

( )제, ( )출, ( )조

① 壅　　　　　　② 救
③ 津　　　　　　④ 旌
⑤ 善

57

보( ), 옹( ), 쉬( )

① 朱　　　　　　② 憙
③ 護　　　　　　④ 李
⑤ 耳

[58~65] 다음 한자어(漢字語)의 반대어(反對語) 또는 상대어(相對語)의 한자어(漢字語)는 무엇입니까?

58

獨創

① 撤廢　　　　　② 憤怒
③ 初喪　　　　　④ 下役
⑤ 模倣

59

動機

① 割愛　② 解東
③ 結果　④ 現狀
⑤ 維持

60

登場

① 退場　② 幻想
③ 年金　④ 溶解
⑤ 優越

61

漠然

① 胃液　② 確然
③ 遺跡　④ 依賴
⑤ 敵艦

62

妄覺

① 製鋼　② 拙劣
③ 畵像　④ 記憶
⑤ 屈伸

63

滅亡

① 犧牲
② 納稅
③ 隆興
④ 悲哀
⑤ 華燭

64

埋沒

① 烏鵲
② 踰越
③ 鎖國
④ 壽宴
⑤ 發掘

65

名譽

① 恥辱
② 叔姪
③ 讚揚
④ 獨創
⑤ 總督

[66~70] 다음 성어(成語)에서 '( )'에 들어갈 가장 적절한 한자(漢字)는 무엇입니까?

66

轉( )爲福

① 化
② 和
③ 貨
④ 話
⑤ 禍

67

輾( )反側

① 轉
② 全
③ 戰
④ 電
⑤ 展

68

( )反荷杖

① 的
② 赤
③ 積
④ 賊
⑤ 籍

69

自( )不息

① 姜
② 强
③ 江
④ 講
⑤ 康

70

自( )撞着

① 假
② 價
③ 可
④ 加
⑤ 家

[71~75] 다음 성어(成語)의 음(音)과 뜻풀이로 가장 알맞은 것은 무엇입니까?

71

牛耳讀經

① 우이독경 : 굉장히 잘 알아들음
② 우이두경 : 잘 알아듣지 못하고 흘려들음
③ 우리독경 : 잘 알아들어 모든 것을 이해함
④ 우이독경 : 잘 알아듣지 못함
⑤ 우이독서 : 잘 알아듣지 못하고 고민에 빠짐

72

溫故知新

① 온고지신 : 옛 것을 버리고 새로운 것을 찾음
② 온고지신 : 옛 것을 익혀 새 것을 깨달음
③ 온고지서 : 따뜻함으로 감싸 안아줌
④ 온고지순 : 순수하여 끝까지 따라감
⑤ 온고죽순 : 여기저기서 자라남

73

針小棒大

① 침소몽대 : 허풍을 떨며 크게 말함
② 침서봉대 : 없는 있을 있는 것처럼 얘기함
③ 침대봉서 : 작은 일조차 그냥 넘기지 않음
④ 침소봉대 : 작은 일조차 감사함
⑤ 침소봉대 : 작은 일을 크게 말함

74

七顚八起

① 칠전팔기 : 계속 져서 무력감에 빠짐
② 칠전팔기 : 실패해도 다시 일어서서 이겨냄
③ 칠순잔치 : 나이 일흔에 가지는 잔치
④ 칠순팔순 : 어떻게 해서든 도전함
⑤ 칠전팔전 : 계속적으로 도전함

75

焦眉之急

① 초미지급 : 처음부터 공급을 잘해줌
② 초미관심 : 모든 사람들이 눈여겨 봄
③ 초미지급 : 매우 다급한 상황
④ 초급상황 : 초기부터 배워야 하는 상황
⑤ 초조금지 : 급함을 경계함

[76~80] 다음 풀이된 문장에 해당하는 성어(成語)는 무엇입니까?

76

물 흐르듯 거침없이 잘 하는 말

① 佳人薄命　　　② 刻骨難忘
③ 肝膽相照　　　④ 懸河之辯
⑤ 感慨無量

77

고생하면서 꾸준히 학문을 닦음

① 感之德之　　　② 甲論乙駁
③ 螢雪之功　　　④ 去頭截尾
⑤ 改過遷善

78

| 남의 권세를 빌려 위세를 부림 |

① 格物致知　　　　　② 見物生心
③ 表裏不同　　　　　④ 博而不精
⑤ 狐假虎威

79

| 자연을 즐기는 버릇이 불치의 병처럼 됨 |

① 背恩忘德　　　　　② 泉石膏肓
③ 白面書生　　　　　④ 白衣從軍
⑤ 有備無患

80

| 제자가 스승보다 나음 |

① 靑出於藍　　　　　② 類類相從
③ 以心傳心　　　　　④ 一魚濁水
⑤ 一場春夢

3 독해(讀解)

[81~86] 다음 문장에서 밑줄 그은 것에 해당하는 한자어(漢字語)는 무엇입니까?

81

| 사원 <u>급료</u>가 한 달마다 은행으로 입금된다. |

① 條件　　　　　　　② 冷房
③ 滑走　　　　　　　④ 原籍
⑤ 給料

82

상여금은 보너스라고도 하며 연 2회 지급된다.

① 幼稚
② 左右
③ 縫針
④ 賞與
⑤ 自身

83

장기휴가나 주휴 2일제가 일반화되었다.

① 有機
② 休暇
③ 肥料
④ 醫療
⑤ 器具

84

회사 경영이 안 좋아 사원들이 해고되었다.

① 解雇
② 捕捉
③ 輸出
④ 送還
⑤ 授乳

85

잔업수당은 급료와 함께 지급된다.

① 優劣
② 監獄
③ 農談
④ 殘業
⑤ 覺悟

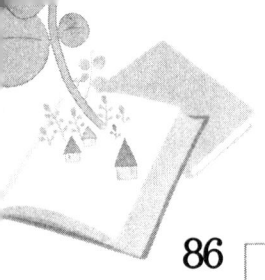

86

| 이력서에는 학력, 경력 등을 자필로 썼다. |

① 履歷 ② 價値
③ 測量 ④ 掃除
⑤ 眞僞

[87~92] 다음 문장에서 밑줄 친 한자어(漢字語)의 음(音)과 뜻풀이로 가장 맞는 것은 무엇입니까?

87

| 人才파견 회사는 임시사원을 알선한다. |

① 인재 : 사건, 사고가 끊이지 않음
② 인사 : 만났을 때 건네는 행동
③ 인간 : 사람 그 자체
④ 인심 : 사람의 마음
⑤ 인재 : 재주가 있는 사람

88

| 결근율이 낮은 근로자에게 慰勞금을 준다. |

① 위선 : 앞뒤가 맞지 않음
② 위기 : 위태로운 상황
③ 위치 : 현재 자기가 처해있는 상황
④ 위조 : 조작하여 속임
⑤ 위로 : 앞으로 잘하라고 격려하며 감싸 줌

89

벽지에 <u>赴任</u>하는 사람에게는 특별 수당이 붙는다.

① 부임 : 어떤 장소에 가서 책임을 맡게 됨
② 부인 : 사실과 다른다고 말함
③ 부모 : 나를 낳아주신 분
④ 부요 : 마음이 풍족하여 부족함이 없음
⑤ 부부 : 남편과 아내

90

직업을 가진 여성은 <u>出産</u>휴가를 받을 수 있다.

① 출가 : 집을 나감
② 출구 : 나가는 장소
③ 출중 : 누구보다도 뛰어남
④ 출산 : 아이를 낳음
⑤ 출소 : 형기를 다 채우고 나감

91

아동들의 <u>肥滿</u>과 체력저하가 문제시되고 있다.

① 비만 : 몸이 가벼워 움직임이 자연스러움
② 비탄 : 서럽고 슬픔에 잠김
③ 비만 : 살이 많이 찌어 무거워 보임
④ 비수 : 마음에 아픔을 줌
⑤ 비대 : 몸이 너무나 거대해짐

92

<u>獻血</u>에 의해 많은 인명이 구조된다.

① 헌신 : 다른 사람을 위해 도와 줌
② 헌신 : 오래되고 닳은 신발
③ 헌혈 : 다른 누군가를 위해 피를 줌
④ 헌혈 : 피로 맹세한 혈서
⑤ 헌화 : 바쳐진 꽃

[93~95] 다음 문장에서 ( )에 들어갈 한자(漢字)와 반대(反對) 또는 상대(相對)되는 한자(漢字)는 무엇입니까?

93

소중한 물건을 상(　)하고 기분이 안 좋아졌다.

① 業　　　　　　② 得
③ 歷　　　　　　④ 材
⑤ 勞

94

일어났던 사건들을 (　)술하며 기억을 더듬었다.

① 任　　　　　　② 功
③ 身　　　　　　④ 在
⑤ 略

95

(　)망에서 가까스로 살아남아 새로운 삶을 살았다.

① 年　　　　　　② 液
③ 生　　　　　　④ 加
⑤ 産

[96~98] 다음 문장에서 한자어(漢字語)의 한자표식(漢字表記式)이 맞는 것은 무엇입니까?

96

약의 부①酌用으로 ②口吐나 ③見期증이 일어나는 경우가 있으니 ④却別히 ⑤操心해야 한다.

97
① 學矯에서는 ② 定期적으로 ③ 學省들에게 ④ 建江진단을 받게 해서 ⑤ 子器 몸을 관리 한다.

98
① 養藥이 ② 硏究되는 한편 ③ 寒訪약에 의한 ④ 置療도 재⑤ 坪家 되고 있다.

[99~101] 다음 문장에서 밑줄 친 한자어(漢字語)와 뜻이 반대어(反對語) 또는 상대어(相對語)가 되는 한자어(漢字語)의 음(音)은 무엇입니까?

99
<u>生食</u>을 먹음으로써 건강해졌다.

① 생기　　② 생수
③ 화식　　④ 화로
⑤ 횃불

100
운동능력이 <u>先天</u>적으로 타고 났다.

① 선수　　② 선망
③ 후천　　④ 후대
⑤ 후보

101
만남이 <u>疏遠</u>해지며 관계가 더 멀어졌다.

① 친근　　② 소리
③ 소문　　④ 친구
⑤ 친척

[102~104] 다음 문장에서 밑줄 친 단어(單語)나 어구(語句)의 뜻과 반대되는 반대어(反對語) 또는 상대어(相對語)의 한자어(漢字語)는 무엇입니까?

102

일을 <u>순서대로</u> 진행시키며 원활히 이어갔다.

① 貫徹　　　　　　　　② 災殃
③ 尺度　　　　　　　　④ 旋律
⑤ 逆行

103

적들을 우리와 <u>비교해서</u> 굉장히 잘했지만 승리한다는 믿음을 가지고 담대하게 나갔다.

① 添削　　　　　　　　② 絕對
③ 拘束　　　　　　　　④ 貯蓄
⑤ 森林

104

<u>돈을 빌려 준 사람이</u> 정해진 시간이 다가오자 빚을 갚으라고 독촉했다.

① 奉仕　　　　　　　　② 需給
③ 素朴　　　　　　　　④ 債務
⑤ 堅固

[105~107] 다음 글을 읽고 물음에 답하시오.

자연을 바라보며 느껴가는 것이 많다. 봄의 ㉠生氣가 녹아 자라나는 새싹들, 여름의 ㉡鬱蒼한 ㉢氣魄, 가을의 멋지게 물들어진 나무들, 겨울의 ㉣순수함과 아름다움이 담겨진 눈. 이 모든 것이 우리에게 많은 깨달음을 주지 않나 생각해 본다. ㉤자연 자체에 ㉥의미를 부여하며 ㉦생동감을 느낄 때 우리의 인생은 보다 ㉧풍성해지며 다른 사람을 대할 때도 보다 여유 있게 대할 수 있지 않을까 생각해 본다.

105 ㉠'生氣'의 음(音)으로 옳은 것은?

① 생수
② 생선
③ 생신
④ 생기
⑤ 생가

106 ㉡'鬱蒼'과 ㉢'氣魄'의 음(音)으로 짝지은 것은?

① 울창-기존
② 울상-기백
③ 울창-기선
④ 울상-기립
⑤ 울창-기백

107 ㉣~㉧ 중에서 한자 표시가 옳은 것은?

① ㉣ 循首
② ㉤ 瓷硯
③ ㉥ 意味
④ ㉦ 生銅
⑤ ㉧ 風聲

[108~110] 다음 글을 읽고 물음에 답하시오.

가정, 학교, ㉠社會에서 성인기 진입자에게 ㉡成人됨에 ㉢自尊감과 긍지는 물론 사회적 권리와 책임감도 확인시켜주는 ㉣分明하고 무거운 의미를 부여하는 것이 선행되면 좋을 듯하다. 책임만 있고 의무는 없거나, 반대의 경우도 아닌 것을 말이다.

108 ㉠'社會'과 ㉡'成人'의 음(音)으로 옳은 것은?

① 사회-성인
② 사회-성수
③ 사적-성인
④ 사외-성도
⑤ 사회-인성

109 ⓒ '自尊'의 '尊'와 같은 한자를 사용하지 않은 것은?

① 존중
② 존재
③ 존경
④ 존엄
⑤ 존칭

110 ㉣ '分明'의 '明'와 같은 한자를 사용하지 않는 것은?

① 설명
② 인명
③ 규명
④ 천명
⑤ 투명

[111~115] 다음 글을 읽고 물음에 답하시오.

무엇보다 성인이 되었음을 ㉠家庭이나 사회적으로 ㉡공인하는 ㉢의식은 작게는 자신의 ㉣역량에 대한 지각을 높여주는 자존감이 되고 사회적으로는 공적인 ㉤권리와 책임감을 확인시켜주는 역할을 한다. 서른살을 내다보는 나이에도 유아어를 사용하고 지하철 같은 공적 ㉥장소도 자기방 같은 사적 공간으로 혼동하는 ㉦言語행동과도 수시로 마주친다.
이는 대대수의 문명사회가 원시사회나 전통사회와 같은 복잡하고 ㉧嚴格한 성년식을 거치게 하지 않는 탓인지는 모르나 아무튼 '덩치 큰 아이'가 가득한 사회가 되고 말았다. 이는 단순히 순진하고 가식 없는 사회㉨풍속으로 볼 수도 있겠으나 그보다는 오히려 우리가정과 사회를 무책임한 안하무인식의 질서 없는 놀이터로 만든 것은 아닌가 반성하게 된다.

111 ㉠ '家庭'의 음(音)으로 옳은 것은?

① 가사
② 가정
③ 가식
④ 가무
⑤ 가세

112 ㉡~㉥ 중에서 올바르게 쓰인 한자 표시로 맞는 것은?

① ㉡公人
② ㉢衣食
③ ㉣役糧
④ ㉤權里
⑤ ㉥場所

113 Ⓐ'言語'의 음(音)으로 옳은 것은?

① 언어
② 언질
③ 언제
④ 연기
⑤ 연수

114 Ⓞ'嚴格'의 음(音)으로 옳은 것은?

① 엄위
② 엄살
③ 엄격
④ 엄포
⑤ 엄수

115 Ⓩ'풍속'에서 '속'의 한자(漢字)의 부수로 옳은 것은?

① 貝
② 木
③ 广
④ 人
⑤ 肉

[116~120] 다음 글을 읽고 물음에 답하시오.

> 모란이 피기까지는 모란'에 대한 집착과 ㉠애정이 아름다운 시어와 여성적인 ㉡섬세함과 부드러움을 통하여 ㉢표현된 작품이다. 김영랑(1903~1950), 시인. 본명은 윤식(允植). 박용철과 더불어 ㉣순수 서정시 운동을 주도 하였으며, 언어의 섬세한 ㉤조탁에 의한 국어의 심미적 ㉥가치 ㉦개발에 주력하였다. 작품에 〈내 마음을 아실 이〉, 〈독(毒)을 차고〉, 〈돌담에 속삭이는 햇발〉, 〈북〉 등이 있고, 시집에 〈영랑시집〉, 〈영랑시선〉 등이 있다.
>
> 와사등은 참신한 ㉧比喩와 선명한 ㉨視角적 이미지를 통해 지향해야 할 목표를 잃고 방황하는 현대인의 고독하고 슬픈 모습을 ㉪( )화하고 있다. 김광균(1914~1994), 시인. 실업가. '자오선' '시인부락동인. 모더니즘의 시론을 ㉫( )한 시인으로 도시적 소재와 공감각적 이미지를 즐겨 사용했으며 이미지의 공간적인 조형(造形)을 시도한 점 등에서 주목을 받았다. 작품에 〈데생〉, 〈설야〉, 〈외인촌〉, 〈추일서정〉 등이 있고, 시집에 〈와사등〉, 〈기항지〉, 〈은수저〉 등이 있다.

116 ㉠'애정'의 한자어(漢字語)로 옳은 것은?

① 哀情
② 愛貞
③ 愛情
④ 哀晶
⑤ 愛定

117 ⓛ~ⓗ 중에서 올바르게 쓰인 한자 표시로 맞는 것은?

① ⓛ 纖世
② ⓒ 標玄
③ ⓔ 巡手
④ ⓜ 彫琢
⑤ ⓗ 可値

118 Ⓐ '개발'의 한자어(漢字語)로 옳은 것은?

① 開發
② 開潑
③ 改跋
④ 皆髮
⑤ 開拔

119 ⓞ '比喻'와 Ⓙ '視角'의 음(音)으로 옳은 것은?

① 비유-시간
② 비유-시선
③ 은유-시각
④ 은유-시선
⑤ 비유-시각

120 Ⓙ과 ⓚ의 ( )에 들어갈 가장 적절한 한자어는?

① 茂盛-玉篇
② 形象-實踐
③ 頃刻-結紐
④ 悲戀-廉恥
⑤ 始終-恭敬

제5회 모의고사

정답 및 해설 P. 442

1 한자(漢字)

[1~2] 다음 획순(劃順)에 대한 설명으로 가장 적절한 한자는 어느 것입니까?

1.
| 가로획을 먼저 쓰고 세로획을 나중에 쓴다. |

① 順　　　　　　　　② 七
③ 從　　　　　　　　④ 信
⑤ 實

2.
| 글자 전체를 꿰뚫는 획은 나중에 쓴다. |

① 悔　　　　　　　　② 改
③ 天　　　　　　　　④ 國
⑤ 必

[3~4] 다음 한자(漢字)의 부수를 제외한 획수(劃數)는 모두 몇 획입니까?

3

進

① 14　　　　② 12
③ 10　　　　④ 8
⑤ 6

4

激

① 13　　　　② 14
③ 15　　　　④ 16
⑤ 17

[5~6] 다음 한자(漢字)의 부수(部首)와 다른 부수(部首)를 가지고 있는 한자(漢字)는 무엇입니까?

5

勵

① 務　　　　② 男
③ 募　　　　④ 勉
⑤ 勞

6

始

① 好　　　　② 奴
③ 怒　　　　④ 姸
⑤ 姦

[7~8] 다음 한자(漢字)와 만들어진 방식이 같은 한자는 어느 것입니까?

〈보기〉 川 : ① 産 ② 木 ③ 河 ④ 姜 ⑤ 會
〈보기〉에 제시된 한자 '川(시내에서 흐르는 물의 모양을 보고 만들었음)'처럼 사물의 모습을 보고 만든 상형자(象形字)는 '木(나무의 모습을 보고 만들었음)'이다. 따라서 정답 ②을 고르면 된다.

7

臼

① 郎   ② 掠
③ 略   ④ 克
⑤ 涼

8

弓

① 梁   ② 糧
③ 諒   ④ 侶
⑤ 斤

[9~14] 다음 한자(漢字)의 음(音)으로 맞는 것은 어느 것입니까?

9

超

① 초   ② 처
③ 차   ④ 치
⑤ 채

10

裝

① 작 ② 장
③ 잔 ④ 잡
⑤ 잠

11

入

① 익 ② 임
③ 입 ④ 인
⑤ 일

12

操

① 재 ② 자
③ 저 ④ 조
⑤ 주

13

檢

① 검 ② 건
③ 걸 ④ 거
⑤ 격

14

塔

① 탈 ② 탁
③ 탄 ④ 탐
⑤ 탑

[15~19] 다음 음(音)과 다른 한자는 무엇입니까?

15

여

① 與 ② 終
③ 興 ④ 閭
⑤ 余

16

영

① 英 ② 影
③ 暎 ④ 永
⑤ 單

17

예

① 豫 ② 隸
③ 團 ④ 藝
⑤ 例

18

료

① 要
② 曜
③ 了
④ 擔
⑤ 料

19

원

① 援
② 怨
③ 遠
④ 沓
⑤ 原

[20~24] 다음 한자(漢字)와 음(音)이 다른 한자는 어느 것입니까?

20

乃

① 內
② 奈
③ 來
④ 耐
⑤ 轉

21

領

① 傳
② 零
③ 令
④ 嶺
⑤ 玲

22

勞

① 路 ② 戰
③ 老 ④ 露
⑤ 爐

23

臺

① 對 ② 代
③ 大 ④ 接
⑤ 待

24

身

① 新 ② 信
③ 漸 ④ 愼
⑤ 臣

[25~30] 다음 한자(漢字)의 훈(訓)은 무엇입니까?

25

半

① 오만 ② 산만
③ 반쪽 ④ 전체
⑤ 부분

26

處

① 처리   ② 처소
③ 움막   ④ 돌담
⑤ 한옥

27

技

① 재수   ② 재주
③ 재롱   ④ 재기
⑤ 재앙

28

理

① 막아서다   ② 돌아서다
③ 이상하다   ④ 다스리다
⑤ 서두르다

29

通

① 싫음   ② 좋음
③ 잘함   ④ 망함
⑤ 통함

30

衛

① 지키다　　② 막히다
③ 통하다　　④ 바라다
⑤ 달리다

[31~35] 다음의 훈(訓)을 가진 한자(漢字)는 무엇입니까?

31

집

① 宇　　② 差
③ 別　　④ 撤
⑤ 廢

32

궤적

① 宣　　② 言
③ 獨　　④ 軌
⑤ 立

33

보다

① 統　　② 一
③ 觀　　④ 特
⑤ 權

34

슬기

① 階 ② 彗
③ 給 ④ 表
⑤ 明

35

낳다

① 支 ② 援
③ 受 ④ 諾
⑤ 生

[36~40] 다음 한자(漢字)와 훈(訓)이 비슷한 한자는 어느 것입니까?

36

在

① 斷 ② 絕
③ 仲 ④ 存
⑤ 裁

37

希

① 講 ② 和
③ 望 ④ 友
⑤ 邦

38

身

① 體
② 國
③ 際
④ 情
⑤ 勢

39

言

① 交
② 語
③ 涉
④ 相
⑤ 互

40

音

① 公
② 用
③ 顧
④ 問
⑤ 聲

2 어휘(語彙)

[41~45] 다음 한자어(漢字語)와 同音異議語(동음이의어)는 어느 것입니까?

41

優劣

① 濊貊
② 磻溪
③ 紛亂
④ 薛聰
⑤ 右列

42

俊秀

① 灣商　　　② 準數
③ 黃喜　　　④ 李珥
⑤ 長湍

43

自願

① 渤海　　　② 東濊
③ 資源　　　④ 金沔
⑤ 閔妃

44

傳道

① 前途　　　② 埃及
③ 槪括　　　④ 刷新
⑤ 齒痛

45

電力

① 快擧　　　② 洞察
③ 偏見　　　④ 全力
⑤ 包藏

[46~47] 다음 괄호 속 한자(漢字)의 일자다음어(一字多音語) 중 다르게 발음되는 음(音)은 어느 것입니까?

46
① (奈)滿
② (奈)末
③ (奈)何
④ (奈)率
⑤ (奈)落

47
① 堪(耐)
② 忍(耐)
③ (耐)性
④ (耐)力
⑤ (耐)忍

[48~57] 다음 단어들의 '( )'에 똑같이 들어갈 한자(漢字)로 알맞은 것은 어느 것입니까?

48
( )계, ( )락, ( )결

① 荷
② 物
③ 艦
④ 連
⑤ 船

49
평( ), ( )격, ( )치

① 價
② 抗
③ 爭
④ 險
⑤ 談

50

( )백, ( )진, ( )화

① 混   ② 松
③ 線   ④ 黃
⑤ 酸

51

개( ), ( )물, ( )사

① 毁   ② 損
③ 人   ④ 凍
⑤ 死

52

( )구, 의( ), ( )심

① 面   ② 貌
③ 民   ④ 弊
⑤ 欲

53

( )력, 창( ), ( )로

① 放   ② 免
③ 披   ④ 變
⑤ 節

54
( )하, ( )제, ( )복

① 保　　② 眼
③ 奮　　④ 祝
⑤ 發

55
이( ), 오( ), ( )속

① 後　　② 秘
③ 方　　④ 想
⑤ 念

56
경( ), 구( ), 결( )

① 署　　② 長
③ 破　　④ 濟
⑤ 裂

57
여( ), ( )역, 야( )

① 減　　② 殺
③ 肝　　④ 腸
⑤ 圈

[58~65] 다음 한자어(漢字語)의 반대어(反對語) 또는 상대어(相對語)의 한자어(漢字語)는 무엇입니까?

58

| 反抗 |

① 名節　② 服從
③ 不孝　④ 歌謠
⑤ 愛唱

59

| 放心 |

① 切實　② 秋夕
③ 移動　④ 精神
⑤ 操心

60

| 背恩 |

① 擴張　② 自己
③ 報恩　④ 位相
⑤ 蕩兒

61

| 白髮 |

① 決心　② 契機
③ 相互　④ 紅顏
⑤ 反省

62
凡人

① 超人
② 省察
③ 民族
④ 情緒
⑤ 純化

63
別居

① 倫理
② 回復
③ 讓步
④ 環境
⑤ 同居

64
保守

① 未來
② 革新
③ 優先
④ 減少
⑤ 共感

65
質議

① 逸話
② 緩衝
③ 應答
④ 稀釋
⑤ 聲援

[66~70] 다음 성어(成語)에서 '( )'에 들어갈 가장 적절한 한자(漢字)는 무엇입니까?

66

( )擧妄動

① 兒 ② 輕
③ 膚 ④ 病
⑤ 移

67

經( )緯地

① 問 ② 擧
③ 天 ④ 拐
⑤ 質

68

姑( )之計

① 息 ② 收
③ 件 ④ 縱
⑤ 難

69

孤掌難( )

① 職 ② 害
③ 器 ④ 鳴
⑤ 會

70

苦盡甘( )

① 院
② 來
③ 權
④ 由
⑤ 半

[71~75] 다음 성어(成語)의 음(音)과 뜻풀이로 가장 알맞은 것은 무엇입니까?

71

膽大心小

① 담대심소 : 큰 것도 살피면서 작은 것도 챙김
② 담대심소 : 큰 것을 보다 작은 것을 놓침
③ 담대심소 : 큰 것도 잃고 작은 것도 잃음
④ 담대심소 : 큰마음을 먹고 작은 것들을 버림
⑤ 담대심소 : 큰 것은 놓치고 작은 것은 챙김

72

眼下無人

① 안하무인 : 겸손하여 누구한테나 잘해줌
② 안하무인 : 아무 하는 일없이 빈둥댐
③ 안하무인 : 눈 아래로 사람들이 지나가지 않음
④ 안하무인 : 교만하여 남들을 깔 봄
⑤ 안하무인 : 공손한 태도로 말을 잘함

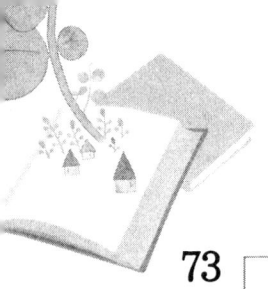

73

大器晩成

① 대기만성 : 큰 그릇에 많은 것이 들어감
② 대기만성 : 오랜 공적을 쌓아 늦게 이루어짐
③ 대기만성 : 빨리빨리 할수록 좋음
④ 대기만성 : 오래 기다리다 지쳐버림
⑤ 대기만성 : 시간이 지나도 아무것도 안 됨

74

他山之石

① 타산지석 : 산을 돌아다니며 보석을 찾음
② 타산지석 : 남의 흉을 보며 비웃음
③ 타산지석 : 굴러온 돌이 박힌 돌을 빼버림
④ 타산지석 : 타인의 모습 속에서 내 모습을 찾음
⑤ 타산지석 : 남의 모습을 거부하며 바라봄

75

破竹之勢

① 파죽지세 : 힘이 떨어져 힘겨워함
② 파죽지세 : 힘이 약하여 힘을 기름
③ 파죽지세 : 아무것도 보지 않고 전진만 함
④ 파죽지세 : 세상에 쉬운 것이 하나도 없음
⑤ 파죽지세 : 세력이 강하여 막을 수 없는 기세

[76~80] 다음 풀이된 문장에 해당하는 성어(成語)는 무엇입니까?

76

하는 일 없이 먹기만 함

① 無爲徒食　　② 錦衣還鄕
③ 金枝玉葉　　④ 累卵之勢
⑤ 能小能大

77

어진 자는 적이 없음

① 多多益善　　② 牛耳讀經
③ 類類相從　　④ 自畵自讚
⑤ 仁者無敵

78

사방이 적들로 둘러싸여 있음

① 甘言利說　　② 四面楚歌
③ 左衝右突　　④ 弄瓦之慶
⑤ 弄璋之慶

79

법령이 자주 바뀜

① 先景後情　　② 斷機之戒
③ 螳螂拒轍　　④ 朝令暮改
⑤ 大同小異

80

도적이 도리어 매를 듦

① 同價紅裳   ② 同病相憐
③ 賊反荷杖   ④ 凍足放尿
⑤ 亡羊補牢

3 독해(讀解)

[81~86] 다음 문장에서 밑줄 그은 것에 해당하는 한자어(漢字語)는 무엇입니까?

81

<u>주가</u>는 세계경제의 움직임을 반영한다.

① 絕妙   ② 株價
③ 制裁   ④ 座標
⑤ 殘額

82

주식은 원칙적으로 자유롭게 <u>양도</u>할 수 있다.

① 讓渡   ② 逸話
③ 增殖   ④ 震幅
⑤ 採鑛

83

<u>금리</u>가 내리면 주가는 상승하는 경향이 있다.

① 觸手   ② 敎唆
③ 沐浴   ④ 金利
⑤ 況且

84

| 예금금리가 낮다. |

① 傳統　　　　　② 抱擁
③ 預金　　　　　④ 喜悅
⑤ 速報

85

| 급료불입을 위해 은행에다 구좌를 튼다. |

① 口座　　　　　② 水路
③ 損益　　　　　④ 集散
⑤ 抵觸

86

| 토지를 담보로 해서 은행에서 자금을 차입한다. |

① 懇切　　　　　② 家屋
③ 擔保　　　　　④ 禍厄
⑤ 反抗

[87~92] 다음 문장에서 밑줄 친 한자어(漢字語)의 음(音)과 뜻풀이로 가장 맞는 것은 무엇입니까?

87

| 주택구입을 위해 은행에서 融資를 받았다. |

① 융자 : 돈을 벌음
② 융자 : 돈을 빌림
③ 융자 : 세금을 냄
④ 융자 : 돈을 꾸고 갚지 않아도 됨
⑤ 융자 : 물건과 물건끼리 교환함

88

> 기업의 <u>倒産</u>은 거래처나 주변에 문제를 일으킨다.

① 일산 : 이겨서 다시 앞으로 전진함
② 도산 : 넘어져서 다시 생산하기 어려워짐
③ 고산 : 높은 곳을 다시 감
④ 오산 : 생각과 전혀 다르게 진행됨
⑤ 다산 : 아이들을 많이 낳음

89

> 원자재 가격이 올라 <u>採算</u>이 맞지 않는다.

① 채산 : 광산에서 광물을 캐냄
② 채산 : 체념하며 일을 진행함
③ 채산 : 수지타산이 맞음
④ 채산 : 계산이 맞지 않아 포기함
⑤ 채산 : 정도껏 지켜가며 투자함

90

> 반도체로 인한 <u>收益</u>이 굉장히 크다.

① 수익 : 거둬들인 이익
② 수출 : 상품을 다른 곳에 팔아버림
③ 수입 : 상품을 다른 곳에서 받아들임
④ 수립 : 뭔가를 세움
⑤ 수지 : 앞뒤를 살펴봄

91

> <u>經費</u>가 팽창해져 경영난이 된다.

① 경비 : 일을 하고 돈을 받음
② 경비 : 경영을 하며 배움
③ 경비 : 놀라워하며 감탄함
④ 경비 : 경조사에 참여함
⑤ 경비 : 일을 하는데 있어서 나가는 돈

92

재정 상태를 알기 위해 <u>貸借</u>대조표를 보았다.

① 대기 : 기다리고 있음
② 대항 : 적군에 맞서 막음
③ 대립 : 의견이 맞지 않음
④ 대상 : 상대편
⑤ 대차 : 빌려오고 빌려 줌

[93~95] 다음 문장에서 ( )에 들어갈 한자어(漢字語)와 반대어(反對語) 또는 상대어(相對語)되는 한자어(漢字語)는 무엇입니까?

93

미래에 관해 <u>樂觀</u>적으로 생각하는 것은 중요하다.

① 京鄕
② 憂慮
③ 拙劣
④ 悲觀
⑤ 領土

94

이번 시험에 <u>落第</u>를 면하면서 통과하기 위해 열심히 공부했다.

① 耽溺
② 及第
③ 榮華
④ 缺陷
⑤ 交隣

95

힘든 일이 있어도 <u>樂天</u>적인 성격으로 일관했다.

① 吏頭
② 君臨
③ 祿俸
④ 地雷
⑤ 厭世

[96~98] 다음 문장에서 한자어(漢字語)의 올바른 한자표시(漢字表示)로 맞는 것은 무엇입니까?

96
① 競映 ② 多角화에 ③ 失牌해서 ④ 去額 ⑤ 否彩를 안고 도산했다.

97
① 健設 ② 業啓는 ③ 人巾비의 ④ 上昇으로 ⑤ 坤蘭을 당하고 있다.

98
자금이 ① 風部한 ② 民墾 기업이 ③ 戈學 ④ 技術을 짊어지는 ⑤ 力君이 된다.

[99~101] 다음 문장에서 밑줄 친 한자어(漢字語)와 뜻이 반대어(反對語) 또는 상대어(相對語)가 되는 한자어(漢字語)의 음(音)은 무엇입니까?

99
동해안의 <u>暖流</u>가 따뜻한 수온을 만들며 좋은 어장을 만들고 있다.

① 상류   ② 해류
③ 난류   ④ 조류
⑤ 한류

100
책을 <u>濫讀</u>하며 읽으면 남는 것이 없다.

① 정독   ② 속독
③ 남독   ④ 중독
⑤ 일독

101

물건을 <u>濫用</u>하면서 쓰면 안 된다.

① 남용　　　　　　② 절수
③ 절약　　　　　　④ 남발
⑤ 희망

[102~104] 다음 문장에서 밑줄 친 단어(單語)나 어구(語句)의 뜻과 반대되는 반대어(反對語) 또는 상대어(相對語)의 한자어(漢字語)는 무엇입니까?

102

<u>낭랑한 목소리로 읽은 것</u>들이 기억이 잘난다.

① 舍廊　　　　　　② 默讀
③ 公認　　　　　　④ 瞬間
⑤ 葛藤

103

<u>문장 안에 있는 뜻</u>이 정말 좋았다.

① 坑道　　　　　　② 婚需
③ 隔差　　　　　　④ 形式
⑤ 早熟

104

경험과 <u>연륜</u>이 굉장히 깊었다.

① 未熟　　　　　　② 故意
③ 故鄉　　　　　　④ 孤立
⑤ 孤獨

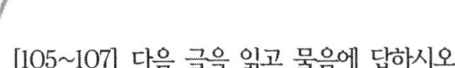

[105~107] 다음 글을 읽고 물음에 답하시오.

자신의 ㉠未來를 설계하는 것은 정말 중요한 일이다. 자기 자신을 ㉡啓發시키지 않는다면 삶은 무료해질 것이고 목적과 방향 없이 시간이 흘러가는 대로 살게 될 것이다. ㉢讀書나 여행을 통해서 생각을 ㉣정리하며 자신을 뒤돌아보는 것도 좋은 ㉤방법일 것이다.
무엇보다 중요한 것은 ㉥인내를 가지고 자신의 ㉦장점을 찾으며 무엇을 좋아하고 싫어하는지 자신을 ㉧파악하는 것 역시 중요하다 할 수 있겠다.

105 ㉠'未來'의 음(音)으로 옳은 것은?

① 미래
② 현재
③ 과거
④ 미수
⑤ 미만

106 ㉡'啓發'과 ㉢'讀書'의 음(音)으로 짝지은 것은?

① 개발-독서
② 계발-독서
③ 계획-독서
④ 계발-두서
⑤ 계발-독파

107 ㉣~㉧ 중에서 한자 표시가 옳은 것은?

① ㉣定李
② ㉤房法
③ ㉥引內
④ ㉦長漸
⑤ ㉧把握

[108~110] 다음 글을 읽고 물음에 답하시오.

건강을 위해서는 반드시 ㉠規則적인 ㉡睡眠이 필요하다. 12시를 넘기지 않는 선에서 잠을 청하고 아침 일찍 일어나는 ㉢習慣이 정말 필요하다. 그리고 신선한 공기를 마시며 ㉣運動을 하는 것도 좋은 방법이다. 물론 아침을 먹는 것은 당연하다.

108 ㉠ '規則'과 ㉡ '睡眠'의 음(音)으로 옳은 것은?

① 규범-수면
② 규율-수면
③ 규칙-수면
④ 규칙-수수
⑤ 규범-수수

109 ㉢ '習慣'의 '習'와 같은 한자를 사용하지 않은 것은?

① 복습
② 연습
③ 자습
④ 습윤
⑤ 관습

110 ㉣ '運動'의 '運'와 같은 한자를 사용하지 않는 것은?

① 운영
② 운용
③ 행운
④ 운석
⑤ 운전

[111~115] 다음 글을 읽고 물음에 답하시오.

광야는 남성적 어조로 강인한 ㉠依支와 태도를 잘 나타내고 있으며, 의인법, ㉡비유법 등을 사용하여 심상을 ㉢역동적으로 제시하고 있다. 조국의 밝은 미래를 위해 기꺼이 자신을 희생하겠다는 ㉣각오가 엿보인다. 이육사(1904~1944), 본명은 원록(源祿). 독립 투쟁에 ㉤헌신하다 결국 북경 감옥에서 옥사하였다. 참회록은 식민지하의 백성으로서 욕된 삶에 대한 ㉥자책과 참회, 조국 ㉦光復에의 희구를 표현하면서 자아 ㉧省察적 자세와 미래 지향적 의지를 드러내고 있다. 윤동주(1917~1945), 시인. 항일 운동을 하다 체포되어 후쿠오카 형무소에서 ㉨옥사하였다. 일제 강점기에 식민지의 슬픔 및 자아의식을 표현하였다.

111 ㉠ '依支'의 음(音)으로 옳은 것은?

① 의의
② 의리
③ 의견
④ 의지
⑤ 의사

112 ⓒ~ⓗ 중에서 올바르게 쓰인 한자 표시로 맞는 것은?

① ⓒ 非有　　② ⓓ 逆動
③ ⓔ 角五　　④ ⓕ 獻辛
⑤ ⓗ 子貴

113 Ⓐ'光復'의 음(音)으로 옳은 것은?

① 광부　　② 광만
③ 광복　　④ 광일
⑤ 광석

114 ⓒ'省察'의 음(音)으로 옳은 것은?

① 성수　　② 성실
③ 성패　　④ 성공
⑤ 성찰

115 Ⓙ'옥사'에서 '옥'의 한자(漢字)의 부수로 옳은 것은?

① 犭　　② 丿
③ 丶　　④ 乙
⑤ 丨

[116~120] 다음 글을 읽고 물음에 답하시오.

김 첨지는 ⓐ인력거꾼이었다. 장사가 잘 안 되어 며칠 동안이나 돈 구경을 옳게 못했는데, 이날은 이상하다고 하리만큼 운수가 좋았다. 앞집 댓바람에 ⓑ고객을 둘이나 태워 ⓒ팔십 전을 벌었다. 그리고 앓아누워 있는 아내에게 설렁탕 한 그릇을 사다 줄 수 있으리라 기뻐하며 집으로 가던 중 ⓓ학생을 태워다 주고서 일 원 오십 전이란 큰돈을 받았다. 엄청난 ⓔ행운에 신나게 인력거를 끌면서도 아내가 오늘은 제발 나가지 말아달라고 ⓕ당부했던 것에 어쩐지 불길한 Ⓐ예감이 머리에 떠올랐다. 그러던 차에 커다란 짐을 가진 손님을 한 사람과 흥정하여 또 한 번 벌이를 한 후에 ⓘ奇跡 같은 벌이의

248 ♦ Part 3. 실전 모의고사

기쁨을 간직하기 위해 길가 선술집에 들러 술을 마신다. 술이 얼큰해지자 김 첨지는 머리를 억누르는 ⓩ 不安을 풀어 버리기 위해 벼락같이 ⓒ( )을 지르다가 금방 껄껄거리며 웃고, 그러다가는 또다시 목 놓아 울기도 하며 ㉠( )를 떨었다. 김 첨지는 취중에도 설렁탕을 사 가지고 집으로 들어오나 이미 숨이 끊긴 아내와 빈 젖 빠는 개똥이만 기다리고 있을 뿐이었다.

116 ㉠'인력'의 한자어(漢字語)로 옳은 것은?

① 勉勵
② 茂盛
③ 返還
④ 保護
⑤ 人力

117 ㉡~㉥ 중에서 올바르게 쓰인 한자 표시로 맞는 것은?

① ㉡ 顧客
② ㉢ 八什
③ ㉣ 學省
④ ㉤ 幸韻
⑤ ㉥ 堂負

118 ⓐ'예감'의 한자어(漢字語)로 옳은 것은?

① 賀客
② 直系
③ 豫感
④ 應答
⑤ 肯定

119 ⓞ'奇跡'와 ⓩ'不安'의 음(音)으로 옳은 것은?

① 기적-불식
② 기적-불안
③ 기사-불안
④ 기사-불만
⑤ 기적-불만

120 ⓩ과 ㉠의 ( )에 들어갈 가장 적절한 한자어는?

① 給水-秀眉
② 技士-手相
③ 高喊-亂離
④ 級數-秀美
⑤ 技師-受賞

제6회 모의고사

정답 및 해설 P. 451

1 한자(漢字)

[1~2] 다음 획순(劃順)에 대한 설명으로 가장 적절한 한자는 어느 것입니까?

1

| 가운데 획을 먼저 쓴다. |

① 聖 ② 父
③ 少 ④ 成
⑤ 子

2

| 바깥쪽을 먼저 쓴다. |

① 圍 ② 順
③ 十 ④ 契
⑤ 銘

[3~4] 다음 한자(漢字)의 부수를 제외한 획수(劃數)는 모두 몇 획입니까?

3

| 縱 |

① 15 ② 14
③ 13 ④ 12
⑤ 11

4

斷

① 15 ② 14
③ 13 ④ 12
⑤ 11

[5~6] 다음 한자(漢字)의 부수(部首)와 다른 부수(部首)를 가지고 있는 한자(漢字)는 무엇입니까?

5

絲

① 緊 ② 續
③ 係 ④ 綠
⑤ 緣

6

弓

① 張 ② 弘
③ 彊 ④ 泓
⑤ 引

[7~8] 다음 한자(漢字)와 만들어진 방식이 같은 한자는 어느 것입니까?

〈보기〉 川 : ① 産 ② 木 ③ 河 ④ 姜 ⑤ 會
〈보기〉에 제시된 한자 '川(시내에서 흐르는 물의 모양을 보고 만들었음)'처럼 사물의 모습을 보고 만든 상형자(象形字)는 '木(나무의 모습을 보고 만들었음)'이다. 따라서 정답 ②을 고르면 된다.

7

丹

① 訟
② 誦
③ 頌
④ 刷
⑤ 末

8

三

① 四
② 鎖
③ 修
④ 與
⑤ 興

[9~14] 다음 한자(漢字)의 음(音)으로 맞는 것은 어느 것입니까?

9

展

① 접
② 전
③ 점
④ 저
⑤ 절

10

膽

① 답 ② 달
③ 담 ④ 다
⑤ 단

11

| 當 |

① 달 ② 답
③ 담 ④ 당
⑤ 단

12

| 黨 |

① 담 ② 단
③ 달 ④ 다
⑤ 당

13

| 韓 |

① 하 ② 한
③ 학 ④ 함
⑤ 합

14

| 菊 |

① 국 ② 군
③ 구 ④ 굴
⑤ 굽

[15~19] 다음 음(音)과 다른 한자는 무엇입니까?

15

유

① 有　　② 裕
③ 出　　④ 乳
⑤ 悠

16

류

① 配　　② 柳
③ 類　　④ 流
⑤ 留

17

윤

① 倫　　② 尹
③ 潤　　④ 燒
⑤ 允

18

응

① 應　　② 凝
③ 鷹　　④ 膺
⑤ 懇

19

의

① 義 ② 依
③ 意 ④ 議
⑤ 遺

[20~24] 다음 한자(漢字)와 음(音)이 다른 한자는 어느 것입니까?

20

練

① 水 ② 宴
③ 研 ④ 然
⑤ 鉛

21

年

① 硯 ② 準
③ 軟 ④ 燕
⑤ 煙

22

聯

① 演 ② 衍
③ 餘 ④ 淵
⑤ 延

23

韓

① 漢　　② 限
③ 寒　　④ 閑
⑤ 暇

24

分

① 紛　　② 粉
③ 盆　　④ 核
⑤ 憤

[25~30] 다음 한자(漢字)의 훈(訓)은 무엇입니까?

25

兄

① 동생　　② 누나
③ 사촌　　④ 맏형
⑤ 친척

26

過

① 좋음　　② 싫음
③ 지남　　④ 성공
⑤ 실패

27

老

① 젊음
② 어림
③ 늙음
④ 작음
⑤ 적음

28

不

① 이루다
② 상하다
③ 망하다
④ 나누다
⑤ 아니다

29

世

① 세대
② 상품
③ 물건
④ 사람
⑤ 보물

30

貧

① 부유함
② 가난함
③ 충분함
④ 사랑함
⑤ 좋아함

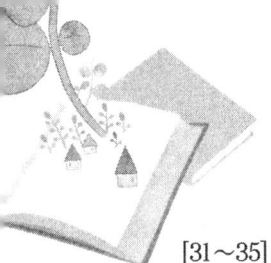

[31~35] 다음의 훈(訓)을 가진 한자(漢字)는 무엇입니까?

31

부지런함

① 土   ② 勤
③ 窟   ④ 老
⑤ 眼

32

주다

① 學   ② 生
③ 不   ④ 安
⑤ 給

33

상주다

① 表   ② 情
③ 事   ④ 賞
⑤ 緣

34

쉬다

① 孝   ② 校
③ 休   ④ 以
⑤ 上

35
| 풀다 |

① 解　　　② 勿
③ 論　　　④ 親
⑤ 分

[36~40] 다음 한자(漢字)와 훈(訓)이 비슷한 한자는 어느 것입니까?

36
| 議 |

① 後　　　② 園
③ 訓　　　④ 戒
⑤ 論

37
| 戰 |

① 感　　　② 動
③ 勞　　　④ 鬪
⑤ 力

38
| 知 |

① 像　　　② 識
③ 況　　　④ 固
⑤ 執

39

洞

① 意 ② 味
③ 里 ④ 瘦
⑤ 痛

40

討

① 伐 ② 市
③ 民 ④ 恐
⑤ 怖

2 어휘(語彙)

[41~45] 다음 한자어(漢字語)와 同音異議語(동음이의어)는 어느 것입니까?

41

地球

① 持久 ② 債務
③ 排斥 ④ 勸奬
⑤ 野薄

42

元首

① 沈痛 ② 探訪
③ 元數 ④ 投影
⑤ 平靜

43

熟眠

① 爆彈 ② 寒帶
③ 抗拒 ④ 熟面
⑤ 解夢

44

電氣

① 險峻 ② 傳記
③ 混雜 ④ 荒野
⑤ 揮毫

45

記號

① 晚年 ② 名譽
③ 反影 ④ 背信
⑤ 畿湖

[46~47] 다음 괄호 속 한자(漢字)의 일자다음어(一字多音語) 중 다르게 발음되는 음(音)은 어느 것입니까?

46 ① (度)支 ② 過(度)
③ 制(度) ④ 態(度)
⑤ 速(度)

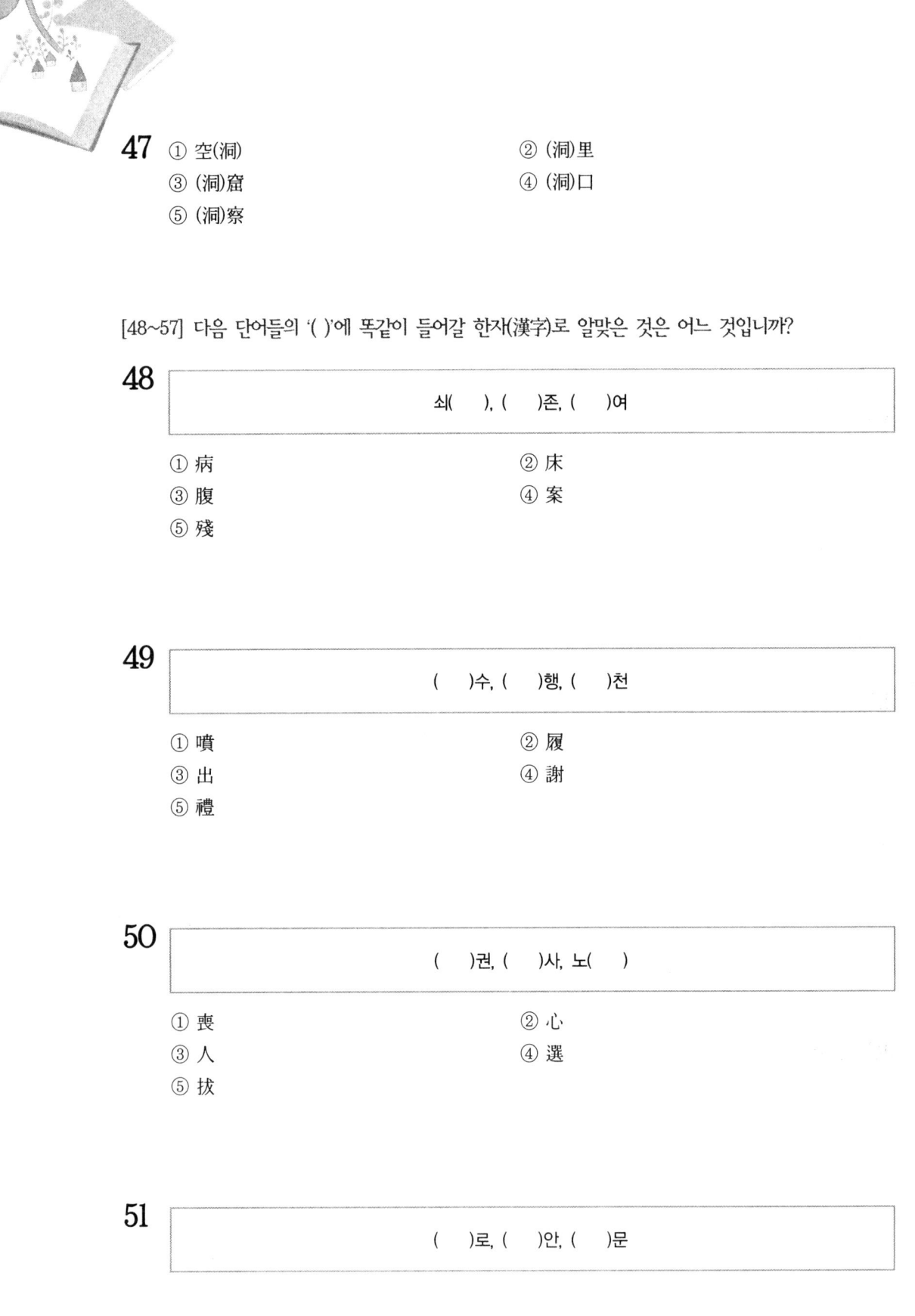

47
① 空(洞)
② (洞)里
③ (洞)窟
④ (洞)口
⑤ (洞)察

[48~57] 다음 단어들의 '( )'에 똑같이 들어갈 한자(漢字)로 알맞은 것은 어느 것입니까?

48

쇠( ), ( )존, ( )여

① 病
② 床
③ 腹
④ 案
⑤ 殘

49

( )수, ( )행, ( )천

① 噴
② 履
③ 出
④ 謝
⑤ 禮

50

( )권, ( )사, 노( )

① 喪
② 心
③ 人
④ 選
⑤ 拔

51

( )로, ( )안, ( )문

① 破
② 紙
③ 强
④ 慰
⑤ 調

52

( )임, ( )고, ( )존

① 赴
② 肝
③ 臟
④ 頌
⑤ 德

53

작( ), 내( ), 매( )

① 歸
② 依
③ 不
④ 年
⑤ 可

54

최( ), ( )료, ( )말

① 信
② 通
③ 威
④ 嚴
⑤ 終

55

( )재, ( )잠, ( )복

① 權
② 潛
③ 委
④ 慈
⑤ 悲

56

객( ), 빈( ), ( )족

① 凶　　② 惡
③ 無　　④ 道
⑤ 血

57

( )렴, 흡( ), 철( )

① 收　　② 差
③ 別　　④ 薰
⑤ 香

[58~65] 다음 한자어(漢字語)의 반대어(反對語) 또는 상대어(相對語)의 한자어(漢字語)는 무엇입니까?

58

本業

① 視線　　② 約款
③ 副業　　④ 碑銘
⑤ 組閣

59

富貴

① 貧賤　　② 被告
③ 沈沒　　④ 幕僚
⑤ 爆笑

60
富裕

① 破壞
② 濃厚
③ 頻繁
④ 貧窮
⑤ 同伴

61
否認

① 燃燒
② 效驗
③ 追跡
④ 終乃
⑤ 是認

62
分析

① 敬稱
② 綜合
③ 判決
④ 侮蔑
⑤ 遊星

63
紛爭

① 和解
② 傳道
③ 網膜
④ 坑道
⑤ 掛念

64

非番

① 間隔
② 隔意
③ 當番
④ 係累
⑤ 卦鐘

65

拘禁

① 專貰
② 懷抱
③ 風船
④ 釋放
⑤ 濃霧

[66~70] 다음 성어(成語)에서 '( )'에 들어갈 가장 적절한 한자(漢字)는 무엇입니까?

66

( )下無人

① 無
② 收
③ 眼
④ 歡
⑤ 反

67

梁上( )子

① 措
② 選
③ 拘
④ 君
⑤ 世

68

語不成(　)

① 非　　② 設
③ 確　　④ 發
⑤ 示

69

漁父之(　)

① 殺　　② 愼
③ 沒　　④ 包
⑤ 利

70

(　)木求魚

① 作　　② 格
③ 緣　　④ 追
⑤ 積

[71~75] 다음 성어(成語)의 음(音)과 뜻풀이로 가장 알맞은 것은 무엇입니까?

71

同病相憐

① 동병상련 : 서로 모른 척하며 지냄
② 동병상련 : 처지가 같은 사람끼리 서로 동정함
③ 동병상수 : 서로를 보며 불쌍히 여김
④ 동명이인 : 이름이 같은 사람이 두명 있음
⑤ 동명상호 : 서로가 서로를 알아봄

72

東奔西走

① 동해서해 : 동쪽과 서쪽
② 동서남북 : 전체 방향
③ 동분서부 : 굉장히 바쁨
④ 동시다발 : 다같이 움직임
⑤ 동분서주 : 바삐 돌아다님

73

同床異夢

① 동상동몽 : 같은 처지에 같은 생각을 함
② 동상안주 : 같은 자리에서 편안히 있음
③ 동상이몽 : 같은 처지에 다른 생각을 함
④ 동서지간 : 서로 가까운 사이
⑤ 동상이몽 : 꿈이 서로 달라 헷갈림

74

杜門不出

① 두문부출 : 세상과 단절하며 살아감
② 두문불화 : 앞 뒤 말이 맞지 않음
③ 두문불출 : 세상과 어울리며 소통함
④ 두서무화 : 서론 없이 말함
⑤ 두문불출 : 세상과 인연을 끊고 나가지 않음

75

莫上莫下

① 막상막하 : 우열의 차이가 없음
② 막하막상 : 둘의 차이가 거의 없음
③ 막장대소 : 엄청나게 웃음
④ 막상막상 : 무엇을 해야할지 몰라함
⑤ 막역지우 : 정말 친한 사이

[76~80] 다음 풀이된 문장에 해당하는 성어(成語)는 무엇입니까?

76

낫 놓고 기역자도 모름

① 一寸光陰
② 一字無識
③ 一場春夢
④ 一脈相通
⑤ 一絲不亂

77

한이 없고 끝이 없음

① 無窮無盡
② 因果應報
③ 類類相從
④ 有名無實
⑤ 右往左往

78

서로 버티고 물러서지 않고 싸움

① 緣木求魚
② 山海珍味
③ 蚌鷸之爭
④ 生面不知
⑤ 雪上加霜

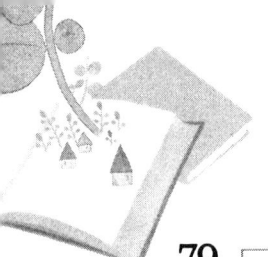

79

| 글만 알고 세상일에 경험이 없는 선비 |

① 束手無策　　② 易地思之
③ 漁父之利　　④ 兩者擇一
⑤ 白面書生

80

| 부부화합의 도 |

① 梁上君子　　② 眼下無人
③ 淸廉潔白　　④ 夫唱婦隨
⑤ 靑出於藍

3 독해(讀解)

[81~86] 다음 문장에서 밑줄 그은 것에 해당하는 한자어(漢字語)는 무엇입니까?

81

| <u>전문</u>적으로 공부하려는 사람들이 많다. |

① 音響　　② 昇華
③ 專門　　④ 獲得
⑤ 訂正

82

| 연구를 열심히 하는 <u>학자</u>들이 있다. |

① 文段　　② 學者
③ 井州　　④ 博物
⑤ 疫疾

270 ◆ Part 3. 실전 모의고사

83

학교나 가정에서 도덕교육을 중시하고 있다.

① 賠償　　　② 諮問
③ 干拓　　　④ 紅裳
⑤ 道德

84

어학학습에 많은 방법들이 도입되었다.

① 生物　　　② 汚染
③ 自然　　　④ 學習
⑤ 保護

85

식물도감에서 꽃 이름을 찾는다.

① 到着　　　② 圖鑑
③ 搭乘　　　④ 操縱
⑤ 觀衆

86

방언은 특유의 분위기를 자아낸다.

① 鍛鍊　　　② 鬪志
③ 擔保　　　④ 方言
⑤ 眞髓

[87~92] 다음 문장에서 밑줄 친 한자어(漢字語)의 음(音)과 뜻풀이로 가장 맞는 것은 무엇입니까?

87

> **戀愛**는 노래와 소설작품의 영원한 주제이다.

① 연애 : 영상매체에 나오는 사람
② 연기 : 역할을 맡아 행동함
③ 연애 : 남녀 간의 사랑
④ 연수 : 어떠한 일을 끝마침
⑤ 연기 : 기한이 연장됨

88

> **著者**의 서명이 있는 책을 샀다.

① 저자 : 사람들이 모여 있는 거리
② 저술 : 책을 씀
③ 저자 : 책을 쓴 사람
④ 저당 : 빌려주고 잡힘
⑤ 저수 : 물이 고여 있는 장소

89

> 무명의 신인이 문학상을 **受賞**했다.

① 수여 : 상을 주게 됨
② 수선 : 문제가 생겨 고침
③ 수신 : 연락을 받음
④ 수상 : 상을 받게 됨
⑤ 수리 : 고장난 곳을 고침

90

> 중요한 기사에는 **執筆**자의 이름이 적혀있다.

① 집필 : 집에서 붓을 들고 있음
② 집필 : 글을 쓰게 됨
③ 집도 : 병이 생긴 곳을 짚음
④ 집세 : 현재 집의 가격
⑤ 집념 : 하고자 하는 의지

91

매주 발행되는 <u>週刊</u>지는 종류가 매우 많다.

① 주간 : 주마다 펴냄
② 주말 : 평일이 아닌 때
③ 주기 : 반복되는 상황
④ 주주 : 주식의 주인이 됨
⑤ 주민 : 그 지역에 사는 사람

92

<u>讀書</u>난에는 애용이나 저자가 소개되어 있다.

① 독서 : 책을 읽음
② 독려 : 격려함
③ 독수 : 홀로 있음
④ 독침 : 독이 담겨 있는 침
⑤ 독설 : 안 좋을 말

[93~95] 다음 문장에서 ( )에 들어갈 한자(漢字)와 반대(反對) 또는 상대(相對)되는 한자(漢字)는 무엇입니까?

93

(　　)망에 이르기까지 최선을 다해 살았다.

① 孤
② 分
③ 描
④ 射
⑤ 生

94

(　　)공은 실패의 어머니이다.

① 頭
② 物
③ 失
④ 線
⑤ 先

95

( )장이 누구이냐에 따라 분위기가 달라진다.

① 尾 ② 違
③ 和 ④ 感
⑤ 減

[96~98] 다음 문장에서 한자어(漢字語)의 한자표식(漢字表記式)이 맞는 것은 무엇입니까?

96

그는 ① 唐黃하고 ② 苦敏하다가 ③ 韓國의 ④ 門化를 ⑤ 仁植하게 되었다.

97

① 肥評이 해야 할 ② 具實은 작자 혹은 ③ 昨品과 ④ 獨子 사이에 ⑤ 媒介가 되는 것이다.

98

① 認省에 대한 ② 穫考한 ③ 信捻, ④ 肯丁적 사고와 넓은 ⑤ 視野가 중요하다.

[99~101] 다음 문장에서 밑줄 친 한자어(漢字語)와 뜻이 반대어(反對語) 또는 상대어(相對語)가 되는 한자어(漢字語)의 음(音)은 무엇입니까?

99

<u>有能</u>한 직원이 이번에 들어왔다.

① 무능 ② 유능
③ 유식 ④ 무식
⑤ 평범

100
直系가족 위주로 여행을 갔다.

① 방만　② 방계
③ 직통　④ 방랑
⑤ 직역

101
이번 需要가 굉장히 많았다.

① 수리　② 수준
③ 수수　④ 공급
⑤ 공수

[102~104] 다음 문장에서 밑줄 친 단어(單語)나 어구(語句)의 뜻과 반대되는 반대어(反對語) 또는 상대어(相對語)의 한자어(漢字語)는 무엇입니까?

102
행동이 가벼워 평소에 믿음이 가질 않는다.

① 雇用　② 菓子
③ 愼重　④ 款待
⑤ 狂氣

103
세로 방향으로 여행을 하며 생각을 정리하게 되었다.

① 廣大　② 僑民
③ 膠着　④ 採掘
⑤ 橫斷

104 | 비상사태가 발생하여 <u>사람들을 모아</u> 전시상태로 들어갔다.

① 土窟
② 解散
③ 大闕
④ 宮闕
⑤ 軌範

[105~107] 다음 글을 읽고 물음에 답하시오.

생각보다 행동이 앞서거나, 행동보다 생각이 앞서거나 하는 것보다 ㉠均衡 잡힌 시선이 필요하다. 생각만 앞서다 보면 결국 ㉡實行이 안 되고 행동이 앞서면 ㉢躁急함으로 하지 않아도 될 ㉣실수를 할 수 있다. ㉤차분함 속에 자신을 뒤돌아보며 ㉥전략적으로 행동해야 ㉦효율적으로 일을 진행할 수 있다. 뭐든지 연습이 ㉧필요하다. 한 번에 잘 될 수는 없다. 균형 잡힌 언행은 반드시 연습을 통해 나오게 된다.

105 ㉠ '均衡'의 음(音)으로 옳은 것은?

① 만행
② 균형
③ 조소
④ 조롱
⑤ 만장

106 ㉡ '實行'과 ㉢ '躁急'의 음(音)으로 짝지은 것은?

① 실수-조급
② 실행-급조
③ 실행-조급
④ 실천-조급
⑤ 실행-급행

107 ㉣~㉧ 중에서 한자 표시가 옳은 것은?

① ㉣ 失手
② ㉤ 車分
③ ㉥ 電略
④ ㉦ 孝律
⑤ ㉧ 筆要

[108~110] 다음 글을 읽고 물음에 답하시오.

좌절과 ㉠落膽은 누구에게나 찾아온다. 그러나 그것을 슬기롭게 ㉡對處한다면 좋은 밑거름이 될 수 있다. 아무것도 안 하는 것이 아닌 피나는 ㉢努力을 바탕으로 ㉣克服하는 자세가 필요하다. 그렇다면 자신도 모르게 성장해 있는 자신을 보게 될 것이다.

108 ㉠'落膽'과 ㉡'對處'의 음(音)으로 옳은 것은?

① 낙망-대처
② 낙오-대처
③ 낙담-대기
④ 낙담-대처
⑤ 낙담-대령

109 ㉢'努力'의 '力'와 같은 한자를 사용하지 않은 것은?

① 능력
② 세력
③ 압력
④ 폭력
⑤ 경력

110 ㉣'克服'의 '服'와 같은 한자를 사용하지 않는 것은?

① 극복
② 의복
③ 굴복
④ 항복
⑤ 행복

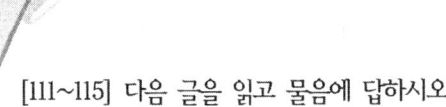

[111~115] 다음 글을 읽고 물음에 답하시오.

장돌뱅이인 허 생원, 조 선달, 동이는 어느 여름날 밤 봉평장을 보고 대화장으로 가기 위해 산길을 ㉠同行가게 된다. 이 때, 허 생원은 젊었을 때 성 서방네 처녀와의 ㉡추억을 이야기하게 되고, 동이는 ㉢자기의 어머니 이야기를 하게 된다. 이런 ㉣대화 속에서 허 생원은 동이가 자기 ㉤자식일지도 모른다는 ㉥생각을 하다 발을 헛디뎌 물에 빠지고 동이가 부축해서 업어준다. 개울을 건넌 후 허 생원은 동이가 자기처럼 왼손잡이임을 발견한다.
이효석(1907~1942), 소설가. 호는 가산(可山). '구인회'동인. ⓐ初期에는 동반 ⓑ作家로서 현실고발의 리얼리즘적 ⓒ성향을 보였으나, 1933년 이후부터는 시적·서정적 경지의 토착적 자연주의와 탐미적 관능주의의 경향을 보였다.

111 ㉠'同行'의 음(音)으로 옳은 것은?

① 동일 ② 동선
③ 동이 ④ 동서
⑤ 동행

112 ㉡~㉥ 중에서 올바르게 쓰인 한자 표시로 맞는 것은?

① ㉡秋億 ② ㉢子己
③ ㉣對話 ④ ㉤者植
⑤ ㉥生各

113 ⓐ'初期'의 음(音)으로 옳은 것은?

① 초조 ② 초라
③ 초선 ④ 초기
⑤ 초반

114 ⓑ'作家'의 음(音)으로 옳은 것은?

① 작가 ② 작전
③ 작고 ④ 작사
⑤ 작문

115 ㉠'성향'에서 '향'의 한자(漢字)의 부수로 옳은 것은?

① 日
② 口
③ 山
④ 糸
⑤ 水

[116~120] 다음 글을 읽고 물음에 답하시오.

> 강2는 동족상잔의 ㉠비극과 모든 부정적 현실들을 뒤로 하고, 밝고 아름다움 미래의 세계를 ㉡지향하는 간절한 ㉢소망을 노래하고 있다. 여기서 '강'은 이러한 부정적인 것들을 바다로 흘려보내는 역할을 하는 존재라 할 수 있다. 박두진(1916~1998), 시인. 호는 혜산(兮山). 박목월, 조지훈과 더불어 세칭 '청록파'로 불린다. 기독교적 신앙을 바탕으로 한 기원과 ㉣갈망을 노래한 작품을 많이 썼다.
> 바다와 나비는 초기 시에서 자주 보였던 딱딱하고 낯선 외래어 ㉤사용이 배재되어 있는 이 시는 '바다, 청무우밭, 초생달이 주는 푸른색과 한 마리 '흰 나비'로 표현되는 ㉥색감의 대비를 보여주는 모더니즘 시의 회화성을 잘 보여 주고 있다. 근대의 문명 앞에 시인 자신이 꿈꾸었던 바가 좌절됨으로써 무기력해지는 모습이 ㉦형상화되어 있다. 김기림(1908~?), 시인. 평론가. ㉧本名은 인손(仁孫). 호는 편석촌(片石村). 우리나라에서 ㉨最初로 모더니즘 문학 운동을 선언하고, 그 이론을 ㉩( )하는 한편, 그에 입각한 시를 썼다. ㉪( ) 후 서울대학교, 연세대학교, 중앙대학교 등에서 문학을 강의하다가 6·25 전쟁 때 납북되었다.

116 ㉠'비극'의 한자어(漢字語)로 옳은 것은?

① 悲劇
② 悲極
③ 比劇
④ 悲克
⑤ 非劇

117 ㉡~㉥ 중에서 올바르게 쓰인 한자 표시로 맞는 것은?

① ㉡地向
② ㉢所望
③ ㉣曷望
④ ㉤士用
⑤ ㉥色甘

118 Ⓐ'형상'의 한자어(漢字語)로 옳은 것은?

① 兄狀
② 形相
③ 型狀
④ 形狀
⑤ 形常

119 ⓞ'本名'와 Ⓩ'最初의 음(音)으로 옳은 것은?

① 본명-최고
② 본서-최초
③ 본명-최초
④ 본명-최선
⑤ 본문-최초

120 Ⓩ과 ㉥의 ( )에 들어갈 가장 적절한 한자어는?

① 所介-廣復
② 素介-光福
③ 笑介-光複
④ 召介-光馥
⑤ 紹介-光復

제7회 모의고사

정답 및 해설 P. 460

1 한자(漢字)

[1~2] 다음 획순(劃順)에 대한 설명으로 가장 적절한 한자는 어느 것입니까?

1

글자 전체를 꿰뚫는 획은 나중에 쓴다.

① 詩 ② 篇
③ 箴 ④ 車
⑤ 言

2

받침이 되는 획을 나중에 쓴다.

① 金 ② 週
③ 曜 ④ 禮
⑤ 拜

[3~4] 다음 한자(漢字)의 부수를 제외한 획수(劃數)는 모두 몇 획입니까?

3

發

① 7   ② 9
③ 11 ④ 13
⑤ 15

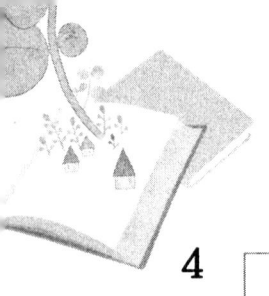

4

揮

① 13　　　　　　　　　　② 11
③ 9　　　　　　　　　　 ④ 7
⑤ 5

[5~6] 다음 한자(漢字)의 부수(部首)와 다른 부수(部首)를 가지고 있는 한자(漢字)는 무엇입니까?

5

明

① 時　　　　　　　　　　② 暗
③ 景　　　　　　　　　　④ 宣
⑤ 星

6

淸

① 濕　　　　　　　　　　② 泉
③ 濁　　　　　　　　　　④ 測
⑤ 黨

[7~8] 다음 한자(漢字)와 만들어진 방식이 같은 한자는 어느 것입니까?

〈보기〉 川 : ① 産　② 木　③ 河　④ 姜　⑤ 會
〈보기〉에 제시된 한자 '川(시내에서 흐르는 물의 모양을 보고 만들었음)'처럼 사물의 모습을 보고 만든 상형자(象形字)는 '木(나무의 모습을 보고 만들었음)'이다. 따라서 정답 ②을 고르면 된다.

7

哭

① 骨
② 徑
③ 傾
④ 境
⑤ 景

8

科

① 璟
② 孔
③ 瓊
④ 梗
⑤ 暻

[9~14] 다음 한자(漢字)의 음(音)으로 맞는 것은 어느 것입니까?

9

鮮

① 실
② 신
③ 선
④ 서
⑤ 설

10

濟

① 자
② 저
③ 지
④ 제
⑤ 재

11

齊

① 재　　　　② 조
③ 좌　　　　④ 죄
⑤ 제

12

證

① 증　　　　② 정
③ 장　　　　④ 징
⑤ 종

13

答

① 다　　　　② 달
③ 답　　　　④ 담
⑤ 단

14

聞

① 무　　　　② 문
③ 물　　　　④ 부
⑤ 분

[15~19] 다음 음(음)과 다른 한자는 무엇입니까?

15

| 모 |

① 模 ② 母
③ 毛 ④ 形
⑤ 慕

16

| 반 |

① 班 ② 上
③ 半 ④ 反
⑤ 飯

17

| 변 |

① 變 ② 卞
③ 邊 ④ 辯
⑤ 動

18

| 비 |

① 音 ② 鼻
③ 比 ④ 費
⑤ 碑

19

사

① 吏 ② 巳
③ 史 ④ 思
⑤ 師

[20~24] 다음 한자(漢字)와 음(音)이 다른 한자는 어느 것입니까?

20

世

① 稅 ② 仕
③ 勢 ④ 歲
⑤ 細

21

化

① 禾 ② 禍
③ 保 ④ 貨
⑤ 華

22

善

① 線 ② 先
③ 選 ④ 障
⑤ 船

23

安

① 歌 ② 岸
③ 眼 ④ 顔
⑤ 雁

24

久

① 區 ② 驅
③ 狗 ④ 購
⑤ 得

[25~30] 다음 한자(漢字)의 훈(訓)은 무엇입니까?

25

明

① 있음 ② 나눔
③ 모음 ④ 좋음
⑤ 밝음

26

權

① 권장 ② 권법
③ 권리 ④ 권세
⑤ 권고

27

立

① 없다　　　　　　　② 있다
③ 묻다　　　　　　　④ 서다
⑤ 물다

28

勝

① 이기다　　　　　　② 오리다
③ 이상하다　　　　　④ 여기다
⑤ 감사하다

29

言

① 농담　　　　　　　② 말씀
③ 존귀　　　　　　　④ 정직
⑤ 신실

30

別

① 열내다　　　　　　② 우기다
③ 나누다　　　　　　④ 얼리다
⑤ 놀리다

[31~35] 다음의 훈(訓)을 가진 한자(漢字)는 무엇입니까?

31

| 붓 |

① 壁
② 畫
③ 筆
④ 彫
⑤ 刻

32

| 쥐다 |

① 握
② 陳
③ 列
④ 娛
⑤ 樂

33

| 찌르다 |

① 民
② 謠
③ 交
④ 響
⑤ 衝

34

| 임하다 |

① 音
② 香
③ 拍
④ 臨
⑤ 手

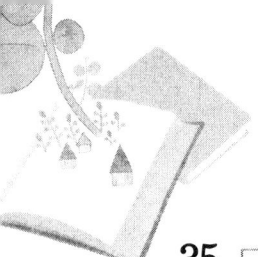

35

겨울

① 聽　　② 冬
③ 衆　　④ 演
⑤ 出

[36~40] 다음 한자(漢字)와 훈(訓)이 비슷한 한자는 어느 것입니까?

36

衛

① 守　　② 密
③ 放　　④ 議
⑤ 拔

37

歲

① 激　　② 役
③ 兵　　④ 志
⑤ 年

38

絡

① 嚴　　② 禦
③ 連　　④ 略
⑤ 抗

39

愁

① 託　　② 揮
③ 投　　④ 憂
⑤ 虜

40

恨

① 强　　② 怨
③ 乾　　④ 結
⑤ 美

2 어휘(語彙)

[41~45] 다음 한자어(漢字語)와 同音異議語(동음이의어)는 어느 것입니까?

41

錄音

① 定穴　　② 綠陰
③ 名所　　④ 喫煙
⑤ 滑稽

42

濃淡

① 尊堂　　② 貴下
③ 令息　　④ 弄談
⑤ 令愛

43

漏籍

① 精品　　　　　　　② 卓見
③ 汨沒　　　　　　　④ 家翁
⑤ 累積

44

端緒

① 老母　　　　　　　② 失望
③ 但書　　　　　　　④ 克己
⑤ 賤息

45

斷定

① 端正　　　　　　　② 拙稿
③ 弊社　　　　　　　④ 粗雜
⑤ 優生

[46~47] 다음 괄호 속 한자(漢字)의 일자다음어(一字多音語) 중 다르게 발음되는 음(音)은 어느 것입니까?

46　① 偏(陜)　　　　　　② (陜)川
　　　③ (陜)小　　　　　　④ (陜)窄
　　　⑤ (陜)軌

47
① (欠)陷　　② (欠)缺
③ (欠)席　　④ (欠)處
⑤ (欠)點

[48~57] 다음 단어들의 '( )'에 똑같이 들어갈 한자(漢字)로 알맞은 것은 어느 것입니까?

48

혐( ), ( )혹, ( )문

① 疑　　② 腐
③ 先　　④ 敷
⑤ 包

49

친( ), 복( ), ( )태

① 婚　　② 整
③ 舊　　④ 大
⑤ 出

50

( )간, ( )기, ( )항

① 過　　② 緊
③ 貢　　④ 空
⑤ 豊

51

( )속, 계( ), 절( )

① 束　　　　　② 屋
③ 詐　　　　　④ 連
⑤ 約

52

( )구, ( )족, ( )안

① 惡　　　　　② 不
③ 豪　　　　　④ 脫
⑤ 備

53

영( ), ( )면, ( )백

① 彈　　　　　② 恐
③ 證　　　　　④ 倫
⑤ 畵

54

( )란, ( )미, 황( )

① 昏　　　　　② 晚
③ 陣　　　　　④ 代
⑤ 纖

55

( )면, 침( ), 오( )

① 確
② 固
③ 睡
④ 皇
⑤ 帝

56

( )무, 강( ), 정( )

① 義
② 希
③ 望
④ 覺
⑤ 悟

57

인( ), 박( ), 군( )

① 康
② 士
③ 健
④ 釋
⑤ 聲

[58~65] 다음 한자어(漢字語)의 반대어(反對語) 또는 상대어(相對語)의 한자어(漢字語)는 무엇입니까?

58

虐待

① 不肖
② 苛斂
③ 恪別
④ 優待
⑤ 看做

59

合法

① 姦慝　　② 違法
③ 間歇　　④ 減殺
⑤ 勘案

60

好材

① 甘蔗　　② 降雨
③ 狡猾　　④ 交換
⑤ 惡材

61

好轉

① 逆轉　　② 句讀
③ 拘碍　　④ 狗吠
⑤ 救恤

62

加熱

① 詭辯　　② 龜鑑
③ 冷却　　④ 規矩
⑤ 龜裂

63

却下

① 琴瑟　　② 受理
③ 旗幟　　④ 尊稱
⑤ 春府

64

剛蹇

① 握手　　② 障碍
③ 跳躍　　④ 柔弱
⑤ 歪曲

65

急性

① 凝固　　② 抵觸
③ 措置　　④ 奏樂
⑤ 慢性

[66~70] 다음 성어(成語)에서 '( )'에 들어갈 가장 적절한 한자(漢字)는 무엇입니까?

66

我田(　)水

① 建　　② 交
③ 調　　④ 引
⑤ 查

67

( )致高節

① 解
② 除
③ 代
④ 辯
⑤ 雅

68

( )分知足

① 折
② 半
③ 安
④ 期
⑤ 待

69

( )磋琢磨

① 切
② 投
③ 機
④ 規
⑤ 制

70

( )門一鍼

① 助
② 長
③ 連
④ 頂
⑤ 結

[71~75] 다음 성어(成語)의 음(音)과 뜻풀이로 가장 알맞은 것은 무엇입니까?

71 至誠感天

① 지성감수 : 지극한 정성에도 되지 않음
② 지리멸렬 : 결국 잘 되지 않음
③ 지성감천 : 지극한 정성에는 하늘도 감동함
④ 지순고절 : 끝까지 따라감
⑤ 지록위마 : 윗 사람을 농락함

72 衆口難防

① 중구난방 : 여러 사람의 입을 막기 어려움
② 중언부언 : 무슨 말을 하는지 모름
③ 중과부적 : 적은 수로 많은 수를 감당 못함
④ 중차기로 : 어떻게 가야할지 고민함
⑤ 중고시장 : 저렴한 가격에 물건을 매매

73 左衝右突

① 좌지우지 : 어려 방향으로 움직임
② 좌측통로 : 왼쪽 방향으로 길이 있음
③ 좌불안석 : 앉아 있기 힘들 정도로 불안함
④ 좌충우돌 : 이리저리 마구 찌르고 치고 받음
⑤ 좌정관청 : 좁은 것만을 바라봄

74 | 主客一致

① 주객일치 : 주체와 객체가 하나가 됨
② 주객전도 : 주체와 객체가 서로 바뀜
③ 주주총회 : 주주들의 모임
④ 주권옹립 : 권리를 내세우며 주장함
⑤ 주경야독 : 열심히 일하고 공부함

75 | 巧言令色

① 교학상장 : 열심히 공부함
② 교언영색 : 아첨하는 언행을 이름
③ 교사임명 : 가르치는 사람으로 인정함
④ 교각살우 : 방법이나 정도가 지나침
⑤ 교리문답 : 진리에 대해 서로 질의응답함

[76~80] 다음 풀이된 문장에 해당하는 성어(成語)는 무엇입니까?

76 | 옛 것을 익히어 새 것을 앎

① 易地思之　　② 緣木求魚
③ 溫故知新　　④ 寤寐不忘
⑤ 梁上君子

77 | 재능이 출중한 사람이 빨리 쇠함

① 漁父之利　　② 甘井先渴
③ 南柯一夢　　④ 累卵之勢
⑤ 左之右之

78

| 학문을 왜곡시켜 세상의 속물들에게 아부함 |

① 危機一髮　　② 花容月態
③ 興盡悲來　　④ 曲學阿世
⑤ 喜怒哀樂

79

| 말이나 행동이 유치함 |

① 口尙乳臭　　② 喜色滿面
③ 皮骨相接　　④ 匹夫匹婦
⑤ 必有曲折

80

| 손에서 책을 놓지 않음 |

① 魂飛魄散　　② 忽顯忽沒
③ 和氣靄靄　　④ 誇大妄想
⑤ 手不釋卷

3 독해(讀解)

[81~86] 다음 문장에서 밑줄 그은 것에 해당하는 한자어(漢字語)는 무엇입니까?

81

| 영상매체를 통해 신제품을 <u>선전</u>한다. |

① 脂肪　　② 編輯
③ 諜者　　④ 宣傳
⑤ 蹴球

82 판매촉진을 위해 가두에서 선전했다.

① 卓越　　② 覇權
③ 販賣　　④ 大砲
⑤ 虐殺

83 산지<u>직결</u>로 입수하는 소비자가 늘고 있다.

① 直結　　② 嫌惡
③ 軍靴　　④ 酷寒
⑤ 舞姬

84 <u>산업</u>혁명은 18세기 영국에서 시작되었다.

① 遮日　　② 餐食
③ 哨所　　④ 逮捕
⑤ 産業

85 산업육성을 위해 기업을 <u>유치</u>한다.

① 秒速　　② 禹王
③ 誘致　　④ 沮止
⑤ 艦艇

86

| 창고는 유통 경로 중에서도 중요한 역할을 한다. |

① 焦眉 ② 炭坑
③ 練習 ④ 圓滑
⑤ 倉庫

[87~92] 다음 문장에서 밑줄 친 한자어(漢字語)의 음(音)과 뜻풀이로 가장 맞는 것은 무엇입니까?

87

| 최근 貨物 수송에는 항공기가 잇달아 쓰인다. |

① 화약 : 총의 재료가 됨   ② 화기 : 불을 사용함
③ 화가 : 그림을 그리는 사람 ④ 화물 : 돈이 되는 물건
⑤ 화로 : 불을 떼우는 곳

88

| 로봇으로 공장의 稼動시간이 연장되었다. |

① 가구 : 집에 있는 물건   ② 가로 : 거리에 있는 나무
③ 가장 : 집안을 이끄는 사람 ④ 가동 : 작동하여 움직임
⑤ 가발 : 머리에 씌우는 것

89

| 精密기계들이 즐비하게 많이 있었다. |

① 정도 : 일정 수준   ② 정확 : 일치함
③ 정세 : 주변의 상황   ④ 정화 : 깨끗하게 바뀜
⑤ 정밀 : 자세하고 세밀함

90

| 造船업은 한국이 경쟁력을 가지고 있다. |

① 조정 : 스케줄을 바꿈　　　② 조사 : 이것저것 살펴봄
③ 조선 : 배를 지음　　　　　④ 조업 : 배와 관련된 일들
⑤ 조수 : 옆에서 도와주는 사람

91

| 미국은 많은 埋藏자원을 갖고 있다. |

① 매몰 : 갑자기 묻힘　　　　② 매장 : 묻혀서 감추어져 있음
③ 매사 : 계속적인 상황　　　④ 매매 : 사고 팜
⑤ 매력 : 끌림의 정도

92

| 鑄物공장은 거의가 영세기업으로 되어있다. |

① 주조 : 물건들을 만듦　　　② 주물 : 쇠를 부어 만드는 물건
③ 주요 : 중심이 되는 것들　　④ 주문 : 원하는 것을 시킴
⑤ 주부 : 가정에서 역할을 하는 사람

[93~95] 다음 문장에서 ( )에 들어갈 한자(漢字)와 반대(反對) 또는 상대(相對)되는 한자(漢字)는 무엇입니까?

93

| (　)생 끝에 즐거움이 온다. |

① 樂　　　　② 値
③ 作　　　　④ 地
⑤ 物

94

| ( )활한 우주를 보며 신비로움을 느꼈다. |

① 系　　　　　　② 不
③ 明　　　　　　④ 狹
⑤ 力

95

| 일을 할 때 ( )면, 성실해야 한다. |

① 能　　　　　　② 怠
③ 合　　　　　　④ 體
⑤ 針

[96~98] 다음 문장에서 한자어(漢字語)의 한자표식(漢字表記式)이 맞는 것은 무엇입니까?

96

| ①冷東 ②器術이 ③潑達해서 냉동 ④加工업은 이제부터 ⑤旡望하다. |

97

| ①災害에 ②大飛해서 ③式良을 ④比祝해야 하며, 평소에 ⑤習貫을 들여야 한다. |

98

| ①農作物의 ②水確은 날씨③辯禾에 ④民甘하며 흉작일 때는 쌀값이 ⑤相昇한다. |

[99~101] 다음 문장에서 밑줄 친 한자어(漢字語)와 뜻이 반대어(反對語) 또는 상대어(相對語)가 되는 한자어(漢字語)의 음(音)은 무엇입니까?

99

斬新한 아이디어가 절실히 필요할 때이다.

① 진솔 ② 진부
③ 진정 ④ 진주
⑤ 진위

100

好況이 지속될수록 주변을 더 잘 살펴야 한다.

① 불가 ② 불참
③ 불황 ④ 불능
⑤ 불손

101

주머니 사정이 안 좋아져 재정을 縮小했다.

① 확인 ② 확고
③ 확실 ④ 확정
⑤ 확대

[102~104] 다음 문장에서 밑줄 친 단어(單語)나 어구(語句)의 뜻과 반대되는 반대어(反對語) 또는 상대어(相對語)의 한자어(漢字語)는 무엇입니까?

102

누구도 생각하지 못한 새로운 생각의 변화로 상품을 창조하였다.

① 牽制 ② 密偵
③ 糾合 ④ 保守
⑤ 攝政

103
> 도가 지나친 <u>즐거움의 추구</u>는 안 좋을 수 있다.

① 苦痛 ② 修繕
③ 潤滑 ④ 破損
⑤ 覇氣

104
> 축구 경기에서 지고 있다 막판에 골을 넣어 역전에 성공하며 <u>기분 좋게 승리</u>했다.

① 編入 ② 肺炎
③ 敗北 ④ 落膽
⑤ 落札

[105~107] 다음 글을 읽고 물음에 답하시오.

> 한글과 한자를 적절히 ㉠混合하면 한글의 장점과 한자의 시각성, 표의성, 축약력 등 ㉡長點들이 잘 어우러져서 보기도 ㉢輕快하고 읽기도 빠르고 또 이해도 용이할 것이다.
> 한자는 우리말의 ㉣인식력, ㉤어휘력, ㉥조어력, ㉦창의력을 풍부하게 하고 ㉧기록 내용도 시공을 초월하여 길이 보존하는 뛰어난 장점이 있을 잊어서는 안 될 것이다.

105 ㉠'混合'의 음(音)으로 옳은 것은?
① 혼사 ② 혼인
③ 혼합 ④ 혼잡
⑤ 혼수

106 ㉡'長點'과 ㉢'輕快'의 음(音)으로 짝지은 것은?
① 장점-경사 ② 장점-경축
③ 장수-경쾌 ④ 장점-경쾌
⑤ 장인-경쾌

107 ㉢~㉧ 중에서 한자 표시가 옳은 것은?

① ㉣ 引食
② ㉤ 語彙
③ ㉥ 組於
④ ㉦ 唱衣
⑤ ㉧ 器綠

[108~110] 다음 글을 읽고 물음에 답하시오.

급속한 ㉠發達로 신속함이라는 ㉡武器를 손에 넣은 현대사회이다. 그러나 신속함 속에 끊임없는 ㉢競爭을 통한 경쟁과열 역시 양날의 검처럼 고스란히 담겨져 있다. 평소에 ㉣賢明한 대처를 통한 지혜의 발산이 절실히 필요한 때이다.

108 ㉠'發達'과 ㉡'武器'의 음(音)으로 옳은 것은?

① 발달-무수
② 발전-무기
③ 발견-무인
④ 발달-무리
⑤ 발달-무기

109 ㉢'競爭'의 '爭'와 같은 한자를 사용하지 않은 것은?

① 격쟁
② 전쟁
③ 투쟁
④ 분쟁
⑤ 논쟁

110 ㉣'賢明'의 '賢'와 같은 한자를 사용하지 않는 것은?

① 현대
② 성현
③ 선현
④ 현준
⑤ 현인

[111~115] 다음 글을 읽고 물음에 답하시오.

'그 날이 오면'은 일제 강점기에 나온 ㉠抵抗시로 주제가 ㉡선명하게 드러나면서, ㉢시인의 일제에 대한 저항 정신과 시의 ㉣제목처럼 조국 광복에 대한 ㉤의지가 굳건하게 드러나고 있다. 심훈(1901~1936), 시인·소설가·영화인·언론인. 본명은 대섭(大燮). 충남 당진에서 '상록 학원'을 ㉥설립하여 농촌 계몽에 힘썼다.

'동천'은 대상을 바라보는 시인의 상상력이 돋보이며, 시인의 ⓐ內的 가치가 고도의 상징과 압축에 의해 구체화되고 있다. 서정주(1915~2000), 시인. 호는 미당(未堂). 김광균, 김동리 등과 '시인부락동인 활동을 하였다. 초기의 원생적인 ⓞ詩風에서 후에 동양적인 사상으로 ⓒ변모하여 그 시적 깊이가 심화되었다.

111 ㉠'抵抗'의 음(音)으로 옳은 것은?

① 저항
② 저지
③ 저금
④ 저격
⑤ 저하

112 ㉡~㉥ 중에서 올바르게 쓰인 한자 표시로 맞는 것은?

① ㉡ 先命
② ㉢ 是認
③ ㉣ 除目
④ ㉤ 意志
⑤ ㉥ 舌立

113 ⓐ'內的'의 음(音)으로 옳은 것은?

① 내용
② 내의
③ 의적
④ 외적
⑤ 내적

114 ⓞ'詩風'의 음(音)으로 옳은 것은?

① 시선
② 시풍
③ 시적
④ 광풍
⑤ 태풍

115 ㉠'변모'에서 '변'의 한자(漢字)의 부수로 옳은 것은?

① ㅣ
② 糸
③ 言
④ 攵
⑤ 石

[116~120] 다음 글을 읽고 물음에 답하시오.

3년 7달 동안 돈 한 푼 안 받고 일한 '나'는 장인에게 성례를 시켜 달라고 하지만 그는 점순이가 미처 자라지 않아서 그럴 수가 없다고 한다. ㉠혼인㉡문제를 ㉢장인과 티격태격 다투어던 '나'는 ㉣결판을 내고자 논에서 장인과 다툼을 하게 되고 구장에게까지 가서 결판을 내려고 하지만 뜻대로 되지 않았다. 그러나 점순이가 병신이라고 나무라서 어떻게든지 결판을 내려고 다시 장인에게 대들었다가 장인에게 당한다. 점순이를 ㉤의식하고 장인을 밭 아래로 떠밀어 굴려 버리자 장인은 '나'의 사타구니를 잡고 늘어진다. '나도 장인의 사타구니를 거머쥔다. 이 때 점순이는 아버지의 편을 들고 '나'는 그녀의 ㉥태도에 ㉦황당하여 ㉧精神을 ㉨暫時 놓게 된다. 장인은 '나'를 실컷 두들겨 패고 난 ㉩( ) '나'를 다시 ㉪( )한다.

116 ㉠'혼인'의 한자어(漢字語)로 옳은 것은?

① 混認
② 婚姻
③ 混忍
④ 婚人
⑤ 婚仁

117 ㉡~㉥ 중에서 올바르게 쓰인 한자 표시로 맞는 것은?

① ㉡ 門制
② ㉢ 將印
③ ㉣ 決判
④ ㉤ 疑植
⑤ ㉥ 太道

118 ㉦'황당'의 한자어(漢字語)로 옳은 것은?

① 況當
② 皇當
③ 黃唐
④ 荒當
⑤ 荒唐

119 ⓞ'精神'와 ⓩ'暫時'의 음(音)으로 옳은 것은?
① 정신-잠수
② 정신-잠잠
③ 정상-잠시
④ 정신-잠시
⑤ 정통-잠시

120 ⓩ과 ㉠의 ( )에 들어갈 가장 적절한 한자어는?
① 以後-慰勞
② 以後-危路
③ 二後-慰勞
④ 理後-衛爐
⑤ 以候-慰勞

제8회 모의고사

정답 및 해설 P. 469

1 한자(漢字)

[1~2] 다음 획순(劃順)에 대한 설명으로 가장 적절한 한자는 어느 것입니까?

1

가운데 획을 먼저 쓴다.

① 週   ② 日
③ 聖   ④ 守
⑤ 小

2

삐침과 파임이 교차할 때는 삐침을 먼저 쓴다.

① 公   ② 評
③ 交   ④ 情
⑤ 義

[3~4] 다음 한자(漢字)의 부수를 제외한 획수(劃數)는 모두 몇 획입니까?

3

潔

① 11   ② 12
③ 13   ④ 14
⑤ 15

4

擴

① 18   ② 17
③ 16   ④ 15
⑤ 14

[5~6] 다음 한자(漢字)의 부수(部首)와 다른 부수(部首)를 가지고 있는 한자(漢字)는 무엇입니까?

5

軸

① 輩   ② 軍
③ 輕   ④ 較
⑤ 庫

6

間

① 們   ② 問
③ 聞   ④ 閑
⑤ 閉

[7~8] 다음 한자(漢字)와 만들어진 방식이 같은 한자는 어느 것입니까?

〈보기〉 川 : ① 産 ② 木 ③ 河 ④ 姜 ⑤ 會
〈보기〉에 제시된 한자 '川(시내에서 흐르는 물의 모양을 보고 만들었음)'처럼 사물의 모습을 보고 만든 상형자(象形字)는 '木(나무의 모습을 보고 만들었음)'이다. 따라서 정답 ②을 고르면 된다.

7

居

① 糸　　② 拒
③ 自　　④ 長
⑤ 田

8

據

① 丁　　② 爪
③ 件　　④ 鼎
⑤ 帝

[9~14] 다음 한자(漢字)의 음(音)으로 맞는 것은 어느 것입니까?

9

刷

① 새　　② 세
③ 서　　④ 쇄
⑤ 쇠

10

戰

① 지　　② 재
③ 존　　④ 저
⑤ 전

11

退

① 퇴   ② 태
③ 터   ④ 타
⑤ 토

12

需

① 순   ② 수
③ 숙   ④ 술
⑤ 숨

13

國

① 굽   ② 굴
③ 구   ④ 국
⑤ 군

14

常

① 산   ② 살
③ 상   ④ 삭
⑤ 사

[15~19] 다음 음(音)과 다른 한자는 무엇입니까?

15

사

① 事   ② 四
③ 私   ④ 使
⑤ 大

16

산

① 産   ② 散
③ 參   ④ 算
⑤ 山

17

선

① 慘   ② 選
③ 善   ④ 先
⑤ 宣

18

성

① 成   ② 處
③ 性   ④ 星
⑤ 姓

19

사

① 士　　　　　　　② 引
③ 師　　　　　　　④ 社
⑤ 仕

[20~24] 다음 한자(漢字)와 음(音)이 다른 한자는 어느 것입니까?

20

勞

① 老　　　　　　　② 路
③ 保　　　　　　　④ 露
⑤ 怒

21

動

① 東　　　　　　　② 童
③ 冬　　　　　　　④ 步
⑤ 凍

22

組

① 助　　　　　　　② 鳥
③ 造　　　　　　　④ 條
⑤ 補

23

織

① 稷　　② 報
③ 職　　④ 直
⑤ 植

24

合

① 普　　② 蛤
③ 盒　　④ 閤
⑤ 陜

[25~30] 다음 한자(漢字)의 훈(訓)은 무엇입니까?

25

裝

① 꾸밈　　② 옮김
③ 많음　　④ 적음
⑤ 좋음

26

失

① 가다　　② 오다
③ 살다　　④ 얻다
⑤ 잃다

27
務

① 기림
② 짧음
③ 오래
④ 말씀
⑤ 힘씀

28
整

① 흩어짐
② 가지런함
③ 사라짐
④ 모여듦
⑤ 어지러짐

29
化

① 사다
② 주다
③ 되다
④ 하다
⑤ 받다

30
制

① 올리다
② 내리다
③ 이기다
④ 짓다
⑤ 여리다

[31~35] 다음의 훈(訓)을 가진 한자(漢字)는 무엇입니까?

31

| 오르다 |

① 適　　② 當
③ 混　　④ 昇
⑤ 用

32

| 떨치다 |

① 文　　② 振
③ 章　　④ 妙
⑤ 味

33

| 부르다 |

① 徵　　② 實
③ 感　　④ 例
⑤ 示

34

| 비단 |

① 骨　　② 格
③ 肥　　④ 肉
⑤ 幣

35

길쌈하다

① 世　　② 界
③ 績　　④ 民
⑤ 族

[36~40] 다음 한자(漢字)와 훈(訓)이 비슷한 한자는 어느 것입니까?

36

昌

① 偉　　② 隆
③ 對　　④ 享
⑤ 有

37

治

① 理　　② 自
③ 足　　④ 視
⑤ 覺

38

慈

① 表　　② 意
③ 縮　　④ 愛
⑤ 約

39

大

① 輕
② 快
③ 容
④ 易
⑤ 巨

40

潔

① 認
② 識
③ 淨
④ 造
⑤ 語

2 어휘(語彙)

[41~45] 다음 한자어(漢字語)와 同音異議語(동음이의어)는 어느 것입니까?

41

但只

① 羅列
② 大膽
③ 團地
④ 脅迫
⑤ 係累

42

踏查

① 伯父
② 管掌
③ 圓熟
④ 營養
⑤ 答辭

43

虛想

① 虛像
② 宇宙
③ 抗拒
④ 山頂
⑤ 增設

44

許久

① 結緣
② 官吏
③ 裏面
④ 虛構
⑤ 國祿

45

仁慈

① 丘陵
② 仁者
③ 均一
④ 救護
⑤ 體系

[46~47] 다음 괄호 속 한자(漢字)의 일자다음어(一字多音語) 중 다르게 발음되는 음(音)은 어느 것입니까?

46 ① 分(野)
② (野)蠻
③ 別(野)
④ 視(野)
⑤ (野)菜

47
① (昏)亂　② (昏)勉
③ (昏)迷　④ (昏)睡
⑤ (昏)絶

[48~57] 다음 단어들의 '( )'에 똑같이 들어갈 한자(漢字)로 알맞은 것은 어느 것입니까?

48
( )륜, ( )위, ( )로

① 誇　② 經
③ 示　④ 官
⑤ 衙

49
( )부, ( )모, 매( )

① 刮　② 目
③ 乖　④ 姑
⑤ 離

50
( )선, ( )직, 굴( )

① 魁　② 首
③ 快　④ 樂
⑤ 曲

51 ( )가, ( )천, 진( )

① 貴　　　　　　　　② 廊
③ 下　　　　　　　　④ 梅
⑤ 蘭

52 ( )번, ( )년, ( )래

① 露　　　　　　　　② 出
③ 今　　　　　　　　④ 空
⑤ 欄

53 ( )양, ( )급, ( )량

① 多　　　　　　　　② 路
③ 邊　　　　　　　　④ 救
⑤ 助

54 ( )검, ( )조, ( )명

① 廢　　　　　　　　② 短
③ 業　　　　　　　　④ 隆
⑤ 盛

55

( )박, ( )녹, ( )수

① 表　　　　　　　　② 裏
③ 智　　　　　　　　④ 淡
⑤ 慧

56

취( ), 이( ), ( )실

① 能　　　　　　　　② 得
③ 手　　　　　　　　④ 考
⑤ 察

57

( )력, ( )유, ( )경

① 蘭　　　　　　　　② 草
③ 浮　　　　　　　　④ 試
⑤ 驗

[58~65] 다음 한자어(漢字語)의 반대어(反對語) 또는 상대어(相對語)의 한자어(漢字語)는 무엇입니까?

58

拘禁

① 覇權　　　　　　　② 平靜
③ 包圍　　　　　　　④ 屯監
⑤ 釋放

59

拘束

① 慶弔
② 大膽
③ 放免
④ 脚光
⑤ 氷菓

60

求心

① 遠心
② 搜査
③ 飼育
④ 火木
⑤ 購買

61

君子

① 盜掘
② 小人
③ 人蔘
④ 箱子
⑤ 涉獵

62

屈服

① 糾明
② 養殖
③ 肝癌
④ 抵抗
⑤ 膽大

63

權利

① 謄寫　　　　　　　② 急騰
③ 義務　　　　　　　④ 全裸
⑤ 整理

64

僅少

① 獵銃　　　　　　　② 治療
③ 醫療　　　　　　　④ 硫黃
⑤ 過多

65

急性

① 慢性　　　　　　　② 厭症
③ 微力　　　　　　　④ 魅惑
⑤ 蔑視

[66~70] 다음 성어(成語)에서 '( )'에 들어갈 가장 적절한 한자(漢字)는 무엇입니까?

66

公明(　)大

① 價　　　　　　　　② 渡
③ 利　　　　　　　　④ 金
⑤ 正

67
朝令(　)改

① 暮　　② 座
③ 保　　④ 資
⑤ 産

68
家(　)人足

① 豊　　② 富
③ 紀　　④ 給
⑤ 錄

69
坐井(　)天

① 時　　② 觀
③ 空　　④ 超
⑤ 越

70
走馬加(　)

① 敎　　② 師
③ 殘　　④ 影
⑤ 鞭

[71~75] 다음 성어(成語)의 음(音)과 뜻풀이로 가장 알맞은 것은 무엇입니까?

71

進退維谷

① 진퇴유곡 : 빠져나갈 길이 많아짐
② 진퇴양난 : 빠져나갈 구멍이 전혀 없음
③ 진퇴양난 : 어떻게 해서든 빠져나감
④ 진퇴유곡 : 이러지도 저러지도 못하는 상황
⑤ 진퇴유곡 : 길이 많아서 어디로 갈지 모름

72

滄海一粟

① 창해일속 : 굉장히 눈에 띄임
② 창해일속 : 보잘 것 없어 보임
③ 창해일속 : 앞일은 누구도 모름
④ 창해일속 : 바다의 깊이가 굉장히 깊음
⑤ 창해일속 : 바다와 땅만큼의 차이

73

千慮一失

① 천편일률 : 일관성이 전혀 없음
② 천만다행 : 일어난 일 중에 그나마 괜찮음
③ 천천만만 : 굉장히 많음
④ 천편이률 : 사람마다 때론 실수가 있음
⑤ 천려일실 : 슬기로운 사람도 실수는 있음

74

天崩之痛

① 천붕지통 : 어떻게 해서든 방법이 생김
② 천붕지통 : 하늘이 무너지는 듯한 슬픔
③ 천붕지통 : 시간이 지나 아픔이 아물어짐
④ 천붕지통 : 천개의 봉우리들의 조합
⑤ 천붕지통 : 아파서 도저히 움직이지 못함

75

兎死狗烹

① 토사구팽 : 땅을 파다 결국 포기함
② 토사구팽 : 어떤 일이든 신중해야 함
③ 토사구팽 : 필요 없게 되어 버림
④ 토사구팽 : 초기부터 위기 상황
⑤ 토사구팽 : 한 번 믿으면 끝까지 감

[76~80] 다음 풀이된 문장에 해당하는 성어(成語)는 무엇입니까?

76

좀처럼 만나기 어려운 기회

① 首丘初心
② 守株待兎
③ 間於齊楚
④ 千載一遇
⑤ 宿虎衝鼻

77

한 평생을 흐리멍텅하게 살아감

① 我田引水
② 抑强扶弱
③ 醉生夢死
④ 四面楚歌
⑤ 悠悠自適

78

내버려두고 문제로 삼지 않음

① 自中之亂　　② 頂門一鍼
③ 衆寡不敵　　④ 千慮一失
⑤ 置之度外

79

예사로운 일

① 靑出於藍　　② 恒茶飯事
③ 貪官汚吏　　④ 泰山北斗
⑤ 畫蛇尖足

80

천하에 부끄러운 것이 없이 활짝 펴진 기운

① 浩然之氣　　② 好事多魔
③ 換骨奪胎　　④ 虛張聲勢
⑤ 破顔大笑

3 독해(讀解)

[81~86] 다음 문장에서 밑줄 그은 것에 해당하는 한자어(漢字語)는 무엇입니까?

81

현대 <u>사회</u>는 대도시 중심으로 발전하고 있다.

① 敷衍　　② 飼料
③ 陽傘　　④ 挿入
⑤ 社會

82
한국은 인구밀도가 극히 높다.

① 纖維　　　　② 試驗
③ 胃癌　　　　④ 密度
⑤ 液體

83
한국인의 평균수명은 점점 연장되고 있다.

① 金塊　　　　② 壽命
③ 妖邪　　　　④ 姙娠
⑤ 聖殿

84
노인인구가 증가해서 고령화 사회가 되었다.

① 彫刻　　　　② 高齡
③ 註解　　　　④ 診斷
⑤ 事典

85
산업의 발전은 우리의 생활수준을 향상시켰다.

① 遲滯　　　　② 炊事
③ 誕生　　　　④ 水準
⑤ 遍歷

86

| 최근 여가를 즐기는 양상이 다양해졌다. |

① 餘暇　　　　　　　② 發砲
③ 暴虐　　　　　　　④ 峽谷
⑤ 長靴

[87~92] 다음 문장에서 밑줄 친 한자어(漢字語)의 음(音)과 뜻풀이로 가장 맞는 것은 무엇입니까?

87

| 요새는 핵家族이 많아지고 있다. |

① 가정 : 가족 공동체
② 가사 : 가정에서의 할 일
③ 민족 : 같은 성향의 사람들끼리의 모임
④ 겨레 : 같은 구성원
⑤ 가족 : 가정에서의 구성원

88

| 현대는 情報화 사회이다. |

① 정책 : 앞으로의 공약을 이행함　　② 정신 : 생각이나 뜻
③ 정성 : 최선을 다함　　　　　　　④ 정확 : 굉장히 구체적임
⑤ 정보 : 상황에 대하여 알림

89

| 사회福祉 시설을 증설하는 것이 필요하다. |

① 복지 : 좋은 만족감　　　　　　② 복종 : 무조건 따름
③ 복무 : 일정기간을 있음　　　　④ 복안 : 다시 회복함
⑤ 복귀 : 다시 들어옴

90

| 사회保障제도가 잘 구비되어야 한다. |

① 보수 : 다시 잘 고침
② 보약 : 몸에 좋은 약재
③ 보강 : 새롭게 강화함
④ 보장 : 잘 지키며 보호함
⑤ 보충 : 부족한 것을 채움

91

| 사회복지를 于先하는 정책을 취한다. |

① 우려 : 걱정이 됨
② 우수 : 뛰어나게 잘함
③ 우선 : 먼저 해야 할 것
④ 우비 : 비가 올 때 대비함
⑤ 우등 : 앞서가 있음

92

| 障碍우를 위한 시설이 많아져야 한다. |

① 장소 : 모이는 곳
② 장마 : 비가 계속적으로 오는 시기
③ 장애 : 몸의 어떠한 부분이 불편함
④ 장사 : 물건을 사고 팜
⑤ 장원 : 시험에서 성적이 좋음

[93~95] 다음 문장에서 ( )에 들어갈 한자(漢字)와 반대(反對) 또는 상대(相對)되는 한자(漢字)는 무엇입니까?

93

( )도 15도당 1시간씩의 차이를 보인다.

① 虛　　② 緯
③ 郵　　④ 寄
⑤ 後

94

( )솔한 행동의 결과로 많은 피해들을 받았다.

① 盲　　② 家
③ 轉　　④ 高
⑤ 重

95

물건을 ( )정시키고 움직이지 않게 했다.

① 立　　② 推
③ 動　　④ 激
⑤ 始

[96~98] 다음 문장에서 한자어(漢字語)의 한자표식(漢字表記式)이 맞는 것은 무엇입니까?

96

① 賓坤의 ② 遠仁은 때론 ③ 事灰 ④ 電滯의 ⑤ 問題인 경우가 많다.

97 ①奴東 ②環境이 좋아지면 ③省山성이 ④響尙되어 ⑤二盆이 창출된다.

98 ①居大한 ②組織 속에서 ③人看은 서로 ④鳥花를 이루며 일을 ⑤海結해 간다.

[99~101] 다음 문장에서 밑줄 친 한자어(漢字語)와 뜻이 반대어(反對語) 또는 상대어(相對語)가 되는 한자어(漢字語)의 음(音)은 무엇입니까?

99 경기가 살아날 것이라는 <u>高調</u>된 분위기가 생겼다.

① 고립　　② 고수
③ 저조　　④ 저하
⑤ 고생

100 <u>空想</u>만화영화에서 일어날 만한 일이 일어났다.

① 현안　　② 상충
③ 상상　　④ 현실
⑤ 현재

101 <u>過激</u>한 언행으로 많은 피해를 주었다.

① 온건　　② 온정
③ 격투　　④ 전투
⑤ 전쟁

[102~104] 다음 문장에서 밑줄 친 단어(單語)나 어구(語句)의 뜻과 반대되는 반대어(反對語) 또는 상대어(相對語)의 한자어(漢字語)는 무엇입니까?

102

어두컴컴한 장소에서 벗어나야 한다.

① 均衡
② 斬刑
③ 翰林
④ 衷心
⑤ 光明

103

사람들에게 못나고 비열한 행동을 해서는 절대 안 된다.

① 步哨
② 巧妙
③ 遞信
④ 撤去
⑤ 藥劑

104

머리에서 미루어서 짐작하는 생각들에서 벗어나서 실천할 것들을 찾아야 한다.

① 沮害
② 耽溺
③ 最善
④ 具體
⑤ 焦點

[105~107] 다음 글을 읽고 물음에 답하시오.

사람의 만남은 정말 중요하다. 그리고 만남 가운데서 서로를 ㉠尊重하며 인정해 주는 것은 더 중요하다. ㉡猜忌, ㉢嫉妬하며 끌어내리기 위해 ㉣노력하기 보단 오히려 박수 쳐주며 배우는 자세로 ㉤대우한다면 서로의 ㉥발전이 있을 것이다. 그것이 마음으로 깨닫기까지 시간이 걸릴지라도 노력해야 한다. 다른 사람이 나를 밀어내는 것이 아니라, ㉦사실은 본인이 다른 사람들과 ㉧장벽을 쌓는 것이다.

105 ㉠'尊重'의 음(音)으로 옳은 것은?
① 존재
② 존위
③ 존폐
④ 존중
⑤ 존엄

106 ㉡'猜忌'과 ㉢'嫉妬'의 음(音)으로 짝지은 것은?
① 시기-질식
② 시샘-질투
③ 시기-질서
④ 시기-진척
⑤ 시기-질투

107 ㉣~㉧ 중에서 한자 표시가 옳은 것은?
① ㉣路力
② ㉤待友
③ ㉥發展
④ ㉦社實
⑤ ㉧張壁

[108~110] 다음 글을 읽고 물음에 답하시오.

어떤 일에든 ㉠最善을 다한다면 ㉡後悔가 없을 것이다. ㉢結果가 어떻게 되든 주어진 상황에 혼신의 힘을 다하는 것은 정말 중요하다. 하지도 않고 생각만 하고 ㉣實踐이 없다면 그것만큼 안타까운 일도 없을 것이다.

108 ㉠'最善'과 ㉡'後悔'의 음(音)으로 옳은 것은?
① 최선-후회
② 최고-후회
③ 최적-후회
④ 최선-후퇴
⑤ 최선-후보

109 ⓒ'結果'의 '結'와 같은 한자를 사용하지 않은 것은?
① 결혼
② 해결
③ 동결
④ 결론
⑤ 결합

110 ㉣'實踐'의 '實'와 같은 한자를 사용하지 않는 것은?
① 현실
② 실수
③ 확실
④ 실시
⑤ 실제

[111~115] 다음 글을 읽고 물음에 답하시오.

난장이인 아버지, 그리고 어머니와 영수·영호·영희는 온갖 어려움을 ㉠克服하며 하루하루를 힘겹게 살아가는 ㉡도시의 ㉢빈민 ㉣계층이다. 실낱같은 ㉤기대감 속에서 ㉥천국을 꿈꾸지만 재개발 사업으로 인해 집이 철거되자 어려움에 처한다.
행복동 주민들은 대부분 투기업자에게 ⓐ入住權을 팔고 동네를 떠나게 된다. 난장이 가족도 투기업자에게 입주권을 팔지만 ⓑ傳貰 값을 갚고 나니 남는 것이 없다. 어머니와 영수는 공장에 나가 일하고, 영희와 영호는 학교를 그만두게 된다. 영희는 집을 나가 투기업자 사무실에서 일하다가 ⓒ투기업자에게 순결을 빼앗긴다. 이에 영희는 투기업자로부터 입주권과 돈을 가지고 돌아오지만 아버지는 자살한 뒤였다.

111 ㉠'克服'의 음(音)으로 옳은 것은?
① 극기
② 극복
③ 극강
④ 극명
⑤ 극정

112 ㉡~㉥ 중에서 올바르게 쓰인 한자 표시로 맞는 것은?
① ㉡道時
② ㉢貧悶
③ ㉣戒層
④ ㉤期代
⑤ ㉥天國

113 ⓐ'入住'의 음(音)으로 옳은 것은?

① 입주
② 입수
③ 입시
④ 입사
⑤ 입출

114 ⓑ'傳貰'의 음(音)으로 옳은 것은?

① 전망
② 전위
③ 전세
④ 전쟁
⑤ 전수

115 ⓒ'투기'에서 '기'의 한자(漢字)의 부수로 옳은 것은?

① 手
② ⺿
③ 車
④ 木
⑤ 火

[116~120] 다음 글을 읽고 물음에 답하시오.

> 낙화는 '낙화'와 '결별'의 두 축이 ㉠유사성에 의해 결합되면서 ㉡시상이 전개된다. 꽃이 피고 지는 것은 자연의 ㉢섭리이며 거역할 수 없는 운명이다. 봄에서 이행되는 계절의 ㉣순환 또한 자연의 ㉤이치이다. 그러나 그것이 소멸만을 의미하지 않는다. 낙화는 ㉥결실을 위한 준비이다. '개화→낙화→결실'로 이어지는 변증법적 논리로 자연의 법칙을 파악하는 것이다. 그 자연의 ㉦법칙에 인생의 법칙이 투사된다. 인생도 '만남→헤어짐→더 큰 만남'으로 지양되어 간다고 여기는 것이다. 더 큰 만남을 예비하기 위해 헤어짐은 만남의 ㉧始作으로 그려지고 있는 것이다. 이형기(1933~2005), 시인. 초기에는 유미적, ㉨傳統적, 서정적 경향의 시를 쓰다가 후기에는 격정적이고 ㉩( )한 감각이 돋보이는 작품을 창작하였다. 시집에 〈적막강산〉, 〈풍선심장〉, 〈그 해 겨울의 눈〉 등이 있고, ㉪( )집에 〈바람으로 만든 조약돌〉이 있다.

116 ㉠'유사'의 한자어(漢字語)로 옳은 것은?

① 油砂
② 流砂
③ 類似
④ 遊絲
⑤ 遺嗣

117 ⓛ~ⓗ 중에서 올바르게 쓰인 한자 표시로 맞는 것은?

① ⓛ 匙上　　② ⓓ 葉利
③ ⓔ 純幻　　④ ⓜ 理致
⑤ ⓗ 結失

118 Ⓐ'법칙'의 한자어(漢字語)로 옳은 것은?

① 法則　　② 法勅
③ 法飭　　④ 法侙
⑤ 法忕

119 ⓞ'始作'와 Ⓩ'傳統'의 음(音)으로 옳은 것은?

① 시작-전수　　② 시선-전통
③ 시초-전통　　④ 시작-전수
⑤ 시작-전통

120 Ⓩ과 Ⓚ의 ( )에 들어갈 가장 적절한 한자어는?

① 發作-腦死　　② 銳利-隨筆
③ 保險-醫療　　④ 管理-格差
⑤ 停年-短縮

제9회 모의고사

정답 및 해설 P. 478

1 한자(漢字)

[1~2] 다음 획순(劃順)에 대한 설명으로 가장 적절한 한자는 어느 것입니까?

1

오른쪽 위의 점은 맨 마지막에 쓴다.

① 敬　　　　　　　② 拜
③ 讚　　　　　　　④ 伏
⑤ 揚

2

받침은 맨 나중에 쓴다.

① 仲　　　　　　　② 遊
③ 保　　　　　　　④ 祈
⑤ 禱

[3~4] 다음 한자(漢字)의 부수를 제외한 획수(劃數)는 모두 몇 획입니까?

3

對

① 11　　　　　　　② 12
③ 13　　　　　　　④ 14
⑤ 15

4

學

① 15 ② 14
③ 13 ④ 12
⑤ 11

[5~6] 다음 한자(漢字)의 부수(部首)와 다른 부수(部首)를 가지고 있는 한자(漢字)는 무엇입니까?

5

位

① 仁 ② 償
③ 像 ④ 合
⑤ 傷

6

存

① 孕 ② 孝
③ 孚 ④ 孟
⑤ 好

[7~8] 다음 한자(漢字)와 만들어진 방식이 같은 한자는 어느 것입니까?

〈보기〉川 : ① 産 ② 木 ③ 河 ④ 姜 ⑤ 會
〈보기〉에 제시된 한자 '川(시내에서 흐르는 물의 모양을 보고 만들었음)'처럼 사물의 모습을 보고 만든 상형자(象形字)는 '木(나무의 모습을 보고 만들었음)'이다. 따라서 정답 ②을 고르면 된다.

7

擧

① 建 ② 茫
③ 埋 ④ 妹
⑤ 媒

8

堅

① 猛 ② 肩
③ 盟 ④ 勉
⑤ 眠

[9~14] 다음 한자(漢字)의 음(音)으로 맞는 것은 어느 것입니까?

9

厚

① 훈 ② 헌
③ 후 ④ 하
⑤ 히

10

貨

① 한 ② 하
③ 활 ④ 화
⑤ 환

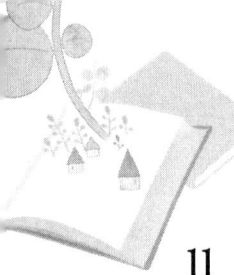

11

篇

① 폐
② 패
③ 포
④ 피
⑤ 편

12

派

① 파
② 판
③ 피
④ 프
⑤ 푸

13

就

① 초
② 치
③ 취
④ 차
⑤ 처

14

察

① 찬
② 찰
③ 치
④ 처
⑤ 차

[15~19] 다음 음(音)과 다른 한자는 무엇입니까?

15

| 도 |

① 到　　② 徒
③ 渡　　④ 船
⑤ 陶

16

| 동 |

① 凍　　② 社
③ 棟　　④ 桐
⑤ 銅

17

| 심 |

① 心　　② 深
③ 甚　　④ 審
⑤ 益

18

| 리 |

① 戒　　② 履
③ 梨　　④ 裏
⑤ 離

19

매

① 財　　② 每
③ 賣　　④ 買
⑤ 妹

[20~24] 다음 한자(漢字)와 음(音)이 다른 한자는 어느 것입니까?

20

南

① 男　　② 通
③ 藍　　④ 濫
⑤ 湳

21

傀

① 怪　　② 壞
③ 變　　④ 壞
⑤ 愧

22

奉

① 封　　② 峯
③ 逢　　④ 着
⑤ 蜂

23

上

① 家　　② 相
③ 想　　④ 商
⑤ 狀

24

沿

① 淵　　② 延
③ 燃　　④ 然
⑤ 路

[25~30] 다음 한자(漢字)의 훈(訓)은 무엇입니까?

25

藝

① 제소　　② 제재
③ 재기　　④ 재수
⑤ 재주

26

尊

① 느림　　② 빠름
③ 좋음　　④ 높음
⑤ 낮음

27

源

① 형태　　　② 상황
③ 형편　　　④ 근원
⑤ 맨끝

28

盡

① 다하다　　② 선하다
③ 그렇다　　④ 매기다
⑤ 원하다

29

額

① 고막　　　② 이마
③ 소장　　　④ 심장
⑤ 이자

30

備

① 홀리다　　② 뛰놀다
③ 갖추다　　④ 부르다
⑤ 여미다

[31~35] 다음의 훈(訓)을 가진 한자(漢字)는 무엇입니까?

31

| 쉬다 |

① 看
② 拒
③ 息
④ 潔
⑤ 努

32

| 높다 |

① 崇
② 擔
③ 覽
④ 留
⑤ 勉

33

| 베풀다 |

① 髮
② 負
③ 飛
④ 射
⑤ 設

34

| 바르다 |

① 屬
② 深
③ 緣
④ 正
⑤ 因

35

| 곧다 |

① 隱　　② 直
③ 居　　④ 忍
⑤ 耐

[36~40] 다음 한자(漢字)와 훈(訓)이 비슷한 한자는 어느 것입니까?

36

| 急 |

① 速　　② 志
③ 操　　④ 割
⑤ 讓

37

| 偶 |

① 縮　　② 約
③ 蒸　　④ 氣
⑤ 配

38

| 貧 |

① 榮　　② 譽
③ 窮　　④ 謹
⑤ 愼

39

層

① 恭 ② 謙
③ 妙 ④ 階
⑤ 技

40

鬪

① 補 ② 爭
③ 修 ④ 濕
⑤ 度

2 어휘(語彙)

[41~45] 다음 한자어(漢字語)와 同音異議語(동음이의어)는 어느 것입니까?

41

將兵

① 刻骨 ② 長兵
③ 拘束 ④ 策謀
⑤ 蜜蜂

42

保釋

① 周旋 ② 違憲
③ 懲罰 ④ 寶石
⑤ 忽然

43

史料

① 默想   ② 還給
③ 影響   ④ 硯滴
⑤ 思料

44

燃燒

① 散策   ② 削減
③ 年少   ④ 皮膚
⑤ 洗濯

45

官吏

① 管理   ② 曉天
③ 薦擧   ④ 枯葉
⑤ 桑海

[46~47] 다음 괄호 속 한자(漢字)의 일자다음어(一字多音語) 중 다르게 발음되는 음(音)은 어느 것입니까?

46 ① 反(省)   ② (省)禮
③ (省)察   ④ 自(省)
⑤ 感(省)

47
① (樂)山
② 娛(樂)
③ 苦(樂)
④ (樂)觀
⑤ (樂)園

[48~57] 다음 단어들의 '( )'에 똑같이 들어갈 한자(漢字)로 알맞은 것은 어느 것입니까?

48
영( ), 요( ), ( )격

① 遠
② 覽
③ 拍
④ 優
⑤ 指

49
최( ), 인( ), 접( )

① 確
② 往
③ 近
④ 射
⑤ 輪

50
( )곤, ( )혈, ( )약

① 息
② 頌
③ 職
④ 貧
⑤ 閑

51
( )귀, 치( ), ( )자

① 探　　　　　　　　② 賊
③ 辯　　　　　　　　④ 糧
⑤ 富

52
비( ), 곤( ), 재( )

① 滿　　　　　　　　② 難
③ 擔　　　　　　　　④ 監
⑤ 伏

53
안( ), 용( ), 간( )

① 厚　　　　　　　　② 貨
③ 篇　　　　　　　　④ 街
⑤ 易

54
( )용, ( )부, ( )각

① 內　　　　　　　　② 鷄
③ 假　　　　　　　　④ 謝
⑤ 深

55

소( ), ( )면, ( )모

① 援
② 擇
③ 外
④ 紅
⑤ 接

56

( )화, ( )충, ( )만

① 緩
② 源
③ 留
④ 缺
⑤ 果

57

긴( ), ( )등, ( )격

① 誘
② 急
③ 惑
④ 證
⑤ 據

[58~65] 다음 한자어(漢字語)의 반대어(反對語) 또는 상대어(相對語)의 한자어(漢字語)는 무엇입니까?

58

勝利

① 配偶
② 細腰
③ 侍從
④ 敗北
⑤ 善隣

59

相對

① 銳利　　　　　② 絕對
③ 尤甚　　　　　④ 潤澤
⑤ 危殆

60

感性

① 禍福　　　　　② 威脅
③ 透徹　　　　　④ 督促
⑤ 理性

61

抽象

① 具體　　　　　② 逐鹿
③ 奪取　　　　　④ 啓蒙
⑤ 爛漫

62

義務

① 雲霧　　　　　② 賜藥
③ 權利　　　　　④ 疾病
⑤ 運輸

63

原因

① 禽獸　　② 結果
③ 對照　　④ 柔順
⑤ 藍碧

64

內容

① 批評　　② 降伏
③ 浮沈　　④ 形式
⑤ 疲困

65

擴大

① 貯蓄　　② 污濁
③ 消費　　④ 聽從
⑤ 縮小

[66~70] 다음 성어(成語)에서 '( )'에 들어갈 가장 적절한 한자(漢字)는 무엇입니까?

66

(　　)底之蛙

① 載　　② 甘
③ 尙　　④ 井
⑤ 閉

67

信(　)必罰

① 哲　　　② 蒸
③ 笛　　　④ 顔
⑤ 賞

68

事必(　)正

① 凉　　　② 夢
③ 歸　　　④ 惜
⑤ 振

69

臨戰無(　)

① 退　　　② 兎
③ 跡　　　④ 遇
⑤ 仰

70

百折不(　)

① 坐　　　② 就
③ 珍　　　④ 屈
⑤ 拍

[71~75] 다음 성어(成語)의 음(音)과 뜻풀이로 가장 알맞은 것은 무엇입니까?

71

| 萬頃蒼波 |

① 만경창파 : 너무 많아서 알아볼 수 없음
② 만경창상 : 모양이 제각각임
③ 만경창파 : 한없이 넓고 맑은 물결
④ 만수무강 : 오래오래 삶
⑤ 만시지탄 : 때 늦은 후회를 함

72

| 大義名分 |

① 대의명분 : 떳떳한 명목
② 대의명분 : 때에 따라 유연하게 행동함
③ 대기만성 : 시간이 흐르면서 완성되어 감
④ 대리만족 : 대신해서 충분함을 느낌
⑤ 대동소이 : 큰 것이나 작은 것이나 비슷함

73

| 塞翁之馬 |

① 세한고절 : 꿋꿋한 기상
② 세상만사 : 세상의 모든 것들
③ 상전벽해 : 앞일은 정말 모름
④ 새옹지마 : 인생의 길흉화복을 알 수 없음
⑤ 선견지명 : 앞일을 아는 지혜

74

| 四面楚歌 |

① 사면초가 : 사방이 적들로 둘러 싸여 있음
② 사방팔방 : 이곳저곳으로 방향이 있음
③ 사경오서 : 네 번 읽고 다섯 본 글을 씀
④ 사분오열 : 분열되어 여러 갈래로 나뉨
⑤ 사생결단 : 지금 아니면 안되는 심정

75

破竹之勢

① 파죽지세 : 앞으로 전진하다 후퇴함
② 파죽지세 : 거침없이 앞으로 전진함
③ 파죽지세 : 준비를 철저히 함
④ 파죽지세 : 대나무를 베어 모아둠
⑤ 파죽지세 : 사람을 뚫어지게 쳐다봄

[76~80] 다음 풀이된 문장에 해당하는 성어(成語)는 무엇입니까?

76

허물을 고치고 새롭게 됨

① 十伐之木　　　　② 會者定離
③ 改過遷善　　　　④ 烏飛梨落
⑤ 同病相憐

77

갈급한 사람이 이것저것 찾음

① 一石二鳥　　　　② 渴而穿井
③ 漁父之利　　　　④ 錦衣還鄕
⑤ 緣木求魚

78

마음속에 뭔가를 숨기며 기회를 엿봄

① 百年河淸　　　　② 群鷄一鶴
③ 難兄難弟　　　　④ 囊中之錐
⑤ 南柯一夢

79

겉으로는 부드러우나 속으로는 강함

① 外柔內剛　　② 卓上空論
③ 麥秀之嘆　　④ 矛盾之說
⑤ 目不識丁

80

겉으로 있어 보이나 사실 아무것도 없음

① 反哺之孝　　② 錦上添花
③ 小貪大失　　④ 首丘初心
⑤ 虛張聲勢

3 독해(讀解)

[81~86] 다음 문장에서 밑줄 그은 것에 해당하는 한자어(漢字語)는 무엇입니까?

81

남북한의 활발한 <u>대화</u>가 필요하다.

① 規程　　② 災害
③ 踏査　　④ 對話
⑤ 危險

82

병의 <u>원인</u>을 알아야 제대로 고칠 수 있다.

① 恥辱　　② 柔軟
③ 原因　　④ 破壞
⑤ 勤勉

83

> 소설 같은 이야기들이 모두 <u>현실</u>이 되고 있다.

① 現實　　　② 割當
③ 負擔　　　④ 興奮
⑤ 包含

84

> <u>약속</u>을 잘 지키는 것이 사회생활의 기본이다.

① 貯蓄　　　② 貿易
③ 稱讚　　　④ 餘裕
⑤ 約束

85

> 나라가 어려울 때 훌륭한 <u>정치</u>가가 나온다.

① 修飾　　　② 技巧
③ 政治　　　④ 脫盡
⑤ 參照

86

> 지나친 물 <u>소비</u>를 자제해야 한다.

① 悠久　　　② 緊要
③ 禽獸　　　④ 鉛筆
⑤ 消費

[87~92] 다음 문장에서 밑줄 친 한자어(漢字語)의 음(音)과 뜻풀이로 가장 맞는 것은 무엇입니까?

87

자기가 삶을 뒤돌아보며 책을 <u>著述</u>했다.

① 저자 : 책을 쓴 사람 ② 저조 : 잘 되지 않음
③ 저항 : 끝까지 버팀 ④ 저술 : 책을 쓰며 기록함
⑤ 저당 : 뭔가 잡혀 있음

88

적이 쳐들어오자 <u>抵抗</u>하며 견디었다.

① 저수 : 물을 모아둠 ② 저격 : 누군가를 노림
③ 저림 : 어딘가 이상함 ④ 저항 : 막으며 버팀
⑤ 저렴 : 굉장히 낮은 가격

89

사람의 마음이 <u>恒常</u> 일관성을 가져야 한다.

① 항구 : 영원함 ② 항만 : 배가 정착함
③ 항시 : 늘 같음 ④ 항어 : 물고기를 모아둠
⑤ 항상 : 늘 한결 같음

90

가족을 <u>扶養</u>할 책임을 가지고 있다.

① 부양 : 들떠 있는 상태
② 부산 : 바빠서 이것저것 함
③ 부양 : 도와가며 양육함
④ 부정 : 부모님의 마음
⑤ 부족 : 결핍이 있음

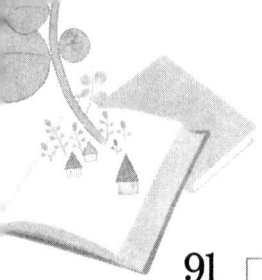

91

> 누군가 좌절을 할 때 반드시 <u>激勵</u>가 필요하다.

① 격하 : 아래로 후퇴함 ② 격려 : 힘써서 위로함
③ 격퇴 : 물리쳐 이김   ④ 격차 : 상대방과의 차이
⑤ 격동 : 상대방을 화나게 함

92

> 熟眠을 잘 취해야 건강에 좋다.

① 숙고 : 더 깊이 생각함 ② 숙면 : 잠을 잘 잠
③ 숙녀 : 성숙한 여성   ④ 숙소 : 잠잘 장소
⑤ 숙적 : 굉장히 괴롭힘

[93~95] 다음 문장에서 ( )에 들어갈 한자(漢字)와 반대(反對) 또는 상대(相對)되는 한자(漢字)는 무엇입니까?

93

> (   )황리에 올림픽 개막식이 열렸다.

① 衰   ② 海
③ 圓   ④ 非
⑤ 買

94

> (   )해를 볼지라도 연구투자비가 이루어져야 한다.

① 快   ② 鳥
③ 後   ④ 益
⑤ 庭

95

| 투(　)한 유리바다에서 순수함을 발견했다. |

① 背　　　　　　　　　② 暗
③ 算　　　　　　　　　④ 昨
⑤ 衆

[96~98] 다음 문장에서 한자어(漢字語)의 한자표식(漢字表記式)이 맞는 것은 무엇입니까?

96

| ①金年 겨울은 ②油別나게 춥고 ③爆設도 종종 내려 간혹 ④被害를 입은 ⑤支易도 있었다. |

97

| 요즘 ①農村에서는 ②貴農하는 ③仁九가 많아져 ④活曆을 얻고 있는 ⑤不分이 있다. |

98

| ①閑暇롭게 풀을 뜯는 ②目張의 ③風敬은 언제나 정겹고 ④秋億을 ⑤上基시킨다. |

[99~101] 다음 문장에서 밑줄 친 한자어(漢字語)와 뜻이 반대어(反對語) 또는 상대어(相對語)가 되는 한자어(漢字語)의 음(音)은 무엇입니까?

99

| 잘못된 <u>原因</u>을 찾고 바로 잡았다. |

① 결정　　　　　　　　② 결과
③ 원인　　　　　　　　④ 원만
⑤ 결국

100
躁急하게 처음 일을 하면 그릇 칠 수 있다.

① 조립　　　　　② 조급
③ 인내　　　　　④ 인생
⑤ 인구

101
농구선수들 사이에 있으면 <u>小人</u>이 된 것 같다.

① 소원　　　　　② 소망
③ 거룩　　　　　④ 거사
⑤ 거인

[102~104] 다음 문장에서 밑줄 친 단어(單語)나 어구(語句)의 뜻과 반대되는 반대어(反對語) 또는 상대어(相對語)의 한자어(漢字語)는 무엇입니까?

102
<u>길 따라 가야</u> 잃어버리지 않고 제대로 따라 갈 수 있다.

① 暫間　　　　　② 忍耐
③ 漠然　　　　　④ 逆行
⑤ 離散

103
<u>하얀</u> 색의 도화지에 물감을 뿌리며 그림을 그렸다.

① 黑色　　　　　② 潛在
③ 智慧　　　　　④ 弊習
⑤ 探索

104

> 부산에서 서울로 <u>올라가는</u> 길이 많이 막혔다.

① 雅樂 ② 幼稚
③ 下行 ④ 隱密
⑤ 印刷

[105~107] 다음 글을 읽고 물음에 답하시오.

> 자전에서 한자를 찾는데 길잡이 ㉠口實을 하는 부수는 한자를 ㉡性格별로 분류한 것이다. 가령 木의 부수의 材(재목 재), 植(심을 식) 등은 모두 나무와 관계가 되듯이 부수의 ㉢學習은 곧 한자의 ㉣이해와 직결이 된다. 한자학습의 ㉤핵심적 요건은 부수와 표음적 ㉥체계의 이해를 그 전제로 한다. 그리고 부수와 ㉦기본음을 통한 한자 학습은 흥미와 ㉧창의력에 도움이 될 것이다.

105 ㉠'口實'의 음(音)으로 옳은 것은?

① 구사 ② 구연
③ 구실 ④ 구조
⑤ 구문

106 ㉡'性格'과 ㉢'學習'의 음(音)으로 짝지은 것은?

① 성인-지존 ② 성화-자존
③ 성인-자신 ④ 성격-학습
⑤ 성화-자만

107 ㉣~㉧ 중에서 한자 표시가 옳은 것은?

① ㉣ 里解 ② ㉤ 核心
③ ㉥ 替界 ④ ㉦ 己本
⑤ ㉧ 昌義

[108~110] 다음 글을 읽고 물음에 답하시오.

내가 힘들면 다른 사람도 힘들다는 생각과 배려가 절실히 필요한 때인 것 같다. ㉠利己심과 ㉡貪慾이 계속적으로 ㉢持續된다면 서로 더불어 사는 사회는 ㉣想像조차 할 수 없게 될 것이다. 그러므로 배려가 절실히 필요한 시기이다.

108 ㉠'利己'과 ㉡'貪慾'의 음(音)으로 옳은 것은?

① 중요-사념　　② 중요-사치
③ 중성-사물　　④ 중요-사물
⑤ 이기-탐욕

109 ㉢'持續'의 '持'와 같은 한자를 사용하지 않은 것은?

① 의지　　② 유지
③ 지지　　④ 지속
⑤ 견지

110 ㉣'想像'의 '想'와 같은 한자를 사용하지 않는 것은?

① 대상　　② 예상
③ 발상　　④ 사상
⑤ 구상

[111~115] 다음 글을 읽고 물음에 답하시오.

오늘날에 와서는 차용어의 ㉠混入이 전무한 언어의 ㉡존재는 상상할 수도 없게 되었다. 그런데, 이 차용어가 지니는 긍정적 ㉢가치만을 지나치게 내세우는 주장과, 국어 ㉣발전에 미치는 저해요인만을 강조하는 차용어 ㉤배척론이 극단으로 대립함을 자주 보게 된다.
한국에서는 특히 한자어에 대하여 공과의 양론이 오랜 갈등을 계속하고 있거니와, 두 주장이 모두 지나친 미시적 ㉥분석에 의지하고 있고, 논지에 배치되는 ㉦事例에 대하여는 호도하는 자세를 취함으로써 사실의 올바른 이해를 더 어렵게 하고 있다. 이러한 상황에서 우리는 관찰적의 시각을 보다 넓혀야 하는 필요성을 느끼게 된다. 그러므로 ㉧綜合적인 ㉨관찰적 자세를 갖춤으로써 넓은 시야로 바라봐야 할 것이다.

111 ㉠'混入'의 음(音)으로 옳은 것은?

① 혼입
② 혼합
③ 혼란
④ 혼동
⑤ 혼인

112 ㉡~㉥ 중에서 올바르게 쓰인 한자 표시로 맞는 것은?

① ㉡ 尊材
② ㉢ 加治
③ ㉣ 拔全
④ ㉤ 排斥
⑤ ㉥ 粉石

113 ㉦'事例'의 음(音)으로 옳은 것은?

① 사순
② 예절
③ 사리
④ 예시
⑤ 사례

114 ㉧'綜合'의 음(音)으로 옳은 것은?

① 종기
② 종합
③ 분해
④ 분석
⑤ 종일

115 ㉨'관찰'에서 '찰'의 한자(漢字)의 부수로 옳은 것은?

① 示
② 癶
③ 宀
④ 广
⑤ ノ

[116~120] 다음 글을 읽고 물음에 답하시오.

현재 대학의 ㉠기능이 많이 바뀌고 있다. ㉡학문의 요람이라고 했지만 요새는 그런 말이 버거워 보인다. 현실에 발맞춰가며 ㉢순응하는 대학의 모습 속에서 현대 ㉣사회를 살아가는 우리 젊은이들의 모습을 ㉤발견하게 된다. 낭만보단 ㉥실리를 추구하고 점차 개인적으로 변해가는 모습이 더 많아지고 있는 듯하다. 대학에 와서도 끊임없는 경쟁을 통해 나아가는 모습이 더 심해지고 있는 것 같다. 그 속에서 ㉦본인이 무엇을 해야 할지 굳건한 비전이 없다면 ㉧情報의 홍수 속에서 쉽게 휩쓸려가기 쉬울 것이다. 많은 걱정과 ㉨念慮 속에서도 젊음이라는 힘을 가지고 이들은 살아간다. 비록 ㉩(　)의 녹록하지 않는 상황 속에서도 이겨나가는 대학생들을 ㉪(　)한다.

116 ㉠'기능'의 한자어(漢字語)로 옳은 것은?

① 企能　　　　　　② 機能
③ 基能　　　　　　④ 起能
⑤ 氣能

117 ㉡~㉥ 중에서 올바르게 쓰인 한자 표시로 맞는 것은?

① ㉡ 學汶　　　　　② ㉢ 巡應
③ ㉣ 社會　　　　　④ ㉤ 跋遣
⑤ ㉥ 失理

118 ㉦'본인'의 한자어(漢字語)로 옳은 것은?

① 本仁　　　　　　② 本認
③ 本忍　　　　　　④ 本引
⑤ 本人

119 ⓞ'情報'와 ⓩ'念慮'의 음(音)으로 옳은 것은?
① 정상-염려
② 정의-염려
③ 정보-염분
④ 정보-염려
⑤ 정보-염색

120 ⓩ과 ⓚ의 (   )에 들어갈 가장 적절한 한자어는?
① 現實-應援
② 曉星-稀薄
③ 播種-祝賀
④ 逢辱-誦詠
⑤ 勉勵-玉溪

제10회 모의고사

정답 및 해설 P. 487

1 한자(漢字)

[1~2] 다음 획순(劃順)에 대한 설명으로 가장 적절한 한자는 어느 것입니까?

1

| 바깥쪽부터 쓰고 안쪽을 쓴다. |

① 民
② 族
③ 福
④ 音
⑤ 固

2

| 왼쪽부터 쓰고 다음에 오른쪽으로 쓴다. |

① 寶
② 血
③ 順
④ 最
⑤ 高

[3~4] 다음 한자(漢字)의 부수를 제외한 획수(劃數)는 모두 몇 획입니까?

3

讀

① 14　　② 15
③ 16　　④ 17
⑤ 18

4

督

① 14　　② 12
③ 10　　④ 8
⑤ 6

[5~6] 다음 한자(漢字)의 부수(部首)와 다른 부수(部首)를 가지고 있는 한자(漢字)는 무엇입니까?

5

灰

① 煙　　② 然
③ 災　　④ 照
⑤ 談

6

折

① 獨　　② 拘
③ 拒　　④ 抗
⑤ 據

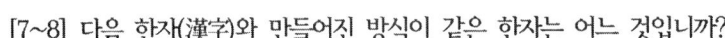

[7~8] 다음 한자(漢字)와 만들어진 방식이 같은 한자는 어느 것입니까?

〈보기〉 川 : ① 産 ② 木 ③ 河 ④ 姜 ⑤ 會
〈보기〉에 제시된 한자 '川(시내에서 흐르는 물의 모양을 보고 만들었음)'처럼 사물의 모습을 보고 만든 상형자(象形字)는 '木(나무의 모습을 보고 만들었음)'이다. 따라서 정답 ②을 고르면 된다.

7

歌

① 類 ② 街
③ 育 ④ 允
⑤ 尹

8

刻

① 宜 ② 疑
③ 却 ④ 義
⑤ 利

[9~14] 다음 한자(漢字)의 음(音)으로 맞는 것은 어느 것입니까?

9

燕

① 염 ② 여
③ 열 ④ 연
⑤ 역

10
殘

① 자   ② 잡
③ 잠   ④ 작
⑤ 잔

11
務

① 무   ② 문
③ 물   ④ 뭍
⑤ 묵

12
泉

① 처   ② 천
③ 척   ④ 첨
⑤ 철

13
往

① 알   ② 안
③ 와   ④ 왕
⑤ 완

14

常

① 사 ② 산
③ 상 ④ 삭
⑤ 삽

[15~19] 다음 음(音)과 다른 한자는 무엇입니까?

15

서

① 署 ② 敍
③ 誓 ④ 恕
⑤ 裂

16

행

① 行 ② 幸
③ 賀 ④ 杏
⑤ 悻

17

서

① 宿 ② 西
③ 書 ④ 徐
⑤ 序

18

도

① 道 ② 援
③ 度 ④ 都
⑤ 導

19

창

① 昌 ② 牧
③ 創 ④ 窓
⑤ 倉

[20~24] 다음 한자(漢字)와 음(音)이 다른 한자는 어느 것입니까?

20

英

① 永 ② 營
③ 舊 ④ 領
⑤ 寧

21

盛

① 性 ② 城
③ 聖 ④ 邊
⑤ 聲

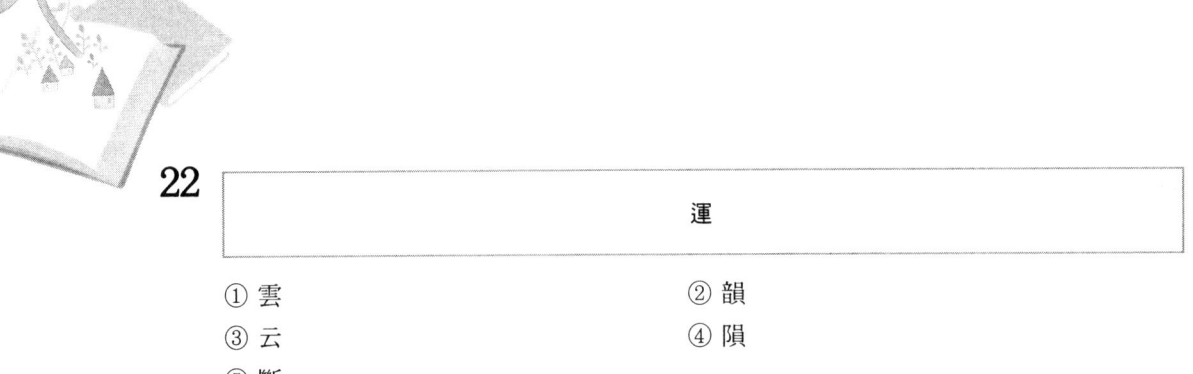

22

運

① 雲　　② 韻
③ 云　　④ 隕
⑤ 斷

23

子

① 自　　② 化
③ 者　　④ 資
⑤ 字

24

種

① 地　　② 綜
③ 鍾　　④ 終
⑤ 宗

[25~30] 다음 한자(漢字)의 훈(訓)은 무엇입니까?

25

屈

① 굽히다　　② 깊다
③ 접다　　　④ 많다
⑤ 적다

26
誠

① 일성 ② 산성
③ 이성 ④ 유성
⑤ 정성

27
威

① 위반 ② 엄수
③ 위헌 ④ 엄위
⑤ 위엄

28
悲

① 부르다 ② 슬프다
③ 기쁘다 ④ 부럽다
⑤ 일내다

29
振

① 상심 ② 일침
③ 떨침 ④ 오심
⑤ 재판

30

析

① 부수다 ② 먹히다
③ 재밌다 ④ 쪼개다
⑤ 웃기다

[31~35] 다음의 훈(訓)을 가진 한자(漢字)는 무엇입니까?

31

울다

① 荷 ② 匹
③ 編 ④ 哭
⑤ 顧

32

아침

① 懼 ② 旦
③ 拍 ④ 微
⑤ 衰

33

밝다

① 昭 ② 慰
③ 濯 ④ 奪
⑤ 該

34

번역하다

① 假　　② 看
③ 缺　　④ 端
⑤ 譯

35

뿌리

① 離　　② 舞
③ 株　　④ 秘
⑤ 素

[36~40] 다음 한자(漢字)와 훈(訓)이 비슷한 한자는 어느 것입니까?

36

連

① 息　　② 繫
③ 域　　④ 額
⑤ 原

37

憎

① 惡　　② 資
③ 雜　　④ 帝
⑤ 職

38

思

① 討   ② 確
③ 貨   ④ 想
⑤ 希

39

組

① 協   ② 波
③ 態   ④ 創
⑤ 織

40

履

① 積   ② 乳
③ 歷   ④ 逆
⑤ 設

2 어휘(語彙)

[41~45] 다음 한자어(漢字語)와 同音異議語(동음이의어)는 어느 것입니까?

41

問題

① 租稅   ② 飢餓
③ 文題   ④ 携帶
⑤ 遲刻

42

私用

① 陷沒　　② 需要
③ 激勵　　④ 硯滴
⑤ 使用

43

奉仕

① 奉事　　② 貢獻
③ 普遍　　④ 驅逐
⑤ 症狀

44

靈光

① 和睦　　② 磨滅
③ 柔軟　　④ 榮光
⑤ 征伐

45

醫師

① 播種　　② 義士
③ 薦擧　　④ 謀策
⑤ 卑賤

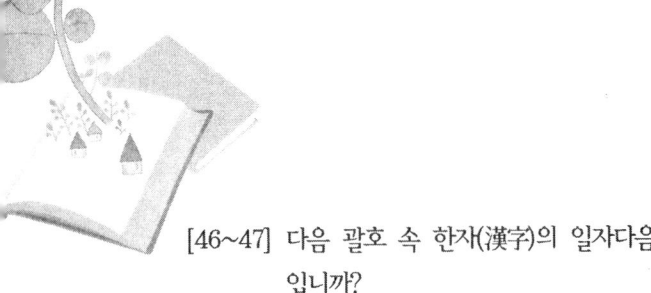

[46~47] 다음 괄호 속 한자(漢字)의 일자다음어(一字多音語) 중 다르게 발음되는 음(音)은 어느 것입니까?

46
① 變(更)　　② (更)迭
③ (更)生　　④ (更)新
⑤ (更)張

47
① (省)都　　② 略(省)
③ 歸(省)　　④ 猛(省)
⑤ 晨(省)

[48~57] 다음 단어들의 '( )'에 똑같이 들어갈 한자(漢字)로 알맞은 것은 어느 것입니까?

48
( )관, 성( ), 총( )

① 取　　② 長
③ 捨　　④ 衝
⑤ 擊

49
증( ), 추( ), 참( )

① 拘　　② 束
③ 訴　　④ 加
⑤ 訟

50

방( ), 운( ), 수( )

① 婚 ② 需
③ 漠 ④ 然
⑤ 送

51

감( ), 현( ), 수( )

① 賞 ② 興
③ 望 ④ 雲
⑤ 霧

52

이( ), 국( ), 수( )

① 逢 ② 辱
③ 益 ④ 伸
⑤ 張

53

( )접, 솔( ), 정( )

① 直 ② 愚
③ 問 ④ 鎭
⑤ 壓

54

진( ), 안( ), ( )숙

① 淨　　　　　② 靜
③ 化　　　　　④ 擴
⑤ 散

55

추( ), 해( ), 누( )

① 詐　　　　　② 欺
③ 濃　　　　　④ 落
⑤ 淡

56

( )부, ( )녕, ( )정

① 脈　　　　　② 安
③ 絡　　　　　④ 族
⑤ 譜

57

( )선, ( )투, ( )율

① 裝　　　　　② 飾
③ 戰　　　　　④ 尋
⑤ 訪

[58~65] 다음 한자어(漢字語)의 반대어(反對語) 또는 상대어(相對語)의 한자어(漢字語)는 무엇입니까?

58

近郊

① 銳敏　　② 興隆
③ 模倣　　④ 愚鈍
⑤ 遠郊

59

理性

① 削減　　② 頻繁
③ 感性　　④ 陳腐
⑤ 逢辱

60

質疑

① 應答　　② 宜當
③ 墨畵　　④ 積載
⑤ 飽滿

61

收入

① 濫伐　　② 支出
③ 曉星　　④ 奪還
⑤ 飢餓

62

平和

① 惜敗 ② 懇談
③ 廉潔 ④ 戰爭
⑤ 捕捉

63

需要

① 猶豫 ② 薦擧
③ 供給 ④ 雅淡
⑤ 洗濯

64

擴大

① 逐鹿 ② 欺罔
③ 汗蒸 ④ 謙虛
⑤ 縮小

65

入口

① 出口 ② 遊戲
③ 作家 ④ 雷聲
⑤ 勉勵

[66~70] 다음 성어(成語)에서 '( )'에 들어갈 가장 적절한 한자(漢字)는 무엇입니까?

66

百發百( )

① 稱　　② 讚
③ 沙　　④ 漠
⑤ 中

67

殺( )成仁

① 身　　② 犯
③ 罪　　④ 祝
⑤ 賀

68

馬( )東風

① 懇　　② 切
③ 隱　　④ 耳
⑤ 密

69

束( )無策

① 誘　　② 手
③ 惑　　④ 督
⑤ 促

70

自( )自得

① 有
② 惑
③ 維
④ 持
⑤ 業

[71~75] 다음 성어(成語)의 음(音)과 뜻풀이로 가장 알맞은 것은 무엇입니까?

71

隱忍自重

① 은인자중 : 대충 들으며 알아서 함
② 은인자중 : 신세를 갚기 위해 노력함
③ 은인자중 : 모든 것을 혼자 처리함
④ 은인자중 : 참으며 몸가짐을 조심함
⑤ 은인자중 : 막판에 힘이 빠져서 못함

72

酒池肉林

① 주지육림 : 아무것도 없음
② 주지육림 : 호화로운 술잔치
③ 주지육림 : 숲 속에 있는 아름다운 꽃
④ 주지육림 : 뭔가를 이해시킴
⑤ 주지육림 : 고기의 맛이 별로 없음

73

天方地軸

① 천방지축 : 주변이 굉장히 큼
② 천방지축 : 준비 없이는 아무것도 안됨
③ 천방지축 : 방마다 귀한 것들이 있음
④ 천방지축 : 함부로 덤비지 아니함
⑤ 천방지축 : 분별없이 함부로 덤비는 모양

74

天衣無縫

① 천의무봉 : 주변이 더러워서 치움
② 천의무봉 : 사물이 흠 없이 완전함
③ 천의무봉 : 어떤 옷이든 어울림
④ 천의무봉 : 계속적으로 공격을 시도함
⑤ 천의무봉 : 사람을 공경하고 위로함

75

竹馬故友

① 죽마고우 : 대나무 사이에 있는 꽃들
② 죽마고우 : 모든 관심을 받게 됨
③ 죽마고우 : 굉장히 친한 친구관계
④ 죽마고우 : 한 번 배우면 잊어먹지 않음
⑤ 죽마고우 : 갑작스런 관계형성을 경계함

[76~80] 다음 풀이된 문장에 해당하는 성어(成語)는 무엇입니까?

76

거침없는 기세

① 昏定晨省
② 膾炙人口
③ 會者定離
④ 破竹之勢
⑤ 後生可畏

77

겉과 속이 다름

① 百折不屈
② 家家戶戶
③ 表裏不同
④ 四面楚歌
⑤ 畫蛇尖足

78 | 부모가 이미 세상을 떠나 효도를 할 수 없음 |

① 事必歸正　　② 先見之明
③ 桑田碧海　　④ 手不釋卷
⑤ 風樹之嘆

79 | 임시변통으로 이리저리 둘러맞춤 |

① 水魚之交　　② 下石上臺
③ 守株待兎　　④ 莫無可奈
⑤ 厚顏無恥

80 | 몹시 기다림 |

① 鶴首苦待　　② 改善匡正
③ 感之德之　　④ 甘吞苦吐
⑤ 甲男乙女

3 독해(讀解)

[81~86] 다음 문장에서 밑줄 그은 것에 해당하는 한자어(漢字語)는 무엇입니까?

81 | <u>애국</u>가는 우리나라 국가이다. |

① 缺席　　② 突破
③ 貯蓄　　④ 警察
⑤ 愛國

82

제주도는 우리나라의 대표적인 관광지이다.

① 視聽　　　② 裁斷
③ 模範　　　④ 代表
⑤ 階段

83

2월은 졸업식의 달이다.

① 誇張　　　② 卒業
③ 復活　　　④ 裝飾
⑤ 懸賞

84

농촌에서 모내기 때 한창 바쁘다.

① 農村　　　② 餘裕
③ 雜誌　　　④ 選擇
⑤ 準備

85

역사소설에서는 배경이 특히 중요하다.

① 敗北　　　② 熱望
③ 退溪　　　④ 背景
⑤ 操縱

86

누가 뭐래도 독도는 우리나라 땅이다.

① 獨島　　　　　　　　② 豫測
③ 印刷　　　　　　　　④ 猛獸
⑤ 暗黑

[87~92] 다음 문장에서 밑줄 친 한자어(漢字語)의 음(音)과 뜻풀이로 가장 맞는 것은 무엇입니까?

87

환절기에는 특별히 健康에 유의해야 한다.

① 건강 : 몸 상태가 좋은 듯하나 아님
② 건강 : 굳세게 나가다가 다침
③ 건강 : 몸 상태가 점점 안 좋아짐
④ 건강 : 단단함
⑤ 건강 : 굳세고 편안함

88

한자공부가 必要할 때가 있다.

① 필요 : 요구사항이 많음　　　　② 필요 : 때때로 사용해야 함
③ 필요 : 현재는 가치가 없어서 묻어둠　④ 필요 : 언젠가는 사용함
⑤ 필요 : 반드시 요긴하게 쓰임

89

철수는 초등학교 敎師이다.

① 교사 : 학생들을 가르치는 스승　② 교사 : 앞을 향해 나감
③ 교사 : 스승과 제자 사이　　　　④ 교사 : 제자가 스승한테 물어봄
⑤ 교사 : 스승이 제자를 다독거림

90

| 恭遜한 태도를 계속 유지해야 한다. |

① 공손 : 빈손으로 찾아감
② 공손 : 함께 손을 잡고 나아감
③ 공손 : 당한대로 갚아줌
④ 공손 : 겸손한 자세를 보임
⑤ 공손 : 딱히 할 말이 없음

91

| 한국 야구는 인기 種目 중 하나이다. |

① 종목 : 눈으로 보이는 모든 것
② 종목 : 누군가를 계속 따라감
③ 종목 : 여러 가지 목록 중 하나
④ 종목 : 종을 치며 알림
⑤ 종목 : 많은 차례들을 줄임

92

| 피나는 努力은 결코 배신하지 않는다. |

① 노력 : 화를 내며 몰아붙임
② 노력 : 하나마나 된 상황
③ 노력 : 힘을 다해 집중함
④ 노력 : 아무렇게나 진행함
⑤ 노력 : 결과를 맹목적 없이 받아들임

[93~95] 다음 문장에서 ( )에 들어갈 한자어(漢字語)와 반대(反對) 또는 상대(相對)되는 한자어(漢字語)는 무엇입니까?

93

( )적 사고를 갖는 것은 배우 중요하다.

① 技術　　　　　　② 否定
③ 時急　　　　　　④ 使命
⑤ 世紀

94

( )된 상황을 바꾸려고 하는 것은 어리석다.

① 透視　　　　　　② 應用
③ 名譽　　　　　　④ 支援
⑤ 未決

95

( )한 아이디어가 절실히 필요할 때이다.

① 召命　　　　　　② 轉機
③ 平凡　　　　　　④ 就業
⑤ 專攻

[96~98] 다음 문장에서 한자어(漢字語)의 한자표식(漢字表記式)이 맞는 것은 무엇입니까?

96

①韓局은 ②勢計 ③京提의 새로운 ④均兄을 잡아가는 데 ⑤貢獻을 해야 한다.

97

국가 ① 才政의 ② 規模는 ③ 賣年 ④ 蒸價 ⑤ 秋世로 진행하고 있다.

98

대① 己業의 ② 對外 ③ 修出은 한국 ④ 毋力에 큰 도움을 ⑤ 器余하고 있다.

[99~101] 다음 문장에서 밑줄 친 한자어(漢字語)와 뜻이 반대어(反對語) 또는 상대어(相對語)가 되는 한자어(漢字語)의 음(音)은 무엇입니까?

99

<u>加害</u>를 했다면 반드시 용서를 구해야 한다.

① 가입 ② 가결
③ 피해 ④ 피신
⑤ 피난

100

어떤 상황에서든 <u>感情</u>적으로 해서는 안 된다.

① 감퇴 ② 감안
③ 감수 ④ 이성
⑤ 이상

101

<u>開放</u>적 문호개방에서는 반드시 분별해야 한다.

① 폐쇄 ② 폐인
③ 개입 ④ 개봉
⑤ 개량

[102~104] 다음 문장에서 밑줄 친 단어(單語)나 어구(語句)의 뜻과 반대되는 반대어(反對語) 또는 상대어(相對語)의 한자어(漢字語)는 무엇입니까?

102

홀수들의 합은 홀수가 나오지 않는다.

① 拔群　　② 孤寂
③ 付託　　④ 粟米
⑤ 偶數

103

굶주려 죽는 아프리카 아이들이 심각할 정도로 굉장히 많다.

① 毀損　　② 飽食
③ 麥芽　　④ 尖端
⑤ 廣漠

104

맑고 깨끗한 물을 마시는 것이 건강에 있어서 굉장한 축복이다.

① 嘗味　　② 慙愧
③ 穴居　　④ 汚染
⑤ 悔改

[105~107] 다음 글을 읽고 물음에 답하시오.

대한민국은 ㉠底力을 가지고 있는 나라이다. IMF를 거치며 금모으기를 통해 ㉡團合을 보여줬고 많은 나라들이 경제적 ㉢不況에 있을 때 유독 한국만이 그 속에서 빛을 내고 있다. ㉣원조를 받는 나라에서 ㉤지원하는 ㉥국가가 된 세계에서 ㉦유래를 찾아볼 수 없는 나라가 되었다. 이젠 우리도 뒤를 돌아보며 넉넉한 마음으로 베풀 때가 되었다. 대한민국 사람이라는 ㉧자부심을 가졌으면 한다.

105 ㉠'底力'의 음(音)으로 옳은 것은?
① 저자
② 저수
③ 저항
④ 저력
⑤ 저지

106 ㉡'團合'과 ㉢'不況'의 음(音)으로 짝지은 것은?
① 단합-활황
② 단합-상황
③ 단조-불황
④ 단순-불황
⑤ 단합-불황

107 ㉣~㉧ 중에서 한자 표시가 옳은 것은?
① ㉣原造
② ㉤志袁
③ ㉥國家
④ ㉦誘萊
⑤ ㉧字夫

[108~110] 다음 글을 읽고 물음에 답하시오.

작은 것에도 과연 ㉠感謝하고 있을까 뒤돌아보면 아닌 것 같다. ㉡健康한 몸과 주변을 살펴볼 수 있는 아량의 ㉢視野만 있어도 ㉣人生을 살아가는데 있어 보다 풍족해 질 것이다. 불평, 불만을 찾기보단 감사의 조건을 찾아보는 것은 어떨까?

108 ㉠'感謝'과 ㉡'健康'의 음(音)으로 옳은 것은?
① 감사-건강
② 감사-건승
③ 감수-건승
④ 감시-건강
⑤ 감사-건수

109 ⓒ'視野'의 '視'와 같은 한자를 사용하지 않은 것은?

① 무시
② 장시
③ 감시
④ 시각
⑤ 중시

110 ㉣'人生'의 '人'와 같은 한자를 사용하지 않는 것은?

① 개인
② 인내
③ 인물
④ 인사
⑤ 인권

[111~115] 다음 글을 읽고 물음에 답하시오.

눈물은 경어체를 사용하여 ㉠敬虔한 종교적 태도를 보이는 이 작품은 '눈물'이 인간의 가장 ㉡순수한 것이라고 노래하고 있다. 시인은 눈물이 오직 사람에게만 주어진 신의 ㉢은총이라고 여김으로써 슬픔을 종교적으로 ㉣승화시키고 있다.
김현승(1913~1975), 시인. 호는 남풍(南風), 다형(茶兄). 초기에는 자연의 ㉤예찬을 통한 ㉥민족적 낭만주의의 경향을 띠었으나, 8·15 광복 후에는 인간의 ㉦內面세계를 추구하는 기독교 신앙을 바탕으로 한 세계를 보여 주었고, 말기에는 사랑과 ㉧孤獨 등 인간의 ㉨본질을 추구하였다. 시집에 〈김현승시초(金顯承詩抄)〉, 〈옹호자(擁護者)의 노래〉, 〈견고한 고독〉, 〈절대고독〉 등이 있다.

111 ㉠'敬虔'의 음(音)으로 옳은 것은?

① 경사
② 경건
③ 경례
④ 경축
⑤ 경어

112 ㉡~㉥ 중에서 올바르게 쓰인 한자 표시로 맞는 것은?

① ㉡純水
② ㉢恩總
③ ㉣承化
④ ㉤倪贊
⑤ ㉥民族

113 ⓐ'内面'의 음(音)으로 옳은 것은?
① 내면
② 내수
③ 내일
④ 내우
⑤ 내구

114 ⓒ'孤獨'의 음(音)으로 옳은 것은?
① 고소
② 고립
③ 고독
④ 고성
⑤ 고민

115 ⓩ'본질'에서 '질'의 한자(漢字)의 부수로 옳은 것은?
① 一
② 目
③ 人
④ 貝
⑤ 水

[116~120] 다음 글을 읽고 물음에 답하시오.

박만도'는 삼대 ㉠독자인 아들 '진수'가 돌아온다는 통지를 받고 마음이 들떠서 서둘러 ㉡정거장으로 나간다. 그런데 그는 ㉢병원에서 ㉣퇴원해서 나온다는 아들의 상처에 불안한 마음을 떨쳐 버리지 못하고 걱정한다. 아들의 ㉤귀향 생각에 휩싸여 시간이 빨리 가기를 기다린다. 정거장 가는 길에 '진수'에게 주려고 고등어 두 마리를 산다. 정거장에서 기다리는 동안 '만도'는 징용에 끌려가 그곳에서 ㉥폭발사고로 인해 왼쪽 팔을 잃었던 것을 ⒶÂ회상한다. 기차가 도착하고 사람들이 내리기 시작하는데도 아들의 모습은 보이지 않자 '만도'는 ⒷÔ焦燥해진다. '아부지.'하고 부르는 소리에 뒤로 돌아선 '만도'는 다리를 하나 잃은 채 목발을 짚고 서 있는 아들을 보고 아찔해한다. '만도'는 ㉦憤怒를 씹으며 뒤도 안 돌아보고 걸어가다가 주막에 이르러 어찌할 수 없는 ㉨( )을 나타낸다. 이런 모습으로 어찌 살겠냐는 아들의 말에 '만도'는 집에 앉아서 할 일은 진수가 하고, 나다니며 할 일은 자기가 하면 된다고 하며 ㉩( )한다. 외나무다리에 이르러 '만도'는 머뭇거리는 '진수'에게 등에 업히라고 한다. '진수'는 지팡이와 고등어를 각각 한 손에 들고 아버지의 등에 슬그머니 업힌다. '만도'는 용케 몸을 가누며 조심조심 건너간다.

116 ㉠'독자'의 한자어(漢字語)로 옳은 것은?

① 毒刺 ② 讀者
③ 獨子 ④ 獨自
⑤ 獨者

117 ㉡~㉥ 중에서 올바르게 쓰인 한자 표시로 맞는 것은?

① ㉡ 丁據 ② ㉢ 炳遠
③ ㉣ 退園 ④ ㉤ 歸鄕
⑤ ㉥ 幅發

118 Ⓐ'회상'의 한자어(漢字語)로 옳은 것은?

① 回想 ② 回翔
③ 會商 ④ 繪像
⑤ 會上

119 ⓒ'焦燥'와 ⓩ'憤怒'의 음(音)으로 옳은 것은?
① 초조-분사
② 초조-분리
③ 초연-분노
④ 초순-분사
⑤ 초조-분노

120 ⓩ과 ㉠의 ( )에 들어갈 가장 적절한 한자어는?
① 依賴-顔色
② 父情-慰勞
③ 援助-觀察
④ 微妙-指揮
⑤ 繁榮-美貌

정답 및 해설

01 정답 및 해설

1.②	2.⑤	3.④	4.①	5.②	6.③	7.④	8.⑤	9.①	10.②
11.③	12.④	13.①	14.⑤	15.②	16.⑤	17.③	18.④	19.④	20.⑤
21.①	22.②	23.④	24.③	25.③	26.②	27.②	28.④	29.⑤	30.①
31.①	32.④	33.③	34.②	35.⑤	36.④	37.③	38.①	39.②	40.⑤
41.⑤	42.②	43.③	44.①	45.④	46.⑤	47.④	48.④	49.①	50.②
51.③	52.⑤	53.③	54.④	55.①	56.④	57.⑤	58.②	59.⑤	60.③
61.④	62.①	63.⑤	64.②	65.③	66.②	67.③	68.①	69.④	70.②
71.①	72.④	73.④	74.④	75.⑤	76.①	77.⑤	78.②	79.④	80.③
81.②	82.①	83.④	84.③	85.①	86.③	87.④	88.②	89.③	90.①
91.⑤	92.⑤	93.④	94.③	95.⑤	96.②	97.④	98.④	99.⑤	100.①
101.③	102.②	103.④	104.①	105.①	106.②	107.⑤	108.③	109.④	110.④
111.④	112.②	113.③	114.⑤	115.①	116.①	117.①	118.③	119.②	120.④

1 한자(漢字)

1 ① 석 삼 ② 뫼 산 ③ 윗 상 ④ 드리울 수 ⑤ 가르칠 훈

2 ① 글 서 ② 소리 음 ③ 복 복 ④ 큰 대 ⑤ 넉 사

3 ④ 모일 사(부수: 示)

4 ① 빽빽할 밀(부수: 宀)

5 선비 사(士) : ① 목숨 수 ② 길할 길(口) ③ 선비 사 ④ 북방 임 ⑤ 한 일

6 입 구(口) : ① 이름 명 ② 물을 문 ③ 높을 고(高) ④ 부를 소 ⑤ 맛 미

7 사귈 교 : ① 살 활 ② 남을 여 ③ 씨 핵 ④ 언덕 구(象形文字(상형문자)) ⑤ 뜻 정

8 구할 구 : ① 복 복 ② 보호할 보 ③ 글 장 ④ 근심할 우 ⑤ 입 구(象形文字(상형문자))

9 ① 가난할 빈

10 ② 힘쓸 로

11 ③ 짤 조

12 ④ 합할 합

13 ① 품삯 임

14 ⑤ 품팔 고

15 ① 거짓 가 ② 바 소 ③ 옳을 가 ④ 아름다울 가 ⑤ 가할 가

16 ① 사이 간 ② 간음할 간 ③ 간 간 ④ 새길 간 ⑤ 나아갈 취

17 ① 느낄 감 ② 거울 감 ③ 짤 조 ④ 덜 감 ⑤ 감히 감

18 ① 강할 강 ② 내릴 강 ③ 윌 강 ④ 머무를 정 ⑤ 강 강

19 ① 낄 개 ② 낱 개 ③ 다 개 ④ 바를 정 ⑤ 고칠 개

20 격식 격 : ① 칠 격 ② 격식 격 ③ 사이뜰 격 ④ 격문 격 ⑤ 값 가

21 주관할 관 : ① 거짓 가 ② 관계할 관 ③ 벼슬 관 ④ 집 관 ⑤ 볼 관

22 의원 의 : ① 옳을 의 ② 깨달을 각 ③ 뜻 의 ④ 의논할 의 ⑤ 의지할 의

23 집 각 : ① 각각 각 ② 뿔 각 ③ 새길 각 ④ 설 립 ⑤ 물리칠 각

24 평평할 평 : ① 평할 평 ② 들 평 ③ 갑옷 갑 ④ 부평초 평 ⑤ 바둑판 평

25 ③ 둘 치

26 ② 달아날 도

27 ② 피할 피

28 ④ 휘두를 휘

29 ⑤ 필 발

30 ① 가르칠 훈

31 ① 비율 률 ② 굳셀 강 ③ 빼앗을 탈 ④ 넘어질 도 ⑤ 둘 치

32 ① 풀 해 ② 꿈 몽 ③ 쾌할 쾌 ④ 곧을 직 ⑤ 알릴 보

33 ① 통할 통 ② 촛불 촉 ③ 들일 납 ④ 패할 패 ⑤ 하소연할 소

34 ① 대포 포 ② 얻을 득 ③ 손 수 ④ 하례할 하 ⑤ 예절 예

35 ① 빠질 함 ② 가라앉을 몰 ③ 막을 항 ④ 말씀 변 ⑤ 베풀 설

36 은혜 혜 : ① 빌 허 ② 생각할 상 ③ 섞을 혼 ④ 은혜 은 ⑤ 어지러울 란

37 살 생 : ① 기뻐할 환 ② 보낼 송 ③ 살 활 ④ 헐 훼 ⑤ 깨뜨릴 파

38 속일 기 : ① 속일 사 ② 얼 동 ③ 맺을 결 ④ 망령될 망 ⑤ 말씀 언

39 벗 우 : ① 모 묘 ② 벗 붕 ③ 나무 목 ④ 술괼 발 ⑤ 술지게미 효

40 나눌 분 : ① 분변할 변 ② 갚을 상 ③ 기울 보 ④ 도울 좌 ⑤ 나눌 별

2 어휘(語彙)

41 얼굴 용, 그릇 기 : ① 미칠 광, 사람 인 ② 가르칠 교, 도울 수 ③ 언덕 아, 아교 교 ④ 살 구, 들 입 ⑤ 날랠 용, 기운 기

42 의원 의, 스승 사 : ① 고을 동, 동굴 굴 ② 뜻 의, 생각할 사 ③ 우리 권, 바깥 외 ④ 대궐 궐, 문 문 ⑤ 길 궤, 길 도

43 빌 축, 법 전 : ① 얽힐 규, 탄알 탄 ② 쇠 철, 힘줄 근 ③ 빌 축, 번개 전 ④ 수증기 기, 배 선 ⑤ 진흙 니(이), 흙 토

44 두 재, 절 배 : ① 심을 재, 복돋을 배 ② 가늘 섬, 바 유 ③ 평평할 평, 온화할 온 ④ 터 대, 땅 지 ⑤ 도자기 도, 장인 공

45 느낄 감, 생각할 상 : ① 부를 초, 기다릴 대 ② 통할 통, 말씀 화 ③ 해 년(연), 길 장 ④ 거울 감, 상줄 상 ⑤ 장막 장, 장부 부

46 ① 북녘 북, 바람 풍 ② 남녘 남, 북녘 북 ③ 북녘 북, 나라이름 한 ④ 북녘 북, 방향 향 ⑤ 패할 패, 달아날 배

47 ① 살필 성, 살필 찰 ② 돌이킬 반, 살필 성 ③ 스스로 자, 살필 성 ④ 덜 생, 간략할 략 ⑤ 느낄 감, 살필 성

48 붕괴, 파괴, 괴고 : ① 생각할 사 ② 글월 문 ③ 큰 대 ④ 무너질 괴 ⑤ 좋을 호

49 붕어, 붕퇴, 붕락 : ① 무너질 붕 ② 해 년 ③ 기예 예 ④ 심할 극 ⑤ 펼 연

50 청년, 청청, 청산 : ① 지을 작 ② 푸를 청 ③ 그림 회 ④ 남길 유 ⑤ 아닐 불

51 벽공, 벽안, 벽해 : ① 전할 전 ② 추천할 추 ③ 푸를 벽 ④ 꾸밀 장 ⑤ 덜 감

52 증가, 추가, 참가 : ① 가르칠 교 ② 치우칠 편 ③ 물러날 퇴 ④ 배울 학 ⑤ 더할 가

53 급증, 증폭, 증식 : ① 층계 단 ② 섬돌 계 ③ 더할 증 ④ 주릴 기 ⑤ 주릴 아

54 의혹, 유혹, 현혹 : ① 오로지 전 ② 넓을 박 ③ 머무를 류 ④ 미혹할 혹 ⑤ 아이 아

55 미아, 혼미, 미로 : ① 미혹할 미 ② 따를 수 ③ 뜻 정 ④ 모양 세 ⑤ 나라 국

56 개각, 내각, 각료 : ① 부칠 기 ② 붙을 부 ③ 뒤 후 ④ 집 각 ⑤ 세대 세

57 망루, 문루, 경루 : ① 어른 장 ② 지아비 부 ③ 근거 거 ④ 들 거 ⑤ 다락 루

58 손님 객, 몸 체 : ① 지날 과, 갈 거 ② 주인 주, 몸 체 ③ 일 사, 뜻 정 ④ 쓸 고, 일할 로 ⑤ 스스로 자, 힘 력

59 굳셀 건, 편안할 강 : ① 이룰 성, 실과 과 ② 사이뜰 격, 어긋날 차 ③ 힘쓸 로(노), 힘 력 ④ 갈 거, 올 래 ⑤ 부드러울 유, 약할 약

60 클 거, 큰 대 : ① 기운 기, 나눌 분 ② 견줄 비, 견줄 교 ③ 작을 미, 작을 소 ④ 다시 갱, 날 생 ⑤ 다행 행, 돌 운

61 클 거, 부자 부 : ① 향할 향, 뒤 후 ② 정사 정, 꾀 책 ③ 얼굴 용, 참을 인 ④ 다할 극, 가난할 빈 ⑤ 정사 정, 다스릴 치

62 막을 거, 끊을 절 : ① 이길 승, 승낙할 낙 ② 사람 인, 길 도 ③ 접할 접, 닿을 촉 ④ 날 경, 건널 제 ⑤ 화합할 협, 힘 력

63 가벼울 경, 덜 감 : ① 볼 관, 빛 광 ② 기예 예, 재주 술 ③ 부를 초, 청할 청 ④ 공평할 공, 펼 연 ⑤ 더할 가, 무거울 중

64 세울 건, 베풀 설 : ① 사귈 교, 흐를 류 ② 깨뜨릴 파, 무너질 괴 ③ 대신할 대, 값 가 ④ 숨길 은, 숨길 폐 ⑤ 모양 자, 모양 세

65 마를 건, 마를 조 : ① 장차 장, 올 래 ② 알 인, 알 식 ③ 젖을 습, 습할 윤 ④ 공손할 공, 겸손할 손 ⑤ 겸손할 겸, 겸손할 손

66 감언이설 : 귀가 솔깃하도록 남의 비위를 맞추거나 이로운 조건을 내세워 꾐
① 붙을 부 ② 달 감 ③ 더할 가 ④ 값 가 ⑤ 값 치

67 견강부회 : 이치에 맞지 않는 말을 억지로 끌어 붙여 자기에게 유리하게 함
① 다툴 경 ② 다툴 쟁 ③ 붙을 부 ④ 맺을 계 ⑤ 맺을 약

68 백년하청 : 아무리 오랜 시일이 지나도 어떤 일이 이루어지기 어려움을 이름
① 물 하 ② 모을 종 ③ 합할 합 ④ 장사 상 ⑤ 모일 사

69 신언서판 : 인물을 선택하는데 표준으로 삼던 조건
① 관계할 관 ② 잇닿을 련 ③ 꾀할 기 ④ 글 서 ⑤ 업 업

70 주경야독 : 어려운 여건 속에서도 꿋꿋이 공부함
① 떨어질 령(영) ② 밭갈 경 ③ 가늘 세 ④ 끌 인 ⑤ 윗 상

71 ① 가르킬 지, 사슴 록, 될 위, 말 마

72 ④ 지날 과, 오히려 유, 아닐 불, 미칠 급

73 ④ 나아갈 진, 물러날 퇴, 버리 유, 골 곡

74 ④ 혼인 혼, 정할 정, 별 신, 살필 성

75 ⑤ 탐낼 탐, 벼슬 관, 오염될 오, 관리 리

76 ① 골육상쟁 : 동족끼리 서로 싸움
② 전화위복 : 화가 바뀌어 복이 됨
③ 일구월심 : 날이 오래고 달이 깊어짐
④ 천편일률 : 무슨 일이나 변화가 적음
⑤ 비몽사몽 : 꿈인지 생시인지 어렴풋함

77 ① 청출어람 : 제자가 스승보다 더 나음
② 금의환향 : 출세를 하여 고향으로 돌아감
③ 금지옥엽 : 귀여운 자손
④ 와신상담 : 원수를 갚거나 마음먹은 일을 이루기 위해 온갖 어려움과 괴로움을 참고 견딤.
⑤ 구사일생 : 꼭 죽을 지경을 당하였다가 살아남

78 ① 명약관화 : 틀림없이 뻔한 사실
② 군웅할거 : 저마다 세력을 떨치려고 날뜀
③ 목불식정 : 낫 놓고 기역자도 모름
④ 각골난망 : 입은 은혜에 대한 고마운 마음이 뼈에 새겨 잊혀지지 않음
⑤ 각주구검 : 미련하고 융통성이 없음

79 ① 계란유골 : 운수가 나쁜 사람이 좋은 기회를 만났으나 잘 안 됨
② 역지사지 : 처지를 바꾸어 생각함
③ 억강부약 : 강한 자를 누르고 약한 자를 도와 줌
④ 금상첨화 : 좋은 것 위에 더 좋은 것을 더함
⑤ 주마간산 : 자세히 보지 못하고 지나감

80 ① 죽마고우 : 어릴 때부터 같이 놀던 친한 친구
② 중구난방 : 여러 사람의 말은 막기 어려움
③ 금의야행 : 성공하였어도 그 보람이 없음
④ 지리멸렬 : 이리저리 흩어져 갈피를 잡을 수 없음
⑤ 천신만고 : 온갖 어려움

3. 독해(讀解)

81 ① 이웃 린(인), 가까울 근 ② 참석할 참, 정사 정 ③ 푸를 청, 푸를 청 ④ 사양할 사, 끊을 절 ⑤ 징계할 징, 경계할 계

82 ① 재물 재, 근원 원 ② 배 선, 배 박 ③ 영 령(영), 쉴 식 ④ 묶을 속, 묶을 박 ⑤ 부를 소, 목숨 명

83 ① 칠 벌, 캘 채 ② 임할 림(임), 자리 석 ③ 집 사, 사내 랑 ④ 과정 과, 세금 세 ⑤ 능할 능, 힘 력

84 ① 흰 백, 이슬 로 ② 우레 뢰(뇌), 소리 성 ③ 모일 회, 셈할 계 ④ 불 화, 화로 로 ⑤ 빠질 닉(익), 죽을 사

85 ① 깎을 삭, 덜 감 ② 서늘 할 량(양), 가을 추 ③ 서로 상, 덜 쇄 ④ 오줌 변, 바 소 ⑤ 재주 술, 꾀 책

86 ① 엮을 편, 무리 대 ② 엎드릴 복, 군사 병 ③ 땅 지, 모 방 ④ 막 막, 집 사 ⑤ 항복할 항, 엎드릴 복

87 ② 어길 위, 돌이킬 반

88 ② 징계할 징, 부릴 역

89 ③ 많을 다, 다할 극

90 ① 물어줄 배, 갚을 상

91 ⑤ 싸울 전, 다툴 쟁

92 ⑤ 남녘 남, 침노할 침

93 ① 부의 부, 거동 의 ② 강이름 심, 별 양 ③ 굳셀 강, 머리 수 ④ 아닐 부, 정할 정↔즐길 궁, 정할 정 ⑤ 평평할 평, 계집 양

94 ① 맑을 청, 나루 진 ② 정할 정, 신 신↔물건 물, 바탕 질 ③ 맡길 임, 열매 실 ④ 거느릴 통, 경영할 영 ⑤ 깊고 맑을 예, 마루 종

95 ① 종족이름 예, 북방민족 맥 ② 풀이름 울, 뫼 산 ③ 높을 고, 높을 창 ④ 고개 파, 고을 주 ⑤ 흙을 산, 있을 재↔빽빽할 밀, 모일 집

96 ① 問題(문제) ② 풀 해, 결단할 결 ③ 理解(이해) ④ 切實(절실) ⑤ 必要(필요)

97 ① 豊饒(풍요) ② 發展(발전) ③ 途上(도상) ④ 나라 국, 집 가 ⑤ 積極(적극)

98 ① 世界(세계) ② 人種(인종) ③ 人格(인격) ④ 대할 대, 짝 우 ⑤ 漫然(만연)

99 ⑤ 벗 우, 좋을 호↔적 적, 대할 대

100 ① 서로 상, 대할 대↔끊을 절, 대할 대

101 ③ 급할 급, 나아갈 진↔점점 점, 나아갈 진

102 ① 비옥할 옥, 내 천 ② 떠들 소, 어지러울 란↔정할 정, 엄숙할 숙 ③ 옛 구, 바를 정 ④ 새로울 신, 바를 정 ⑤ 으뜸 원, 아침 단

103 ① 다음 차, 법식 례 ② 해 년(연), 해 세 ③ 덕 덕, 말씀 담 ④ 아들 자, 바를 정↔바를 정, 낮 오 ⑤ 위 상, 으뜸 원

104 ① 떠나닐 표, 흐를 류↔정할 정, 붙을 착 ② 나라이름 한, 먹을 식 ③ 바다 양, 먹을 식 ④ 항상 상, 알 식 ⑤ 알 인, 알 식

105 ① 이을 접, 가까울 근

106 ② 모 방, 법 법 - 코끼리 상, 형상 형

107 ① 過程(과정) ② 漢字(한자) ③ 基本(기본) ④ 部分(부분) ⑤ 얽을 구, 만들 조

108 ③ 부릴 사, 쓸 용 - 일 사, 열매 실

109 꽃부리 영, 말씀 어 : ① 國語(국어) ② 言語(언어) ③ 語文(어문) ④ 御使(거느릴 어, 하여금 사) ⑤ 語塞(어색)

110 풍성할 풍, 성할 성 : ① 茂盛(무성) ② 旺盛(왕성) ③ 盛典(성전) ④ 精誠(정할 정, 정성 성) ⑤ 盛行(성행)

111 ④ 차례 질, 차례 서

112 ① 類似(유사) ② 나눌 분, 짝 배 ③ 資源(자원) ④ 抑止(억지) ⑤ 因習(인습)

113 ③ 들일 납, 얻을 득

114 ⑤ 홀로 고, 설 립

115 前轍(앞 전, 바퀴자국 철) : ① 칼 도 ② 설 립 ③ 높을 고 ④ 집 엄 ⑤ 갓 면

116 ① 나타날 현, 열매 실 ② 나갈 출, 지을 작 ③ 끊을 절, 대할 대 ④ 서로 상, 대할 대 ⑤ 날 생, 뿔 각

117 ① 다닐 행, 움직일 동 ② 實踐(실천) ③ 淸潔(청결) ④ 周邊(주변) ⑤ 親舊(친구)

118 ① 열매 실, 베풀 시 ② 베풀 시, 베풀 설 ③ 거짓 위, 착할 선 ④ 베풀 시, 다닐 행 ⑤ 베풀 시, 꾀 책

119 ② 평가할 평, 값 가 - 생각할 사, 생각할 고

120 ① 벗 우, 좋을 호 - 더할 증, 나아갈 진
② 공손할 공, 공손할 손 - 겸손할 겸, 공손할 손
③ 벗 우, 뜻 정 - 옳을 의, 다스릴 리
④ 관계할 관, 맬 계 - 고리 환, 지경 경
⑤ 복 복, 소리 음 - 전할 전, 길 도

02 정답 및 해설

1.③	2.①	3.⑤	4.②	5.③	6.④	7.⑤	8.①	9.②	10.③
11.④	12.⑤	13.②	14.①	15.③	16.①	17.④	18.⑤	19.⑤	20.①
21.②	22.③	23.⑤	24.④	25.④	26.③	27.③	28.⑤	29.①	30.②
31.②	32.⑤	33.④	34.③	35.①	36.⑤	37.④	38.②	39.③	40.①
41.①	42.③	43.⑤	44.②	45.⑤	46.①	47.⑤	48.⑤	49.②	50.③
51.④	52.①	53.④	54.⑤	55.②	56.⑤	57.①	58.③	59.①	60.④
61.⑤	62.②	63.①	64.③	65.④	66.③	67.④	68.②	69.⑤	70.③
71.②	72.⑤	73.①	74.③	75.①	76.②	77.①	78.③	79.⑤	80.④
81.③	82.②	83.⑤	84.④	85.②	86.④	87.③	88.③	89.④	90.②
91.①	92.①	93.⑤	94.③	95.①	96.③	97.⑤	98.⑤	99.①	100.⑤
101.⑤	102.③	103.⑤	104.②	105.②	106.③	107.①	108.④	109.⑤	110.⑤
111.⑤	112.③	113.④	114.①	115.②	116.①	117.②	118.④	119.③	120.④

1 한자(漢字)

1 ① 저 피 ② 나 아 ③ 아홉째 지지 신 ④ 벼루 연 ⑤ 물방울 적

2 ① 불 화 ② 더러울 오 ③ 물들일 염 ④ 슬플 애 ⑤ 기쁠할 환

3 ⑤ 칼 검(부수 : 刀(刂))

4 ② 소리 성(부수 : 耳)

5 아래 하(一) : ① 윗 상 ② 석 삼 ③ 지날 경(糸) ④ 또 차 ⑤ 고무레 정

6 탈 승(丿) : ① 이에 내 ② 오랠 구 ③ 어조사 호 ④ 공경할 경(攵) ⑤ 갈 지

7 달 감 : ① 뿔 각 ② 방패 간 ③ 갑옷 갑 ④ 어찌 기 ⑤ 아홉 구(지사문자(指事文字))

8 오랠 구 : ① 이에 내(지사문자(指事文字)) ② 갈 거 ③ 수레 거 ④ 수건 건 ⑤ 개 견

9 ② 공평할 공

10 ③ 집 관

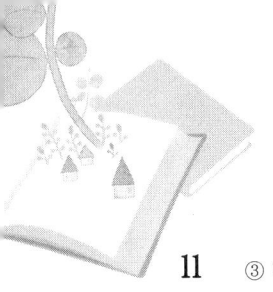

11 ③ 백성 민

12 ④ 일어날 기

13 ② 호소할 소

14 ① 가지 조

15 ① 물 수 ② 셈 수 ③ 고울 선 ④ 보낼 수 ⑤ 물가 수

16 ① 밝을 명 ② 장인 공 ③ 공평할 공 ④ 빌 공 ⑤ 구멍 공

17 ① 판 국 ② 국화 국 ③ 국문할 국 ④ 맑을 청 ⑤ 누룩 국

18 ① 살 거 ② 들 거 ③ 갈 거 ④ 클 거 ⑤ 깨끗할 결

19 ① 빚 채 ② 성씨 채 ③ 나물 채 ④ 채색 채 ⑤ 굴대 축

20 머리 수 : ① 물결 파 ② 손 수 ③ 목숨 수 ④ 받을 수 ⑤ 닦을 수

21 함께 공 : ① 공 공 ② 글 장 ③ 칠 공 ④ 이바지할 공 ⑤ 공손할 공

22 고를 균 : ① 버섯 균 ② 서른 근 균 ③ 나라 국 ④ 대나무 균 ⑤ 고를 균

23 막을 거 : ① 근거 거 ② 상거할 거 ③ 수레 거 ④ 개천 거 ⑤ 한 한

24 가죽 피 : ① 입을 피 ② 피할 피 ③ 피곤할 피 ④ 캘 채 ⑤ 저 피

25 ④ 막을 방

26 ③ 방패 간

27 ③ 바칠 공

28 ⑤ 합할 합

29 ① 군사 군

30 ② 호반 무

31 ① 진흙 도 ② 씨 핵 ③ 베 포 ④ 베낄 등 ⑤ 근본 본

32 ① 우러를 앙 ② 오를 등 ③ 반 반 ④ 전라 라 ⑤ 나눌 분

33 ① 불릴 연 ② 젖 유 ③ 사냥 렵 ④ 긴할 긴 ⑤ 개 견

34 ① 치료할 료 ② 기를 양 ③ 권세 권 ④ 같을 동 ⑤ 동료 료

35 ① 정도 도 ② 그릇될 오 ③ 그릇될 류 ④ 마귀 마 ⑤ 귀신 귀

36 사모할 모 : ① 큰 대 ② 매달 현 ③ 어려울 난 ④ 홀로 독 ⑤ 사모할 련

37 살필 찰 : ① 날 경 ② 재물 자 ③ 꾀할 기 ④ 살필 심 ⑤ 재물 재

38 이을 련 : ① 나라 국 ② 이을 락 ③ 전할 전 ④ 저자 시 ⑤ 좋을 호

39 말씀 언 : ① 경치 경 ② 느릴 완 ③ 말씀 설 ④ 두려울 공 ⑤ 윗 상

40 누를 억 : ① 누를 압 ② 가리킬 지 ③ 통할 통 ④ 쇠 금 ⑤ 쌓을 저

2 어휘(語彙)

41 큰 대, 일 사 : ① 큰 대, 하여금 사 ② 어미 마, 어미 마 ③ 도깨비 매, 힘 력 ④ 가벼울 경, 업신여길 멸 ⑤ 모자 모, 아들 자

42 높을 고, 맑을 아 : ① 어지러울 문, 어지러울 란 ② 같을 동, 짝 반 ③ 홀로 고, 아이 아 ④ 섞을 혼, 지을 방 ⑤ 치우칠 편, 후미질 벽

43 싫을 염, 증세 증: ① 덜 감, 녹 봉 ② 꿰멜 봉, 합할 합 ③ 보일 시, 부추길 사 ④ 불탈 염, 찔 증 ⑤ 놓을 방, 먹일 사

44 처음 초, 잃을 상: ① 뫼 산, 인산 삼 ② 닮을 초, 형상 상 ③ 상서 서, 빛 광 ④ 오로지 전, 세낼 세 ⑤ 콩팥 신, 오장 장

45 잃을 실, 정사 정: ① 누를 압, 힘 력 ② 이끌 야, 일어날 기 ③ 미리 예, 갖출 비 ④ 품팔 고, 품팔이 용 ⑤ 열매 실, 뜻 정

46 ① 표 표, 기록할 지 ② 알 인, 알 식 ③ 뜻 의, 알 식 ④ 알 지, 알 식 ⑤ 항상 상, 알 식

47 ① 읽을 독, 글 서 ② 읽을 독, 놈 자 ③ 정할 정, 읽을 독 ④ 밝을 랑(낭), 읽을 독 ⑤ 글귀 구, 구두 두

48 증거, 검증, 방증 ① 물을 자 ② 물을 문 ③ 훔칠 절 ④ 훔칠 도 ⑤ 증거할 증

49 폭력, 폭증, 횡포 ① 모을 종 ② 사나울 폭 ③ 합할 합 ④ 쇠부어만들 주 ⑤ 모양 형

50 투자, 투기, 투표 ① 가루 분 ② 먼지 진 ③ 던질 투 ④ 열 십 ⑤ 한쪽 척

51 무역, 무미, 무매 ① 그으릴 초 ② 점 점 ③ 줄 부 ④ 무역할 무 ⑤ 부탁할 탁

52 관련, 관계, 기관 ① 관계할 관 ② 아이밸 태 ③ 소반 반 ④ 치우칠 편 ⑤ 무거울 중

53 자신, 자유, 자체 ① 던질 포 ② 버릴 기 ③ 군사 군 ④ 스스로 자 ⑤ 함대 함

54 정치, 치료, 치유 ① 허깨비 환 ② 그림자 영 ③ 짧을 단 ④ 가죽신 화 ⑤ 다스릴 치

55 경시, 경박, 경중 ① 본뜰 모 ② 가벼울 경 ③ 거푸집 형 ④ 항구 항 ⑤ 입 구

56 계속, 계승, 중계 ① 사당 묘 ② 마루 종 ③ 씨 종 ④ 모 묘 ⑤ 이을 계

57 관광, 관측, 객관 ① 볼 관 ② 길 장 ③ 책 편 ④ 손바닥 장 ⑤ 조각 편

58 지날 과, 칠 격: ① 막을 차, 끓을 단 ② 인정할 인, 승인할 준 ③ 편안할 온, 굳셀 건 ④ 속마음 충, 뜻 정 ⑤ 땅 지, 굴대 축

59 벼슬 관, 높을 존 : ① 백성 민, 낮을 비 ② 초 초, 바늘 침 ③ 거둘 철, 거둘 수 ④ 옮길 추, 나아갈 진 ⑤ 좁을 협, 작을 소

60 빛 광, 밝을 명 : ① 처음 초, 조류 조 ② 슬플 비, 느낄 감 ③ 당길 섭, 다스릴 리 ④ 어두울 암, 검을 흑 ⑤ 멀 원, 사이뜰 격

61 원만할 원, 무르익을 숙 : ① 군사 군, 가죽신 화 ② 막힐 체, 바칠 납 ③ 얽힐 규, 밝을 명 ④ 펼 부, 땅 지 ⑤ 옹졸할 졸, 못할 렬

62 잡을 구, 금할 금 : ① 대상자 비, 도둑 적 ② 풀 석, 놓을 방 ③ 펼 부, 넘칠 연 ④ 깨드릴 파, 격식 격 ⑤ 파할 파, 직업 직

63 잡을 구, 묶을 속 : ① 놓을 방, 면할 면 ② 엮을 편, 이룰 성 ③ 폐할 폐, 새길 간 ④ 옳을 가, 두려울 공 ⑤ 더할 가, 치료할 료

64 공 구, 마음 심 : ① 매울 가, 꾸짖을 책 ② 매울 가, 법 법 ③ 멀 원, 마음 심 ④ 뛸 도, 뛸 약 ⑤ 홀로 독, 마를 재

65 임금 군, 아들 자 : ① 여러 루(누), 더할 가 ② 능할 능, 비율 률 ③ 무리 당, 인원 원 ④ 작을 소, 사람 인 ⑤ 다시 갱, 소생할 소

66 어부지리 : 둘이 다투는 토에 제3자가 이익을 봄
① 고기 어 ② 말씀 어 ③ 물고기 잡을 어 ④ 옥 어 ⑤ 거느릴 어

67 목불인견 : 눈으로 차마 볼 수 없음
① 나무 목 ② 칠 목 ③ 화목할 목 ④ 눈 목 ⑤ 머리감을 목

68 각골난망 : 뼈에 새길 정도로 은혜에 대해 잊지 아니함
① 어지러울 란 ② 어려울 난 ③ 난초 란 ④ 더울 난 ⑤ 알 란

69 각주구검 : 미련하여 융통성이 없음
① 검소할 검 ② 검사할 검 ③ 눈꺼풀 검 ④ 비녀장 검 ⑤ 칼 검

70 결초보은 : 죽어서도 은혜를 잊지 않고 갚음
① 지킬 보 ② 보배 보 ③ 갚을 보 ④ 넓을 보 ⑤ 걸음 보

71 ② 능할 능, 작을 소, 능할 능, 큰 대

72 ⑤ 홑 단, 칼 도, 곧을 직, 들 입

73 ③ 밝을 명, 거울 경, 그칠 지, 물 수

74 ③ 말씀 어, 아니 불, 이룰 성, 말씀 설

75 ① 말씀 언, 가운데 중, 있을 유, 뼈 골

76 ① 박이부정 : 넓게 아나 정밀하지 못함
    ② 오월동주 : 적대되는 자끼리 한 자리에 모임
    ③ 생면부지 : 전혀 알지 못하는 사람
    ④ 갑남을녀 : 보통 평범한 사람들
    ⑤ 흥진비래 : 흥겨움이 다하면 슬픔이 옴

77 ① 요산요수 : 산수의 경치를 즐김
    ② 궁여지책 : 궁한 끝에 내는 한가지 꾀
    ③ 경국지색 : 나라를 기울게 할 만큼 빼어난 미인
    ④ 고군분투 : 외로운 군대가 최선을 다해 싸움
    ⑤ 구절양장 : 꾸불꾸불한 산골길

78 ① 근묵자흑 : 먹을 가까이 하면 검어짐
    ② 금과옥조 : 아주 귀중한 법칙
    ③ 유비무환 : 미리 준비를 하면 나중에 우환이 없음
    ④ 금지옥엽 : 임금의 집안과 자손
    ⑤ 사상누각 : 실현불가능한 일

79 ① 능소능대 : 작은 일도 큰 일도 능히 할 수 있음
    ② 동문서답 : 묻는 말에 엉뚱한 대답을 함
    ③ 금란지교 : 굉장히 친함
    ④ 금의야행 : 보람없는 행동
    ⑤ 유유상종 : 끼리끼리 사귐

80 ① 오합지졸 : 어중이떠중이
    ② 일맥상통 : 성격이나 솜씨가 서로 잘 통함
    ③ 일사불란 : 질서가 정연하여 조금도 어지러움이 없음
    ④ 이심전심 : 마음으로 마음에 전함
    ⑤ 임기응변 : 어떤 상황에서 임시변통으로 일을 마침

3 독해(讀解)

81 ① 기이할 괴, 뜻 의 ② 군사 군, 모자 모 ③ 윗 상, 임금 제 ④ 칡 갈, 베 포 ⑤ 놀랄 경, 탄식할 탄

82 ① 마를 건, 인삼 삼 ② 곧 즉, 자리 위 ③ 미칠 광, 오를 등 ④ 결정할 결, 건널 제 ⑤ 다툴 경, 나아갈 진

83 ① 틀 기, 굴대 축 ② 훔칠 도, 들을 청 ③ 많을 다, 이마 액 ④ 대답할 답, 말 사 ⑤ 권세 권, 힘 력

84 ① 더할 가, 멜 담 ② 더할 가, 보호할 호 ③ 보낼 치, 죽을 사 ④ 훔칠 도, 도적 적 ⑤ 잊을 망, 물리칠 각

85 ① 꾀 모, 빠질 함 ② 싸울 투, 다툴 쟁 ③ 없을 무, 꾀 모 ④ 밀칠 배, 알 란 ⑤ 번성할 번, 창성할 창

86 ① 더할 보, 이지러질 결 ② 벌 봉, 꿀 밀 ③ 갖출 비, 생각할 고 ④ 죽일 살, 해할 해 ⑤ 슬플 비, 분개할 분

87 ③ 일 사, 열매 실

88 ③ 즐길 탐, 빠질 닉

89 ④ 동녘 동, 서녘 서

90 ② 인간 세, 지경 계

91 ① 열매 실, 즈음 제

92 ① 참 진, 다스릴 리

93 ① 지킬 보 ② 많을 다 ③ 끌 제 ④ 합할 합 ⑤ 추할 추↔아름다울 미

94 ① 홀로 독 ② 물건 물 ③ 없을 무↔있을 재 ④ 값 가 ⑤ 쓸 수

95 ① 홀로 독↔무리 류 ② 도울 도 ③ 사라질 소 ④ 흐를 류 ⑤ 있을 재

96　① 部分(부분) ② 變化(변화) ③ 사람 인, 거짓 위 ④ 變質(변질) ⑤ 要素(요소)

97　① 藝術(예술) ② 貴重(귀중) ③ 美的(미적) ④ 密集(밀집) ⑤ 높을 고, 정도 도

98　① 世界(세계) ② 文化(문화) ③ 遺産(유산) ④ 指針(지침) ⑤ 지킬 보, 보호할 호

99　① 낮을 저, 정도 도↔높을 고, 정도 도

100　⑤ 넓을 광, 넓을 활↔좁을 협, 작을 소

101　⑤ 깨뜨릴 파, 무너질 괴↔세울 건, 쌓을 축

102　① 자주 빈, 자주 삭 ② 사이 간, 사귈 접 ③ 긴할 긴, 줄일 축↔느릴 완, 화할 화 ④ 움직일 동, 의논할 의 ⑤ 나라 국, 서적 적

103　① 필 발, 휘두를 휘 ② 격할 격, 싸울 전 ③ 떨어질 락(낙), 비출 조 ④ 잡을 구, 둘 치 ⑤ 숨길 은, 닫을 폐↔필 발, 볼 견

104　① 긴할 긴, 줄일 축 ② 잡을 구, 묶을 속↔스스로 자, 말미암을 유 ③ 격할 격, 힘쓸 려 ④ 어지러울 란(난), 필 발 ⑤ 상고할 고, 생각할 려

105　② 때 시, 대신할 대

106　③ 생각 상, 모양 상

107　① 현재 현, 대신할 대 ② 迅速(신속) ③ 均衡(균형) ④ 志向(지향) ⑤ 對話(대화)

108　④ 무거울 중, 요긴한 요 – 일 사, 물건 물

109　날 생, 목숨 명 : ① 生活(생활) ② 發生(발생) ③ 學生(학생) ④ 生命(생명) ⑤ 犧牲(희생할 희, 희생할 생)

110　다섯 오, 느낄 감 : ① 感動(감동) ② 感情(감정) ③ 敏感(민감) ④ 感化(감화) ⑤ 加減(더할 가, 덜 감)

111　⑤ 모일 사, 모일 회

112 ① 自筆(자필) ② 長點(장점) ③ 느낄 감, 격할 격 ④ 變化(변화) ⑤ 追憶(추억)

113 ④ 잃을 실, 손 수

114 ① 얼굴 용, 들일 납

115 所重(바 소, 무거울 중) : ① 새 을 ② 마을 리 ③ 입 구 ④ 달 월 ⑤ 흙 토

116 ① 동녘 동, 바다 양

117 ① 過言(과언) ② 관계할 관, 맬 계 ③ 固辭(고사) ④ 書籍(서적) ⑤ 低下(저하)

118 ④ 열매 실, 뜻 정

119 ③ 겉 표, 소리 음 – 겉 표, 뜻 의

120 ① 없을 무, 다할 궁 – 줄일 축, 작을 소
② 다할 극, 다할 진 – 줄일 축, 맺을 약
③ 특별할 특, 다를 별 – 밀 추, 다스릴 리(이)
④ 없을 무, 다할 궁 – 줄일 축, 맺을 약
⑤ 많을 다, 생각 념 – 쌓을 축, 쌓을 적

03 정답 및 해설

1.④	2.②	3.①	4.⑤	5.④	6.⑤	7.①	8.②	9.③	10.④
11.⑤	12.①	13.③	14.②	15.④	16.②	17.⑤	18.①	19.①	20.②
21.③	22.④	23.①	24.⑤	25.⑤	26.④	27.④	28.①	29.②	30.③
31.③	32.①	33.⑤	34.④	35.②	36.①	37.⑤	38.③	39.④	40.②
41.②	42.④	43.⑤	44.③	45.①	46.②	47.①	48.①	49.③	50.④
51.⑤	52.②	53.⑤	54.①	55.③	56.①	57.②	58.④	59.②	60.⑤
61.①	62.③	63.②	64.④	65.⑤	66.④	67.②	68.③	69.①	70.④
71.③	72.①	73.④	74.①	75.②	76.③	77.②	78.④	79.①	80.⑤
81.④	82.③	83.①	84.⑤	85.③	86.⑤	87.④	88.④	89.⑤	90.③
91.②	92.②	93.①	94.④	95.②	96.④	97.①	98.①	99.②	100.③
101.⑤	102.④	103.①	104.③	105.③	106.④	107.②	108.⑤	109.①	110.①
111.①	112.④	113.⑤	114.②	115.③	116.②	117.③	118.⑤	119.④	120.①

1 한자(漢字)

1   ① 작을 소 ② 지을 작 ③ 대신할 대 ④ 나아갈 진 ⑤ 평할 평

2   ① 덜 게 ② 아비 부 ③ 가질 취 ④ 엮을 편 ⑤ 볼 시

3   ① 권할 권(부수 : 力)

4   ⑤ 돌아갈 귀(부수 : 止)

5   권세 권(木) : ① 버릴 기 ② 틀 기 ③ 학교 교 ④ 머리감을 목(水(氵)) ⑤ 마을 고

6   귀할 귀(貝) : ① 어질 현 ② 천할 천 ③ 부세 부 ④ 질 부 ⑤ 곧 즉(刀(刂))

7   더할 가 : ① 집 가(會意文字(회의문자)) ② 서울 경 ③ 맬 계 ④ 언덕 고 ⑤ 높을 고

8   옳을 가 : ① 굽을 곡 ② 각각 각(會意文字(회의문자)) ③ 장인 공 ④ 땅이름 곶 ⑤ 창 과

9   ③ 점 점

10   ④ 집 가

424 ◆ Part 3. 실전 모의고사

11 ④ 집 옥

12 ⑤ 구를 전

13 ③ 시집 가

14 ② 화할 화

15 ① 소통할 소 ② 바 소 ③ 작을 소 ④ 끌 제 ⑤ 적을 소

16 ① 보낼 송 ② 열 개 ③ 송사할 송 ④ 소나무 송 ⑤ 기릴 송

17 ① 믿을 신 ② 갑 신 ③ 삼갈 신 ④ 띠 신 ⑤ 누룩 국

18 ① 뛰어날 우 ② 깊을 심 ③ 성씨 심 ④ 심할 심 ⑤ 즙 낼 심

19 ① 살필 심 ② 맑을 아 ③ 버금 아 ④ 나 아 ⑤ 아이 아

20 집 가 : ① 값 가 ② 이길 승 ③ 옳을 가 ④ 가할 가 ⑤ 거리 가

21 간 간 : ① 사이 간 ② 대쪽 간 ③ 들 야 ④ 새길 간 ⑤ 줄기 간

22 아홉 구 : ① 옛 구 ② 입 구 ③ 진실로 구 ④ 풀 해 ⑤ 갖출 구

23 덮을 개 : ① 다닐 행 ② 열 개 ③ 낱 개 ④ 고칠 개 ⑤ 낄 개

24 달 감 : ① 볼 감 ② 느낄 감 ③ 덜 감 ④ 감히 감 ⑤ 고리 환

25 ⑤ 실 산

26 ④ 땅 지

27 ④ 떠들 소

28 ① 공평할 공

29 ② 폐할 폐

30 ③ 깨뜨릴 파

31 ① 베풀 선 ② 베 포 ③ 날 생 ④ 차례 질 ⑤ 차례 서

32 ① 섬돌 계 ② 아름다울 가 ③ 지을 작 ④ 다 총 ⑤ 점 점

33 ① 괴로워할 뇌 ② 우레 뢰 ③ 달아날 도 ④ 망할 망 ⑤ 등급 급

34 ① 몰 구 ② 쫓을 축 ③ 다리 교 ④ 줄 부 ⑤ 다리 각

35 ① 기이할 기 ② 공손할 공 ③ 바위 암 ④ 깃들 소 ⑤ 동굴 굴

36 빌 도 : ① 빌 기 ② 재촉할 최 ③ 구원할 원 ④ 이길 승 ⑤ 판단할 판

37 시험할 험 : ① 질 부 ② 공 구 ③ 말씀 설 ④ 즐거울 락 ⑤ 시험할 시

38 아래 하 : ① 지경 경 ② 무너질 괴 ③ 내릴 강 ④ 쟁반 반 ⑤ 소리 음

39 굳을 고 : ① 해할 해 ② 버릴 기 ③ 성품 성 ④ 굳을 견 ⑤ 모양 태

40 층계 단 : ① 근원 원 ② 섬돌 계 ③ 따뜻할 난 ④ 사막 막 ⑤ 물결 파

2 어휘(語彙)

41 근심할 우, 시름 수 : ① 닥칠 박, 참 진 ② 비 우, 물 수 ③ 흰 백, 이슬 로 ④ 달아날 일, 말씀 화 ⑤ 다 총, 묶을 괄

42 닦을 수, 다닐 행 : ① 서녘 서, 토할 구 ② 기뻐할 환, 부를 호 ③ 큰 대, 대궐 궐 ④ 이를 수, 다닐 행 ⑤ 살 구, 살 매

43 잘 침, 잘 수 : ① 사냥 렵(엽), 총 총 ② 씻을 세, 씻을 탁 ③ 몰 구, 닥칠 박 ④ 높을 숭, 높을 상 ⑤ 잠길 침, 물 수

44 재앙 재, 재화 화 : ① 가죽 피, 살갗 부 ② 종이 지, 돈 폐 ③ 재물 재, 재화 화 ④ 왼 좌, 오른 우 ⑤ 집 각, 아래 하

45 다를 이, 성품 성 : ① 다스릴 리(이), 성품 성 ② 베 포, 알릴 고 ③ 거리 가, 머리 두 ④ 펼 진, 뜻 정 ⑤ 갖출 구, 갖출 비

46 ① 내릴 강, 인간 세 ② 항복할 항, 업드릴 복 ③ 내릴 강, 맡길 임 ④ 내릴 강, 시집갈 가 ⑤ 내릴 강, 아래 하

47 ① 똥·오줌 변, 바 소 ② 편할 편, 가까울 근 ③ 편할 편, 길 도 ④ 편할 편, 문 문 ⑤ 편할 편, 쉬울 이

48 원신, 진각, 시진 : ① 별 진(신) ② 놓을 방 ③ 마음 심 ④ 잡을 조 ⑤ 믿을 신

49 한증, 참한, 한적 : ① 등 배 ② 은혜 은 ③ 땀 한 ④ 갚을 보 ⑤ 은혜 혜

50 수준, 우수, 홍수 : ① 흰 백 ② 터럭 발 ③ 붉을 홍 ④ 물 수 ⑤ 얼굴 안

51 재앙, 화재, 재해 : ① 무릇 범 ② 사람 인 ③ 뛰어넘을 초 ④ 아들 자 ⑤ 재앙 재

52 사회, 국회, 기회 : ① 나눌 별 ② 모일 회 ③ 살 거 ④ 함께 동 ⑤ 착할 선

53 사실, 사건, 사태 : ① 근본 본 ② 업 업 ③ 버금 부 ④ 셈 수 ⑤ 일 사

54 희생, 성생, 시생 : ① 희생할 생 ② 부자 부 ③ 귀할 귀 ④ 가난할 빈 ⑤ 비천할 빈

55 범위, 주위, 포위 : ① 없을 무 ② 있을 유 ③ 에워쌀 위 ④ 백성 민 ⑤ 마음 심

56 대응, 반응, 적응 : ① 응할 응 ② 어지러울 분 ③ 다툴 쟁 ④ 화할 화 ⑤ 풀 해

57 의원, 의료, 의학 : ① 아니 불 ② 의원 의 ③ 법 법 ④ 합할 합 ⑤ 될 화

58 짙을 농, 두터울 후 : ① 잠길 잠, 자취 적 ② 얽힐 규, 합할 합 ③ 어릴 치, 물고기 어 ④ 바랄 희, 엷을 박 ⑤ 맬 계, 머무를 류

59 능할 능, 움직일 동 : ① 군사 졸, 넘어질 도 ② 입을 피, 움직일 동 ③ 고를 균, 저울대 형 ④ 나눌 별, 씩씩할 장 ⑤ 감출 장, 글 서

60 많을 다, 으뜸 원 : ① 팔 판, 길 로 ② 가을 추, 터럭 호 ③ 한가할 한, 고요할 적 ④ 흰 백, 터럭 발 ⑤ 하나 일, 으뜸 원

61 홑 단, 순할 순 : ① 겹칠 복, 혼잡할 잡 ② 칠 타, 넘어질 도 ③ 헤아릴 량(양), 풀 해 ④ 졸할 졸, 못할 렬 ⑤ 나갈 출, 무리 중

62 홑 단, 법 식 : ① 얽을 구, 지을 조 ② 넓힐 확, 채울 충 ③ 겹칠 복, 법 식 ④ 지날 력(역), 사기 사 ⑤ 슬플 비, 사모할 련

63 짧을 단, 줄일 축 : ① 벼슬아치 리(이), 머리 두 ② 늘일 연, 길 장 ③ 사귈 교, 이웃 린 ④ 청렴할 렴(염), 부끄러울 치 ⑤ 소통할 소, 갑자기 홀

64 대할 대, 말씀 화 : ① 주인 주, 자리 석 ② 코끼리 상, 부를 징 ③ 다리 교, 들보 량 ④ 홀로 독, 흰 백 ⑤ 거느릴 어, 하여금 사

65 도읍 도, 마음 심 : ① 묶을 속, 묶을 박 ② 업신여길 멸, 볼 시 ③ 유황 류(유), 누를 황 ④ 감독할 독, 재촉할 촉 ⑤ 들 교, 밖 외

66 풍전등화 : 몹시 위태로움
① 단풍 풍 ② 풍년 풍 ③ 풍자할 풍 ④ 바람 풍 ⑤ 성씨 풍

67 필부필부 : 평범한 남녀
① 지아비 부 ② 아비 부 ③ 도울 부 ④ 질 부 ⑤ 며느리 부

68 학수고대 : 몹시 기다림
① 옛 고 ② 연고 고 ③ 쓸 고 ④ 굳을 고 ⑤ 알릴 고

69 막역지우 : 극히 가까운 친구
① 없을 막 ② 고요할 막 ③ 천막 막 ④ 넓을 막 ⑤ 꺼풀 막

70 갑남을녀 : 평범한 사람들
① 갑 갑 ② 곶 갑 ③ 어깨뼈 갑 ④ 갑옷 갑 ⑤ 수문 갑

71 ③ 지날 과, 오히려 유, 아닐 불, 미칠 급

72 ① 안 내, 근심 우, 밖 외, 근심 환

73 ④ 많을 다, 많을 다, 더할 익, 착할 선

74 ① 까마귀 오, 합할 합, 갈 지, 군사 졸

75 ② 하나 일, 줄기 맥, 서로 상, 통할 통

76
① 목불식정 : 낫 놓고 'ㄱ'자도 모름
② 문전성시 : 방문객이 많음
③ 가렴주구 : 세금을 가혹하게 징수함
④ 명경지수 : 맑은 거울처럼 잔잔하게 정지되어 있는 물
⑤ 목불인견 : 차마 눈뜨고 볼 수 없음

77
① 각자도생 : 제각기 살 길을 꾀함
② 가인박명 : 아름다운 여자는 목숨이 짧음
③ 각주구검 : 미련하여 융통성이 없음
④ 간난신고 : 몹시 힘이 들고 쓰라린 고생을 함
⑤ 간담상조 : 서로 진심을 터놓고 사귐

78
① 감개무량 : 마음 속의 느낌이 한량 없음
② 감언이설 : 남의 비위에 들도록 꾸민 달콤한 말과 이로운 조건을 내세워 꾐
③ 강구연월 : 태평스러운 풍경
④ 가장집물 : 집안의 온갖 세간
⑤ 강의목눌 : 의지가 강하고 씩씩하며 순박하고 말재주가 없음

79
① 각고면려 : 몹시 애쓰고 힘씀
② 강호연파 : 대자연의 풍경
③ 거두절미 : 앞뒤의 잔말을 빼고 요점만 말함
④ 개과천선 : 허물을 고치고 착하게 됨
⑤ 거재두량 : 아주 흔함

80
① 건곤일척 : 흥망을 걸고 단판걸이로 승패를 겨룸
② 격물치지 : 사물의 이치를 깨달아 앎
③ 격화소양 : 시원한 효과를 나타내지 못함
④ 등용문 : 입신출세의 관문
⑤ 각골난망 : 은혜의 고마움이 뼈에 사무쳐 잊혀 지지 아니함

3 독해(讀解)

81 ① 임금 군, 임할 림 ② 쪽 람(남), 빛 색 ③ 언덕 구, 언덕 릉 ④ 모래 사, 사막 막 ⑤ 끌 랍(납), 이를 치

82 ① 땅 지, 우레 뢰 ② 물결 랑(낭), 말씀 설 ③ 찰 한, 물결 파 ④ 빠질 탐, 빠질 닉 ⑤ 아래 하, 어질 량

83 ① 땅 지, 우레 진 ② 슬플 비, 아플 통 ③ 미워할 오, 찰 한 ④ 꾀 책, 생략할 략 ⑤ 기쁠 희, 심할 극

84 ① 가게 점, 펼 포 ② 연기 연, 막 막 ③ 아뢸 주, 청할 청 ④ 감 부, 뫼 산 ⑤ 입을 피, 해할 해

85 ① 소생할 소, 숨 식 ② 값 가, 섬 도 ③ 넓을 홍, 물 수 ④ 비단 라(나), 고을 주 ⑤ 다 함, 흥할 홍

86 ① 우물 정, 고을 주 ② 나아갈 진, 고을 주 ③ 주인 주, 임금 군 ④ 깊고 밝을 예, 마루 종 ⑤ 잠길 침, 물 수

87 ④ 손님 객, 자리 석

88 ④ 손님 객, 수레 차

89 ⑤ 낯 면, 접할 접

90 ③ 경사 경, 빌 축

91 ② 경사 경, 일 사

92 ② 다시 갱, 새로울 신

93 ① 나눌 분↔합할 합 ② 모 방 ③ 어려울 난 ④ 아들 자 ⑤ 쏠 사

94 ① 화할 융 ② 세포 포 ③ 전할 전 ④ 뒤 후↔앞 전 ⑤ 시험할 험

95 ① 독 독 ② 옛 구↔새로울 신 ③ 근원 원 ④ 날 생 ⑤ 쪼갤 부

96 ① 都心(도심) ② 高層(고층) ③ 建物(건물) ④ 불 화, 재앙 재 ⑤ 人命(인명)

97 ① 울창할 울, 푸를 창 ② 高山(고산) ③ 災害(재해) ④ 綠化(녹화) ⑤ 地帶(지대)

98 ① 태풍 태, 바람 풍 ② 住宅(주택) ③ 家具(가구) ④ 被害(피해) ⑤ 慘事(참사)

99 ② 합할 합, 법 법↔아닐 불, 법 법

100 ③ 마땅 당, 차례 번↔아닐 비, 차례 번

101 ⑤ 평평할 평, 무릇 범↔아닐 비, 무릇 범

102 ① 많을 다, 모양 양 ② 뇌 뇌, 불탈 염 ③ 견딜 내, 더울 열 ④ 기쁠 환, 기쁠 희↔슬플 비, 슬플 애 ⑤ 얽힐 규, 살필 찰

103 ① 날 생, 앞 전↔죽을 사, 뒤 후 ② 쇳돌 광, 구덩이 갱 ③ 뉘우칠 회, 고칠 개 ④ 사귈 교, 바꿀 체 ⑤ 쓸 고, 속마음 충

104 ① 굳셀 건, 이길 승 ② 기이할 괴, 병 질 ③ 더할 첨, 더할 가↔줄일 삭, 덜 감 ④ 가벼울 경, 함정 정 ⑤ 바둑 기, 집 원

105 ③ 글월 문, 될 화

106 ④ 성스러울 성, 사람 인 - 스스로 자, 높을 존

107 ① 權利(권리) ② 옳을 의, 힘쓸 무 ③ 假定(가정) ④ 行事(행사) ⑤ 限定(한정)

108 ⑤ 나아갈 진, 들 입 - 으뜸 원, 처음 시

109 남을 잔, 심할 혹 : ① 棧橋(사다리 잔, 다리 교) ② 殘忍(잔인) ③ 殘額(잔액) ④ 殘留(잔류) ⑤ 殘骸(잔해)

110 성스러울 성, 법 전 : ① 全部(온전 전, 떼 부) ② 事典(사전) ③ 典型(전형) ④ 古典(고전) ⑤ 聖典(성전)

111 ① 큰 대, 배울 학

정답 및 해설 ◆ 431

112 ① 期末(기말) ② 實力(실력) ③ 成績(성적) ④ 둘 치, 무거울 중 ⑤ 精神(정신)

113 ⑤ 이룰 성, 열매 과

114 ② 뛰어넘을 초, 넘을 월

115 有益(있을 유, 더할 익) : ① 하나 일 ② 날 일 ③ 그릇 명 ④ 물 수 ⑤ 나무 목

116 ② 사람 인, 씨 종

117 ① 過言(과언) ② 關係(관계) ③ 대신할 대, 겉 표 ④ 書籍(서적) ⑤ 低下(저하)

118 ⑤ 그림자 영, 울릴 향

119 ④ 말씀 어, 고를 조 – 법칙 률(율), 고를 조

120 ① 겉 표, 현재 현 – 필 발, 겉 표
② 가로막을 장, 가로막을 애 – 능할 능, 말씀 변
③ 대할 대, 일컬을 칭 – 훔칠 도, 쓸 용
④ 정사 정, 곳집 부 – 갑자기 돌, 필 발
⑤ 겸손할 겸, 일컬을 칭 – 뛸 약, 나아갈 진

04 정답 및 해설

1.⑤	2.③	3.②	4.④	5.⑤	6.①	7.②	8.③	9.④	10.④
11.①	12.②	13.④	14.③	15.⑤	16.③	17.①	18.②	19.②	20.④
21.④	22.⑤	23.②	24.①	25.①	26.⑤	27.⑤	28.②	29.③	30.④
31.④	32.②	33.①	34.⑤	35.③	36.②	37.①	38.④	39.⑤	40.③
41.③	42.⑤	43.①	44.④	45.②	46.③	47.②	48.②	49.④	50.⑤
51.①	52.③	53.①	54.②	55.④	56.②	57.③	58.⑤	59.③	60.①
61.②	62.④	63.③	64.⑤	65.①	66.⑤	67.①	68.④	69.②	70.⑤
71.④	72.②	73.⑤	74.②	75.③	76.④	77.①	78.⑤	79.②	80.①
81.⑤	82.④	83.②	84.①	85.④	86.①	87.⑤	88.⑤	89.①	90.④
91.③	92.③	93.②	94.⑤	95.③	96.⑤	97.②	98.②	99.③	100.③
101.⑤	102.⑤	103.②	104.④	105.④	106.⑤	107.③	108.①	109.②	110.②
111.②	112.⑤	113.①	114.③	115.④	116.③	117.④	118.①	119.⑤	120.②

1 한자(漢字)

1 ① 새로울 신 ② 맺을 약 ③ 성스러울 성 ④ 지날 경 ⑤ 대신할 대

2 ① 불 화 ② 물 수 ③ 살구 행 ④ 쇠 금 ⑤ 날 일

3 ② 굳을 고(부수 : 囗)

4 ④ 잡을 집(부수 : 土)

5 설 립(立) : ① 다툴 경 ② 글 장 ③ 마침내 경 ④ 끝 단 ⑤ 지경 경(土)

6 흙 토(土) : ① 씩씩할 장(丬) ② 막힐 색 ③ 흙덩이 양 ④ 누를 압 ⑤ 갚을 보

7 아름다울 가 : ① 열매 과 ② 거짓 가(形聲文字(형성문자)) ③ 오이 과 ④ 펠 관 ⑤ 장인 공

8 값 가 : ① 사귈 교 ② 언덕 구 ③ 겨를 가(形聲文字(형성문자)) ④ 입 구 ⑤ 구할 구

9 ④ 재물 자

10 ④ 따뜻할 온

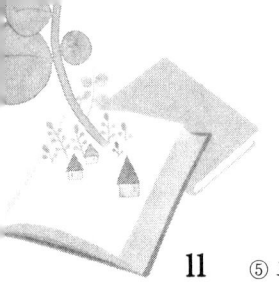

11 ⑤ 모래 사

12 ① 찰 한

13 ④ 땅 지

14 ③ 입을 피

15 ① 언덕 안 ② 눈 안 ③ 얼굴 안 ④ 편안할 안 ⑤ 밀 추

16 ① 어두울 암 ② 바위 암 ③ 거북 구 ④ 바위 암 ⑤ 암 암

17 ① 기울 기 ② 들 야 ③ 밤 야 ④ 어조사 야 ⑤ 풀무 야

18 ① 기를 양 ② 끊을 단 ③ 볕 양 ④ 도울 양 ⑤ 두 량(양)

19 ① 말씀 어 ② 긴할 긴 ③ 거느릴 어 ④ 어조사 어 ⑤ 고기 어

20 밭갈 경 : ① 공경할 경 ② 지경 경 ③ 다스릴 치 ④ 다툴 경 ⑤ 서울 경

21 차고 고 : ① 생각할 고 ② 옛 고 ③ 연고 고 ④ 병고칠 료 ⑤ 쓸 고

22 시어머니 고 : ① 알릴 고 ② 높을 고 ③ 돌아볼 고 ④ 북 고 ⑤ 볼 진

23 장인 공 : ① 바칠 공 ② 무거울 중 ③ 함께 공 ④ 공 공 ⑤ 칠 공

24 과목 과 : ① 다칠 상 ② 지날 과 ③ 열매 과 ④ 오이 과 ⑤ 창 과

25 ① 넓을 홍

26 ⑤ 희생 희

27 ⑤ 재물 재

28 ② 참혹할 참

29 ③ 재앙 재

30 ④ 잠길 침

31 ① 지을 조 ② 놓을 방 ③ 가늘 세 ④ 다닐 행 ⑤ 열매 실

32 ① 병 병 ② 근원 원 ③ 막을 항 ④ 풀 해 ⑤ 옮길 이

33 ① 씨 핵 ② 갈래 파 ③ 하여금 령 ④ 잴 측 ⑤ 별 성

34 ① 살 활 ② 띠 대 ③ 값 치 ④ 날 생 ⑤ 남길 유

35 ① 사이 간 ② 구할 구 ③ 사라질 소 ④ 이슬 로 ⑤ 말씀 사

36 가르칠 교 : ① 이을 계 ② 가르칠 훈 ③ 낳을 산 ④ 말씀 담 ⑤ 물리칠 각

37 재주 기 : ① 재주 술 ② 짝 우 ③ 법 법 ④ 부유할 부 ⑤ 빽빽할 밀

38 층계 단 : ① 썩을 후 ② 움직일 동 ③ 대신할 대 ④ 섬돌 계 ⑤ 아우 제

39 보배 진 : ① 힘쓸 로 ② 헤아릴 료 ③ 줄 여 ④ 겨를 가 ⑤ 보배 보

40 쌓을 축 : ① 품삯 고 ② 섞일 잡 ③ 쌓을 저 ④ 문서 장 ⑤ 장차 장

2 어휘(語彙)

41 알 인, 정할 정 : ① 다스릴 령(영), 흙 토 ② 나눌 분, 떨어질 리 ③ 사람 인, 뜻 정 ④ 생각할 려(여), 밖 외 ⑤ 곱 배, 더할 가

42 주인 주, 멀리 흐를 연 : ① 아이밸 태, 항아리 항 ② 잡을 파, 쥘 악 ③ 영 령, 사랑 애 ④ 건질 구, 건질 휼 ⑤ 술 주, 잔치 연

43 한가지 동, 뜻 정 : ① 움직일 동, 고요할 정 ② 부를 징, 걷을 수 ③ 끊을 절, 경치 경 ④ 조급할 조, 급할 급 ⑤ 터 기, 주춧돌 초

44 번개 전, 기운 기 : ① 겉 표, 속 리 ② 즐거울 락(낙), 동산 원 ③ 나라 국, 녹록 ④ 전할 전, 기록할 기 ⑤ 난초 란(난), 풀 초

45 빼앗을 탈, 취할 취 : ① 희롱할 희, 희롱할 롱 ② 벗을 탈, 냄새 취 ③ 난간 란(난), 방패 간 ④ 맺을 결, 끈 뉴 ⑤ 구름 운, 진흙 니

46 ① 줄기 간, 떼 부 ② 뿌리 근, 줄기 간 ③ 주인 주, 주관할 관 ④ 긴할 긴, 줄기 간 ⑤ 줄기 간, 줄 선

47 ① 방패 간, 건널 섭 ② 마을 건, 땅 곤 ③ 같을 약, 방패 간 ④ 방패 간, 창 과 ⑤ 같을 여, 방패 간

48 논의, 여론, 물론 : ① 변할 변 ② 의논할 론(논) ③ 꾸밀 장 ④ 글귀 구 ⑤ 읽을 독

49 의원, 논의, 협의 : ① 맡길 위 ② 부탁할 탁 ③ 필 발 ④ 의논할 의 ⑤ 팔 굴

50 장례, 매장, 장의 : ① 칠 격 ② 가라앉을 침 ③ 시골 향 ④ 맺을 약 ⑤ 장사지낼 장

51 사실, 사건, 사례 : ① 일 사 ② 위엄 위 ③ 엄숙할 엄 ④ 나라이름 변 ⑤ 나라이름 한

52 수도, 수석, 수긍 : ① 요임금 요 ② 순임금 순 ③ 머리 수 ④ 가할 가 ⑤ 나라이름 야

53 도시, 수도, 도심 : ① 도읍 도 ② 오히려 상 ③ 고을 주 ④ 건널 제 ⑤ 고를 주

54 협상, 상품, 통상 : ① 거울 경 ② 장사 상 ③ 성 성 ④ 누를 진 ⑤ 바다 해

55 제품, 상품, 식품 : ① 공자 공 ② 아들 자 ③ 그림자 영 ④ 상품 상 ⑤ 덕 덕

56 구제, 구출, 구조 : ① 독 옹 ② 구원할 구 ③ 나루 진 ④ 기 정 ⑤ 착할 선

57 보호, 옹호, 수호 : ① 붉을 주 ② 기뻐할 희 ③ 도울 호 ④ 오얏 이 ⑤ 귀 이

58 홀로 독, 비롯할 창 : ① 거둘 철, 폐할 폐 ② 분개할 분, 성낼 노 ③ 처음 초, 죽을 상 ④ 짐 하, 부릴 역 ⑤ 본뜰 모, 본뜰 방

59 움직일 동, 틀 기 : ① 나눌 할, 사랑 애 ② 풀 해, 얼 동 ③ 맺을 결, 열매 과 ④ 나타날 현, 형상 상 ⑤ 바 유, 가질 지

60 오를 등, 마당 장 : ① 물러날 퇴, 마당 장 ② 허깨비 환, 생각할 상 ③ 해 년(연), 쇠 금 ④ 녹을 용, 풀 해 ⑤ 뛰어날 우, 넘을 월

61 넓을 막, 그럴 연 : ① 위 위, 즙 액 ② 굳을 확, 그럴 연 ③ 남길 유, 자취 적 ④ 의지할 의, 의뢰할 뢰 ⑤ 원수 적, 함대 함

62 잊을 망, 깨달을 각 : ① 지을 제, 강철 강 ② 졸할 졸, 못날 렬 ③ 그림 화, 형상 상 ④ 기록할 기, 기억할 억 ⑤ 굽을 굴, 펼 신

63 멸할 멸, 망할 망 : ① 희생 희, 희생 생 ② 들일 납, 세금 세 ③ 높을 륭(융), 흥할 흥 ④ 슬플 비, 슬플 애 ⑤ 빛날 화, 촛불 촉

64 묻을 매, 빠질 몰 : ① 까마귀 오, 참새 작 ② 넘을 유, 넘을 월 ③ 자물쇠 쇄, 나라 국 ④ 목숨 수, 잔치 연 ⑤ 필 발, 팔 굴

65 이름 명, 기릴 예 : ① 부끄러울 치, 욕될 욕 ② 아재비 숙, 조카 질 ③ 기릴 찬, 오를 양 ④ 홀로 독, 비롯할 창 ⑤ 거느릴 총, 살펴볼 독

66 전화위복 : 재앙이 도리어 복이 됨
① 될 화 ② 화할 화 ③ 재물 화 ④ 말씀 화 ⑤ 재앙 화

67 전전반측 : 누워 이리저리 뒤척이며 잠을 이루지 못함
① 구를 전 ② 온전 전 ③ 싸울 전 ④ 전기 전 ⑤ 펼 전

68 적반하장 : 도둑이 도리어 매를 들고 대듦
① 과녁 적 ② 붉을 적 ③ 쌓을 적 ④ 도둑 적 ⑤ 문서 적

69 자강불식 : 스스로 쉬지 않고 줄곧 힘씀
① 성씨 강 ② 강할 강 ③ 강 강 ④ 외울 강 ⑤ 편안할 강

70 자가당착 : 자기의 언행이 전후가 맞지 않음
① 거짓 가 ② 값 가 ③ 옳을 가 ④ 가할 가 ⑤ 집 가

71 ④ 소 우, 귀 이, 읽을 독, 글 경

72　② 따뜻할 온, 연고 고, 알 지, 새로울 신

73　⑤ 바늘 침, 작을 소, 봉 대, 큰 대

74　② 일곱 칠, 엎드러질 전, 여덟 팔, 일어날 기

75　③ 탈 초, 눈썹 미, 갈 지, 급할 급

76　① 가인박명 : 아름다운 여자는 목숨이 짧음
　　② 각골난망 : 은혜의 고마움이 뼈에 사무쳐 잊혀지지 아니함
　　③ 간담상조 : 서로 진심을 터놓고 사귐
　　④ 현하지변 : 물 흐르듯 거침없이 잘하는 말
　　⑤ 감개무량 : 마음 속의 느낌이 한량없음

77　① 감지덕지 : 대단히 고맙게 여김
　　② 갑론을박 : 서로 논박함
　　③ 형설지공 : 고생하면서 꾸준히 학문을 닦음
　　④ 거두절미 : 앞뒤의 잔말을 빼고 요점만 말함
　　⑤ 개과천선 : 허물을 고치고 착하게 됨

78　① 격물치지 : 사물의 이치를 깨달아 앎
　　② 견물생심 : 사물의 이치를 깨달아 앎
　　③ 표리부동 : 말이나 행동이 앞뒤가 서로 맞지 않고 일치하지 않음
　　④ 박이부정 : 여러 가지로 널리 아나 정통하지 못함
　　⑤ 호가호위 : 남의 권세를 빌려 위세를 부림

79　① 배은망덕 : 남에게 입은 은혜를 저버림
　　② 천석고황 : 자연을 즐기는 버릇이 불치의 병처럼 됨
　　③ 백면서생 : 글만 읽고 세상 일에 경험이 없는 사람
　　④ 백의종군 : 벼슬이 없는 사람이 군대를 따라 전쟁터로 나감
　　⑤ 유비무환 : 미리 대비함이 있어야 근심이 없음

80　① 청출어람 : 제자가 스승보다 나음
　　② 유유상종 : 같은 패끼리 서로 왕래하여 상종함
　　③ 이심전심 : 마음과 마음이 서로 말없이 통함
　　④ 일어탁수 : 한 마리의 고기가 물을 흐림
　　⑤ 일장춘몽 : 덧없는 부귀영화

3. 독해(讀解)

81　① 가지 조, 사건 건 ② 찰 랭(냉), 방 방 ③ 미끄러울 활, 달릴 주 ④ 근원 원, 서적 적 ⑤ 줄 급, 헤아릴 료

82　① 어릴 유, 어릴 치 ② 왼 좌, 오른 우 ③ 꿰멜 봉, 바늘 침 ④ 상줄 상, 줄 여 ⑤ 스스로 자, 몸 신

83　① 있을 유, 틀 기 ② 쉴 휴, 겨를 가 ③ 살찔 비, 사료 료 ④ 의원 의, 치료할 료 ⑤ 그릇 기, 갖출 구

84　① 풀 해, 품살 고 ② 잡을 포, 잡을 착 ③ 나를 수, 날 출 ④ 보낼 송, 돌아올 환 ⑤ 줄 수, 젖 유

85　① 뛰어날 우, 못할 렬(열) ② 볼 감, 옥 옥 ③ 짙을 농, 엷을 담 ④ 남을 잔, 업 업 ⑤ 깨달을 각, 깨달을 오

86　① 밟을 리(이), 지낼 력 ② 값 가, 값 치 ③ 쓸 소, 제거할 제 ④ 참 진, 거짓 위 ⑤ 꿸 관, 통할 철

87　⑤ 줄 급, 헤아릴 료

88　⑤ 위로할 위, 일할 로

89　① 나아갈 부, 맡길 임

90　④ 날 출, 낳을 산

91　③ 살찔 비, 찰 만

92　③ 바칠 헌, 피 혈

93　① 업 업 ② 얻을 득↔잃을 실 ③ 지낼 력 ④ 재목 재 ⑤ 일할 로

94　① 맡길 임 ② 공 공 ③ 몸 신 ④ 있을 재 ⑤ 간략할 략↔자세할 상

95　① 해 년 ② 즙 액 ③ 날 생↔죽을 사 ④ 더할 가 ⑤ 낳을 산

96 ① 作用(작용) ② 嘔吐(구토) ③ 眩氣(현기) ④ 各別(각별) ⑤ 잡을 조, 마음 심

97 ① 學校(학교) ② 정할 정, 기약할 기 ③ 學生(학생) ④ 健康(건강) ⑤ 自己(자기)

98 ① 洋藥(양약) ② 갈 연, 연구할 구 ③ 韓方(한방) ④ 治療(치료) ⑤ 評價(평가)

99 ③ 불 화, 먹을 식↔날 생, 먹을 식

100 ③ 뒤 후, 하늘 천↔먼저 선, 하늘 천

101 ① 친할 친, 가까울 근↔소통할 소, 멀 원

102 ① 꿸 관, 통할 철 ② 재앙 재, 재앙 앙 ③ 자 척, 정도 도 ④ 돌 선, 가락 률(율) ⑤ 거스를 역, 다닐 행↔따를 순, 다닐 행

103 ① 첨가할 첨, 깎을 삭 ② 끊을 절, 대할 대↔서로 상, 대할 대 ③ 잡을 구, 묶을 속 ④ 쌓을 저, 쌓을 축 ⑤ 수풀 삼, 수풀 림

104 ① 받들 봉, 섬길 사 ② 구할 수, 줄 급 ③ 본디 소, 순박할 박 ④ 빛 채, 힘쓸 무↔빛 채, 권세 권 ⑤ 굳을 건, 굳을 고

105 ④ 날 생, 기운 기

106 ⑤ 답답할 울, 푸를 창 - 기운 기, 넋 백

107 ① 純粹(순수) ② 自然(자연) ③ 뜻 의, 맛 미 ④ 生動(생동) ⑤ 豊盛(풍성)

108 ① 모일 사, 모일 회 - 이룰 성, 사람 인

109 스스로 자, 높을 존 : ① 尊重(존중) ② 存在(있을 존, 있을 재) ③ 尊敬(존경) ④ 尊嚴(존엄) ⑤ 尊稱(존칭)

110 나눌 분, 밝을 명 : ① 說明(설명) ② 人命(사람 인, 목숨 명) ③ 糾明(규명) ④ 天明(천명) ⑤ 透明(투명)

111 ② 집 가, 뜰 정

112 ① 公認(공인) ② 意識(의식) ③ 力量(역량) ④ 權利(권리) ⑤ 마당 장, 바 소

113 ① 말씀 언, 말씀 어

114 ③ 엄할 엄, 격식 격

115 風俗(바람 풍, 풍속 속) : ① 조개 패 ② 나무 목 ③ 집 엄 ④ 사람 인 ⑤ 고기 육

116 ③ 사랑할 애, 뜻 정

117 ① 纖細(섬세) ② 表現(표현) ③ 純粹(순수) ④ 새길 조, 다듬을 탁 ⑤ 價値(가치)

118 ① 열 개, 필 발

119 ⑤ 견줄 비, 깨우칠 유 - 볼 시, 뿔 각

120 ① 무성할 무, 성할 성 - 구슬 옥, 책 편
② 모양 형, 코끼리 상 - 열매 실, 밝을 천
③ 기울 경, 새길 각 - 맺을 결, 바 유
④ 슬플 비, 사모할 련 - 청렴할 렴(염), 부끄러울 치
⑤ 처음 시, 마칠 종 - 공손할 공, 공경할 경

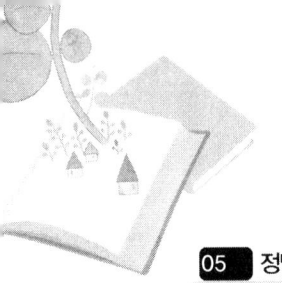

05 정답 및 해설

1.②	2.⑤	3.④	4.①	5.②	6.③	7.④	8.⑤	9.①	10.②
11.③	12.④	13.①	14.⑤	15.②	16.⑤	17.③	18.④	19.④	20.⑤
21.①	22.②	23.④	24.③	25.③	26.②	27.①	28.④	29.⑤	30.①
31.①	32.④	33.③	34.②	35.⑤	36.④	37.③	38.①	39.②	40.⑤
41.⑤	42.②	43.③	44.①	45.④	46.⑤	47.④	48.④	49.①	50.②
51.③	52.⑤	53.③	54.④	55.①	56.④	57.⑤	58.②	59.⑤	60.③
61.④	62.①	63.⑤	64.②	65.③	66.②	67.③	68.①	69.④	70.②
71.①	72.④	73.②	74.④	75.⑤	76.①	77.⑤	78.②	79.④	80.③
81.②	82.①	83.④	84.③	85.①	86.③	87.②	88.②	89.⑤	90.①
91.⑤	92.⑤	93.④	94.③	95.⑤	96.②	97.③	98.④	99.⑤	100.①
101.③	102.②	103.④	104.①	105.①	106.②	107.⑤	108.③	109.④	110.④
111.④	112.②	113.③	114.⑤	115.①	116.⑤	117.①	118.③	119.②	120.③

1 한자(漢字)

1 ① 따를 순 ② 일곱 칠 ③ 따를 종 ④ 믿을 신 ⑤ 열매 실

2 ① 뉘우칠 회 ② 고칠 개 ③ 하늘 천 ④ 나라 국 ⑤ 반드시 필

3 ④ 나아갈 진(부수 : 辶(辶))

4 ① 격할 격(부수 : 水(氵))

5 힘쓸 려(力) : ① 힘쓸 무 ② 사내 남(田) ③ 모을 모 ④ 힘쓸 면 ⑤ 일할 로

6 처음 시(女) : ① 좋을 호 ② 종 노 ③ 성낼 노(心(忄)) ④ 고울 연 ⑤ 간음할 간

7 절구 구 : ① 사내 랑 ② 노략질할 략 ③ 간략할 략 ④ 이길 극(象形文字(상형문자)) ⑤ 뜻 정

8 활 궁 : ① 들보 량 ② 양식 량 ③ 살필 량 ④ 짝 려 ⑤ 도끼 근(象形文字(상형문자))

9 ① 넘을 초

10 ② 꾸밀 장

11 ③ 들 입

12 ④ 잡을 조

13 ① 조사할 검

14 ⑤ 탑 탑

15 ① 더불 여 ② 마칠 종 ③ 수레 여 ④ 집 려(여) ⑤ 남을 여

16 ① 꽃부리 영 ② 그림자 영 ③ 빛날 영 ④ 길 영 ⑤ 홑 단

17 ① 미리 예 ② 종 례(예) ③ 둥글 단 ④ 재주 예 ⑤ 법식 례(예)

18 ① 요긴할 요 ② 빛날 요 ③ 마칠 료(요) ④ 멜 담 ⑤ 헤아릴 료(요)

19 ① 구원할 원 ② 원망할 원 ③ 멀 원 ④ 논 답 ⑤ 근원 원

20 이에 내 : ① 안 내 ② 어찌 내 ③ 올 래(내) ④ 견딜 내 ⑤ 구를 전

21 거느릴 령(영) : ① 전할 전 ② 떨어질 령 ③ 하여금 령 ④ 고개 령 ⑤ 옥소리 령

22 일할 로(노) : ① 길 로 ② 싸움 전 ③ 늙을 로 ④ 이슬 로 ⑤ 화로 로

23 대 대 : ① 대할 대 ② 대신할 대 ③ 큰 대 ④ 이을 접 ⑤ 기다릴 대

24 몸 신 : ① 새로울 신 ② 믿을 신 ③ 점점 점 ④ 삼갈 신 ⑤ 신하 신

25 ③ 반 반

26 ② 곳 처

27 ② 재주 기

28 ④ 다스릴 리

29 ⑤ 통할 통

30 ① 지킬 위

31 ① 집 우 ② 어긋날 차 ③ 나눌 별 ④ 거둘 철 ⑤ 폐할 폐

32 ① 베풀 선 ② 말씀 언 ③ 홀로 독 ④ 궤적 궤 ⑤ 설 립

33 ① 거느릴 통 ② 한 일 ③ 볼 관 ④ 특별할 특 ⑤ 권세 권

34 ① 섬돌 계 ② 슬기로울 혜 ③ 등급 급 ④ 겉 표 ⑤ 밝을 명

35 ① 지탱할 지 ② 구원할 원 ③ 받을 수 ④ 대답할 락 ⑤ 날 생

36 있을 재 : ① 끊을 단 ② 끊을 절 ③ 버금 중 ④ 있을 존 ⑤ 마을 재

37 바랄 희 : ① 익힐 강 ② 화할 화 ③ 바랄 망 ④ 벗 우 ⑤ 좋을 호

38 몸 신 : ① 몸 체 ② 나라 국 ③ 사이 제 ④ 뜻 정 ⑤ 모양 세

39 말씀 언 : ① 사귈 교 ② 말씀 어 ③ 건널 섭 ④ 서로 상 ⑤ 서로 호

40 소리 음 : ① 공평할 공 ② 쓸 용 ③ 돌아볼 고 ④ 물을 문 ⑤ 소리 성

2 어휘(語彙)

41 뛰어날 우, 못할 렬(열) : ① 종족이름 예, 북방민족 맥 ② 강이름 반, 계곡 계 ③ 향기 분, 난초 란 ④ 맑은 대 쑥 설, 밝을 총 ⑤ 오른 우, 벌일 렬(열)

42 준걸 준, 빼어날 수 : ① 물굽이 만, 장사 상 ② 수준 준, 셀 수 ③ 누를 황, 기쁠 희 ④ 오얏 이, 귀걸이 이 ⑤ 길 장, 여울 단

43 　스스로 자, 원할 원 : ① 바다이름 발, 바다 해 ② 동녘 동, 종족이름 예 ③ 재물 자, 근원 원 ④ 성 김, 물흐를 면 ⑤ 위문할 민, 왕비 비

44 　전할 전, 길 도 : ① 앞 전, 길 도 ② 티끌 애, 미칠 급 ③ 대개 개, 묶을 괄 ④ 인쇄할 쇄, 새로울 신 ⑤ 이 치, 아플 통

45 　전기 전, 힘 력 : ① 쾌할 쾌, 들 거 ② 꿰뚫을 통, 살필 찰 ③ 치우칠 편, 볼 견 ④ 온전할 전, 힘 력 ⑤ 쌀 포, 감출 장

46 　① 어찌 내, 찰 만 ② 어찌 내, 끝 말 ③ 어찌 내, 어찌 하 ④ 어찌 내, 거느릴 솔 ⑤ 어찌 나, 떨어질 락

47 　① 견딜 감, 견딜 내 ② 참을 인, 견딜 내 ③ 견딜 내, 성품 성 ④ 능할 능, 힘 력 ⑤ 견딜 내, 참을 인

48 　연계, 연락, 연결 : ① 책망할 하 ② 물건 물 ③ 배 함 ④ 잇닿을 련(연) ⑤ 배 선

49 　평가, 가격, 가치 : ① 값 가 ② 막을 항 ③ 다툴 쟁 ④ 험할 험 ⑤ 말씀 담

50 　송백, 송진, 송화 : ① 섞을 혼 ② 소나무 송 ③ 줄 선 ④ 누를 황 ⑤ 초 산

51 　개인, 인물, 인사 : ① 헐 훼 ② 덜 손 ③ 사람 인 ④ 얼 동 ⑤ 죽을 사

52 　욕구, 의욕, 욕심 : ① 낯 면 ② 얼굴 모 ③ 백성 민 ④ 폐단 폐 ⑤ 하고자할 욕

53 　피력, 창피, 피로 : ① 놓을 방 ② 면할 면 ③ 나눌 피 ④ 변할 변 ⑤ 마디 절

54 　축하, 축제, 축복 : ① 지킬 보 ② 눈 안 ③ 떨칠 분 ④ 빌 축 ⑤ 필 발

55 　이후, 오후, 후속 : ① 뒤 후 ② 숨길 비 ③ 모 방 ④ 생각할 상 ⑤ 생각 념

56 　경제, 구제, 결제 : ① 관청 서 ② 길 장 ③ 깨뜨릴 파 ④ 건널 제 ⑤ 찢을 렬

57 　여권, 권역, 야권 : ① 덜 감 ② 빠를 쇄 ③ 간 간 ④ 창자 장 ⑤ 우리 권

58 　돌이킬 반, 막을 항 : ① 이름 명, 마디 절 ② 배 복, 따를 종 ③ 아니 불, 효도할 효 ④ 노래 가, 노래 요 ⑤ 사랑 애, 부를 창

59 놓을 방, 마음 심 : ① 끊을 절, 열매 실 ② 가을 추, 저녁 석 ③ 옮길 이, 움직일 동 ④ 자세할 정, 정신 신 ⑤ 잡을 조, 마음 심

60 등 배, 은혜 은 : ① 넓힐 확, 베풀 장 ② 스스로 자, 몸 기 ③ 갚을 보, 은혜 은 ④ 자리 위, 서로 상 ⑤ 방탕할 탕, 아이 아

61 흰 백, 터럭 발 : ① 정할 결, 마음 심 ② 맺을 계, 틀 기 ③ 서로 상, 서로 호 ④ 붉을 홍, 얼굴 안 ⑤ 돌이킬 반, 살필 성

62 무릇 범, 사람 인 : ① 넘을 초, 사람 인 ② 살필 성, 살필 찰 ③ 백성 민, 겨레 족 ④ 뜻 정, 실마리 서 ⑤ 순수할 순, 될 화

63 나눌 별, 살 거 : ① 인륜 륜(윤), 다스릴 리 ② 돌 회, 돌아올 복 ③ 양보할 양, 걸음 보 ④ 고리 환, 지경 경 ⑤ 함께 동, 살 거

64 지킬 보, 지킬 수 : ① 아닐 미, 올 래 ② 가죽 혁, 새로울 신 ③ 넉넉할 우, 먼저 선 ④ 덜 감, 적을 소 ⑤ 함께 공, 느낄 감

65 바탕 질, 의심할 의 : ① 달아날 일, 말씀 화 ② 완만할 완, 찌를 충 ③ 응답할 응, 대답할 답 ④ 드물 희, 풀 석 ⑤ 소리 성, 도울 원

66 경거망동 : 경솔하고 망령되게 행동함
① 아이 아 ② 가벼울 경 ③ 살갗 부 ④ 병 병 ⑤ 옮길 이

67 경천위지 : 온 천하를 잘 다스림
① 물을 문 ② 들 거 ③ 하늘 천 ④ 속일 괴 ⑤ 바탕 질

68 고식지계 : 당장에 편한 것만 취하는 계책
① 쉴 식 ② 거둘 수 ③ 사건 건 ④ 늘어질 종 ⑤ 어려울 난

69 고장난명 : 일을 혼자 하여서는 잘 되지 않음
① 벼슬 직 ② 해로울 해 ③ 그릇 기 ④ 울 명 ⑤ 모일 회

70 고진감래 : 괴로움이 다하면 즐거움이 옴
① 담 원 ② 올 래 ③ 권세 권 ④ 말미암을 유 ⑤ 반 반

71 ① 쓸개 담, 큰 대, 마음 심, 작을 소

72 ④ 눈 안, 아래 하, 없을 무, 사람 인

73 ② 큰 대, 그릇 기, 늦을 만, 이룰 성

74 ④ 다를 타, 뫼 산, 갈 지, 돌 석

75 ⑤ 깨뜨릴 파, 대나무 죽, 갈 지, 모양 세

76 ① 무위도식 : 하는 일 없이 먹기만 함
② 금의환향 : 출세를 하여 고향으로 돌아감
③ 금지옥엽 : 귀여운 손자
④ 누란지세 : 몹시 위태로운 형세
⑤ 능소능대 : 재주가 많고 주변이 좋아 모든 일에 두루 능함

77 ① 다다익선 : 많으면 많을수록 좋음
② 우이독경 : 아무리 타일러도 소용이 없음
③ 유유상종 : 같은 부류끼리 서로 왕래하며 사귐
④ 자화자찬 : 자기가 한 일을 자기가 칭찬함
⑤ 인자무적 : 어진 자는 적이 없음

78 ① 감언이설 : 간사한 꾀로 남을 농락함
② 사면초가 : 사방이 적들로 둘러싸여 있음
③ 좌충우돌 : 이리저리 마구 찌르고 치고 받음
④ 농와지경 : 딸을 낳은 기쁨
⑤ 농장지경 : 아들을 낳은 기쁨

79 ① 선경후정 : 앞의 경치와 속에 있는 정서
② 단기지계 : 학업을 중지해서는 안 됨을 경계
③ 당랑거철 : 약한 자가 분수도 모르고 강자에게 덤벼듦
④ 조령모개 : 법령이 자주 바뀜
⑤ 대동소이 : 거의 같고 조금 다름

80 ① 동가홍상 : 같은 값이면 다홍치마
② 동병상련 : 어려운 처지의 사람끼리 서로 도움
③ 적반하장 : 도적이 도리어 매를 듦
④ 동족방뇨 : 언 발에 오줌 누기
⑤ 망양보뢰 : 소 잃고 외양간 고치기

3 독해(讀解)

81 ① 끊을 절, 묘할 묘 ② 그루 주, 값 가 ③ 마를 제, 마를 재 ④ 앉을 좌, 표할 표 ⑤ 남을 잔, 수량 액

82 ① 사양할 양, 건널 도 ② 달아날 일, 말씀 화 ③ 더할 증, 번식할 식 ④ 벼락 진, 폭 폭 ⑤ 캘 채, 쇳돌 광

83 ① 닿을 촉, 손 수 ② 가르칠 교, 부추길 사 ③ 머리감을 목, 목욕할 욕 ④ 쇠 금, 아지 리(이) ⑤ 하물며 황, 또 차

84 ① 전할 전, 거느릴 통 ② 안을 포, 안을 옹 ③ 미리 예, 쇠 금 ④ 기쁠 희, 기쁠 열 ⑤ 빠를 속, 알릴 보

85 ① 입 구, 자리 좌 ② 물 수, 길 로 ③ 덜 손, 이익 익 ④ 모일 집, 흩어질 산 ⑤ 거스를 저, 닿을 촉

86 ① 정성 간, 끊을 절 ② 집 가, 집 옥 ③ 멜 담, 지킬 보 ④ 재앙 화, 재앙 액 ⑤ 돌이킬 반, 막을 항

87 ② 화할 융, 재물 자

88 ② 넘어질 도, 낮을 산

89 ③ 캘 채, 셈 산

90 ① 거둘 수, 더할 익

91 ⑤ 날 경, 쓸 비

92 ⑤ 빌릴 대, 빌 차

93 ① 서울 경, 시골 향 ② 근심 우, 생각할 려 ③ 졸할 졸, 못할 렬 ④ 슬플 비, 볼 관↔즐길 락(낙), 볼 관 ⑤ 거느릴 령(영), 흙 토

94 ① 빠질 탐, 빠질 닉 ② 미칠 급, 차례 제↔떨어질 락(낙), 차례 제 ③ 영화로울 영, 빛날 화 ④ 이지러질 결, 빠질 함 ⑤ 사귈 교, 이웃 린

95 ① 벼슬아치 리(이), 머리 두 ② 임금 군, 임할 임 ③ 복 록(녹), 녹 봉 ④ 땅 지, 우레 뢰(뇌) ⑤ 싫어할 염, 인간 세↔즐길 락(낙), 하늘 천

96 ① 經營(경영) ② 많을 다, 뿔 각 ③ 失敗(실패) ④ 巨額(거액) ⑤ 負債(부채)

97 ① 建設(건설) ② 業界(업계) ③ 人件(인건) ④ 위 상, 오를 승 ⑤ 困難(곤란)

98 ① 豊富(풍부) ② 民間(민간) ③ 科學(과학) ④ 재주 기, 재주 술 ⑤ 役軍(역군)

99 ⑤ 찰 한, 흐를 류↔따뜻할 난, 흐를 류

100 ① 정할 정, 읽을 독↔넘칠 람(남), 읽을 독

101 ③ 마디 절, 맺을 약↔넘칠 람(남), 쓸 용

102 ① 집 사, 복도 랑 ② 잠잠할 묵, 읽을 독↔밝을 랑(낭), 읽을 독 ③ 공평할 공, 알 인 ④ 잠깐 순, 사이 간 ⑤ 칡 갈, 등나무 등

103 ① 구덩이 갱, 길 도 ② 혼인 혼, 구할 수 ③ 사이뜰 격, 차 차 ④ 모양 형, 법 식↔안 내, 얼굴 용 ⑤ 이를 조, 익힐 숙

104 ① 말 미, 익숙할 숙↔늙을 로(노), 익힐 련 ② 연고 고, 뜻 의 ③ 연고 고, 고향 향 ④ 홀로 고, 설 립 ⑤ 홀로 고, 홀로 독

105 ① 아닐 미, 올 래

106 ② 열 계, 필 발 - 읽을 독, 글 서

107 ① 整理(정리) ② 方法(방법) ③ 忍耐(인내) ④ 長點(장점) ⑤ 잡을 파, 쥘 악

108 ③ 법 규, 법 칙 - 잠잘 수, 잠잘 면

109 익힐 습, 익숙할 관 : ① 復習(복습) ② 練習(연습) ③ 自習(자습) ④ 濕潤(젖을 습, 불을 윤) ⑤ 慣習(관습)

110 옮길 운, 움직일 동 : ① 運營(운영) ② 運用(운용) ③ 幸運(행운) ④ 隕石(떨어질 운, 돌 석) ⑤ 運轉(운전)

111 ④ 의지할 의, 지탱할 지

112　① 比喩(비유) ② 거스를 역, 움직일 동 ③ 覺悟(각오) ④ 獻身(헌신) ⑤ 自責(자책)

113　③ 빛 광, 회복할 복

114　⑤ 살필 성, 살필 찰

115　獄死(옥사) : ① 개 견 ② 삐침 별 ③ 점 주 ④ 새 을 ⑤ 뚫을 곤

116　① 힘쓸 면, 힘쓸 려 ② 무성할 무, 성할 성 ③ 돌이킬 반, 돌아올 환 ④ 지킬 보, 보호할 호 ⑤ 사람 인, 힘 력

117　① 돌아볼 고, 손님 객 ② 八十(팔십) ③ 學生(학생) ④ 幸運(행운) ⑤ 當付(당부)

118　① 하례할 하, 손님 객 ② 곧을 직, 이을 계 ③ 미리 예, 느낄 감 ④ 응할 응, 대답할 답 ⑤ 즐길 긍, 정할 정

119　② 기이할 기, 발자취 적 – 아닐 불, 편안할 안

120　① 줄 급, 물 수 – 빼어날 수, 눈썹 미
　　② 재주 기, 선비 사 – 손 수, 서로 상
　　③ 높을 고, 소리칠 함 – 어려울 난, 떠날 리
　　④ 등급 급, 셀 수 – 빼어날 수, 아름다울 미
　　⑤ 재주 기, 스승 사 – 받을 수, 상줄 상

06 정답 및 해설

1.③	2.①	3.⑤	4.②	5.③	6.④	7.⑤	8.①	9.②	10.③
11.④	12.⑤	13.②	14.①	15.③	16.①	17.④	18.⑤	19.⑤	20.①
21.②	22.③	23.⑤	24.④	25.④	26.③	27.③	28.⑤	29.①	30.②
31.②	32.⑤	33.④	34.③	35.①	36.⑤	37.④	38.②	39.③	40.①
41.①	42.③	43.④	44.②	45.⑤	46.①	47.⑤	48.⑤	49.②	50.③
51.④	52.①	53.④	54.⑤	55.②	56.⑤	57.①	58.③	59.①	60.④
61.⑤	62.②	63.①	64.③	65.④	66.③	67.④	68.②	69.⑤	70.③
71.②	72.⑤	73.③	74.⑤	75.①	76.②	77.①	78.③	79.⑤	80.④
81.③	82.②	83.⑤	84.④	85.②	86.④	87.③	88.③	89.④	90.②
91.①	92.①	93.⑤	94.③	95.②	96.③	97.⑤	98.⑤	99.①	100.②
101.④	102.③	103.⑤	104.②	105.②	106.③	107.①	108.④	109.⑤	110.⑤
111.⑤	112.③	113.④	114.①	115.②	116.①	117.②	118.④	119.③	120.⑤

1 한자(漢字)

1 ① 성스러울 성 ② 아비 부 ③ 적을 소 ④ 이룰 성 ⑤ 아들 자

2 ① 에워쌀 위 ② 따를 순 ③ 열 십 ④ 맺을 계 ⑤ 새길 명

3 ⑤ 세로 종(부수 : 糸)

4 ② 끊을 단(부수 : 斤)

5 실 사(糸) : ① 긴할 긴 ② 이을 속 ③ 맬 계(人(亻)) ④ 푸를 록 ⑤ 인연 연

6 활 궁(弓) : ① 길 장 ② 클 홍 ③ 강할 강 ④ 물 깊을 홍(水(氵)) ⑤ 끌 인

7 붉을 단 : ① 송사할 송 ② 외울 송 ③ 칭송할 송 ④ 인쇄할 쇄 ⑤ 끝 말(지사문자(指事文字))

8 석 삼 : ① 넉 사(지사문자(指事文字)) ② 쇠사슬 쇄 ③ 닦을 수 ④ 더불 여 ⑤ 수레 여

9 ② 펼 전

10 ③ 쓸개 담

11   ③ 마땅 당

12   ④ 무리 당

13   ② 나라 한

14   ① 국화 국

15   ① 있을 유 ② 넉넉할 유 ③ 날 출 ④ 젖 유 ⑤ 멀 유

16   ① 짝 배 ② 버들나무 류 ③ 무리 류 ④ 흐를 류 ⑤ 머무를 류

17   ① 인륜 륜(윤) ② 성씨 윤 ③ 윤택할 윤 ④ 사를 소 ⑤ 맏 윤

18   ① 응할 응 ② 엉길 응 ③ 매 응 ④ 가슴 응 ⑤ 간절할 간

19   ① 옳을 의 ② 의지할 의 ③ 뜻 의 ④ 의논할 의 ⑤ 남길 유

20   익힐 련(연) : ① 물 수 ② 잔치 연 ③ 갈 연 ④ 그럴 연 ⑤ 납 연

21   해 년(연) : ① 벼루 연 ② 준할 준 ③ 연할 연 ④ 제비 연 ⑤ 연기 연

22   연이을 련(연) : ① 펼 연 ② 넓을 연 ③ 남을 여 ④ 못 연 ⑤ 늘일 연

23   나라 한 : ① 한나라 한 ② 한할 한 ③ 찰 한 ④ 한가할 한 ⑤ 겨를 가

24   나눌 분 : ① 어지러울 분 ② 가루 분 ③ 동이 분 ④ 씨 핵 ⑤ 분할 분

25   ④ 맏형 형

26   ③ 지날 과

27   ③ 늙을 로

28 ⑤ 아닐 불(부)

29 ① 세대 세

30 ② 가난할 빈

31 ① 흙 토 ② 부지런할 근 ③ 동굴 굴 ④ 늙을 로 ⑤ 눈 안

32 ① 배울 학 ② 날 생 ③ 아닐 불(부) ④ 편안할 안 ⑤ 줄 급

33 ① 겉 표 ② 뜻 정 ③ 일 사 ④ 상줄 상 ⑤ 인연 연

34 ① 효도 효 ② 학교 교 ③ 쉴 휴 ④ 써 이 ⑤ 위 상

35 ① 풀 해 ② 말 물 ③ 논할 론 ④ 친할 친 ⑤ 나눌 분

36 의논할 의 : ① 뒤 후 ② 동산 원 ③ 가르칠 훈 ④ 경계 계 ⑤ 논할 론

37 싸울 전 : ① 느낄 감 ② 움직일 동 ③ 일할 로 ④ 싸울 투 ⑤ 힘 력

38 알 지 : ① 형상 상 ② 알 식 ③ 상황 황 ④ 굳을 고 ⑤ 잡을 집

39 마을 동 : ① 뜻 의 ② 맛 미 ③ 마을 리 ④ 여윌 수 ⑤ 메마를 척

40 칠 토 : ① 칠 벌 ② 저자 시 ③ 백성 민 ④ 두려울 공 ⑤ 무서워할 포

2 어휘(語彙)

41 땅 지, 공 구 : ① 가질 지, 오랠 구 ② 빚 채, 힘쓸 무 ③ 밀칠 배, 물리칠 척 ④ 권할 권, 권면할 장 ⑤ 들 야, 엷을 박

42 으뜸 원, 머리 수 : ① 가라앉을 침, 아플 통 ② 찾을 탐, 찾을 방 ③ 으뜸 원, 셀 수 ④ 던질 투, 그림자 영 ⑤ 평평할 평, 고요할 정

43 익숙할 숙, 잠잘 면 : ① 터질 폭, 탄알 탄 ② 찰 한, 띠 대 ③ 막을 항, 물리칠 거 ④ 익숙할 숙, 낯 면 ⑤ 풀 해, 꿈 몽

44 번개 전, 기운 기 : ① 험할 험, 높을 준 ② 전할 전, 기록할 기 ③ 섞을 혼, 섞일 잡 ④ 거칠 황, 들 야 ⑤ 휘두를 휘, 터럭 호

45 기록할 기, 부를 호 : ① 늦을 만, 해 년 ② 이름 명, 기릴 예 ③ 돌이킬 반, 그림자 영 ④ 등 배, 믿을 신 ⑤ 지경 기, 호수 호

46 ① 헤아릴 탁, 지탱할 지 ② 지날 과, 정도 도 ③ 지을 제, 정도 도 ④ 모양 태, 정도 도 ⑤ 빠를 속, 정도 도

47 ① 빌 공, 골 동 ② 골 동, 마을 리 ③ 골 동, 동굴 굴 ④ 골 동, 입 구 ⑤ 밝을 통, 살필 찰

48 쇠잔, 잔존, 잔여 ① 병 병 ② 평상 상 ③ 배 복 ④ 생각할 안 ⑤ 남을 잔

49 이수, 이행, 이천 ① 뿜을 분 ② 밟을 리(이) ③ 나갈 출 ④ 사례할 사 ⑤ 예절 예(례)

50 인권, 인사, 노인 ① 잃을 상 ② 마음 심 ③ 사람 인 ④ 가릴 선 ⑤ 뽑을 발

51 위로, 위안, 위문 ① 깨뜨릴 파 ② 종이 지 ③ 굳셀 강 ④ 위로할 위 ⑤ 고를 조

52 부임, 부고, 부존 ① 다다를 부 ② 간 간 ③ 오장 장 ④ 기릴 송 ⑤ 덕 덕

53 작년, 내년, 매년 ① 돌아갈 귀 ② 의지할 의 ③ 아닐 불 ④ 해 년 ⑤ 옳을 가

54 최종, 종료, 종말 ① 믿을 신 ② 통할 통 ③ 위엄 위 ④ 엄숙할 엄 ⑤ 마칠 종

55 잠재, 잠잠, 잠복 ① 권세 권 ② 잠잠할 잠 ③ 맡길 위 ④ 사랑 자 ⑤ 슬플 비

56 객혈, 빈혈, 혈족 ① 흥할 흥 ② 악할 악 ③ 없을 무 ④ 길 도 ⑤ 피 혈

57 수렴, 흡수, 철수 ① 거둘 수 ② 어긋날 차 ③ 나눌 별 ④ 향풀 훈 ⑤ 향기 향

58 근본 본, 일 업 : ① 볼 시, 줄 선 ② 맺을 약, 정성 관 ③ 버금 부, 일 업 ④ 비석 비, 새길 명 ⑤ 짤 조, 문설주 각

59 부자 부, 귀할 귀 : ① 가난할 빈, 천할 천 ② 입을 피, 고할 고 ③ 가라앉을 침, 가라앉을 몰 ④ 막 막, 동료 료 ⑤ 터질 폭, 웃을 소

60 부자 부, 부유할 유 : ① 깨뜨릴 파, 무너질 괴 ② 짙을 농, 두터울 후 ③ 자주빈, 번성할 번 ④ 가난할 빈, 다할 궁 ⑤ 같을 동, 짝 반

61 아닐 부, 알 인 : ① 사를 연, 사를 소 ② 본받을 효, 시험할 험 ③ 쫓을 추, 자취 적 ④ 마칠 종, 이에 내 ⑤ 옳을 시, 알 인

62 나눌 분, 쪼갤 석 : ① 공경할 경, 일컬을 칭 ② 모을 종, 합할 합 ③ 판단할 판, 결정할 경 ④ 업신여길 모, 업신여길 멸 ⑤ 놀 유, 별 성

63 어지러울 분, 다툴 쟁 : ① 화할 화, 풀 해 ② 전할 전, 길 도 ③ 그물 망, 막 막 ④ 구덩이 갱, 길 도 ⑤ 걸 괘, 생각 념

64 아닐 비, 차례 번 : ① 사이 간, 사이뜰 격 ② 사이뜰 격, 뜻 의 ③ 마땅 당, 차례 번 ④ 맺을 계, 포갤 루 ⑤ 걸 괘, 쇠북 종

65 잡을 구, 금할 금 : ① 오로지 전, 세줄 세 ② 품을 회, 안을 포 ③ 바람 풍, 배 선 ④ 풀 석, 놓을 방 ⑤ 짙을 농, 안개 무

66 안하무인 : 교만하여 사람을 업신여김
① 없을 무 ② 거둘 수 ③ 눈 안 ④ 기뻐할 환 ⑤ 돌이킬 반

67 양상군자 : 들보 위의 군자. 즉 도둑.
① 둘 조 ② 가릴 선 ③ 잡을 구 ④ 임금 군 ⑤ 세대 세

68 어불성설 : 말이 말 같지 않음
① 아닐 비 ② 말씀 설 ③ 굳을 확 ④ 필 발 ⑤ 보일 시

69 어부지리 : 양편이 서로 싸우는 사이에 제 삼자가 이익을 봄
① 죽일 살 ② 삼갈 신 ③ 가라앉을 몰 ④ 쌀 포 ⑤ 이로울 리

70 연목구어 : 불가능한 일을 무리하게 하려고 함
① 지을 작 ② 바로잡을 격 ③ 인연 연 ④ 쫓을 추 ⑤ 쌓을 적

71 ② 같을 동, 병 병, 서로 상, 불쌍할 련

72 ⑤ 동녘 동, 달릴 분, 서녘 서, 달릴 주

73 ③ 같을 동, 평상 상, 다를 이, 꿈 몽

74 ⑤ 막을 두, 문 문, 아닐 불, 나갈 출

75 ① 없을 막, 위 상, 없을 막, 아래 하

76 ① 일촌광음 : 아주 짧은 순간
    ② 일자무식 : 낫 놓고 기역자도 모름
    ③ 일장춘몽 : 한바탕의 봄꿈처럼 헛된 영화
    ④ 일맥상통 : 솜씨, 성격 등이 서로 통함
    ⑤ 일사불란 : 질서가 정연하여 어지러움이 없음

77 ① 무궁무진 : 한이 없고 끝이 없음
    ② 인과응보 : 뿌린대로 거둠
    ③ 유유상종 : 동류끼리 서로 내왕하여 사귐
    ④ 유명무실 : 이름만 있고 실상은 없음
    ⑤ 우왕좌왕 : 이랬다저랬다 갈팡질팡함

78 ① 연목구어 : 안될 일을 무리하게 하려고 함
    ② 산해진미 : 산과 바다의 진귀한 맛좋은 음식
    ③ 방휼지쟁 : 서로 버티고 물러서지 않고 싸움
    ④ 생면부지 : 이제껏 한번도 보지 못함
    ⑤ 설상가상 : 엎친데 덮친격

79 ① 속수무책 : 어쩔 수 없음
    ② 역지사지 : 처지를 바꾸어 생각함
    ③ 어부지리 : 쌍방이 싸울 때 제3자가 힘들이지 않고 이익을 얻음
    ④ 양자택일 : 둘 가운데 하나를 택함
    ⑤ 백면서생 : 글만 읽고 세상 일에 경험이 없는 선비

80 ① 양상군자 : 도둑
    ② 안하무인 : 교만하여 사람들을 업신여김
    ③ 청렴결백 : 성품이 고결하고 탐욕이 없음
    ④ 부창부수 : 부부화합의 도
    ⑤ 청출어람 : 제자나 후배가 스승이나 선배보다 뛰어남

3 독해(讀解)

81 ① 소리 음, 울릴 향 ② 오를 승, 빛날 화 ③ 오로지 전, 문 문 ④ 얻을 획, 얻을 득 ⑤ 바로잡을 정, 바를 정

82 ① 글월 문, 층계 단 ② 배울 학, 사람 자 ③ 우물 정, 고을 주 ④ 넓을 박, 물건 물 ⑤ 염병 염, 병 질

83 ① 갚을 배, 갚을 상 ② 물을 자, 물을 문 ③ 방패 간, 넓힐 척 ④ 붉을 홍, 인삼 삼 ⑤ 길 도, 덕 덕

84 ① 날 생, 물건 물 ② 더러울 오, 물들일 염 ③ 스스로 자, 그러할 연 ④ 배울 학, 익힐 습 ⑤ 지킬 보, 보호할 호

85 ① 이를 도, 붙을 착 ② 그림 도, 거울 감 ③ 탈 탑, 탈 승 ④ 잡을 조, 늘어질 종 ⑤ 볼 관, 무리 중

86 ① 쇠불릴 단, 단련할 련 ② 싸움 투, 뜻 지 ③ 맡을 담, 지킬 보 ④ 모 방, 말씀 언 ⑤ 참 진, 골수 수

87 ③ 사모할 련(연), 사랑할 애

88 ③ 지을 저, 사람 자

89 ④ 받을 수, 상줄 상

90 ② 잡을 집, 붓 필

91 ① 돌 주, 새길 간

92 ① 읽을 독, 글 서

93 ① 외로울 고 ② 나눌 분 ③ 그릴 묘 ④ 사례할 사 ⑤ 날 생↔죽을 사

94 ① 머리 두 ② 물건 물 ③ 잃을 실↔이룰 성 ④ 줄 선 ⑤ 먼저 선

95 ① 꼬리 미↔머리 수 ② 다를 위 ③ 화할 화 ④ 느낄 감 ⑤ 덜 감

96　① 唐惶(당황) ② 苦悶(고민) ③ 나라 한, 나라 국 ④ 文化(문화) ⑤ 認識(인식)

97　① 批評(비평) ② 口實(구실) ③ 作品(작품) ④ 讀者(독자) ⑤ 중매 매, 낄 개

98　① 人生(인생) ② 確固(확고) ③ 信念(신념) ④ 肯定(긍정) ⑤ 볼 시, 들 야

99　① 없을 무, 능할 능↔있을 유, 능할 능

100　② 곁 방, 이을 계↔곧을 직, 이을 계

101　④ 이바지할 공, 줄 급 ↔쓸 수, 요긴할 요

102　① 품살 고, 품팔 용 ② 과일 과, 아들 자 ③ 삼갈 신, 무거울 중↔가벼울 경, 거느릴 솔 ④ 정성 관, 대접할 대 ⑤ 미칠 광, 기운 기

103　① 넓을 광, 큰 대 ② 임시거처 교, 백성 민 ③ 아교 교, 백성 민 ④ 캘 채, 팔 굴 ⑤ 가로 횡, 끊을 단↔세로 종, 끊을 단

104　① 흙 토, 동굴 굴 ② 풀 해, 흩을 산 ↔모을 집, 합할 합 ③ 큰 대, 대궐 궐 ④ 집 궁, 대궐 궐 ⑤ 길 궤, 법 범

105　② 고를 균, 저울대 형

106　③ 열매 실, 다닐 행 - 조급할 조, 급할 급

107　① 잃을 실, 손 수 ② 差分(차분) ③ 戰略(전략) ④ 效率(효율) ⑤ 必要(필요)

108　④ 떨어질 락(낙), 쓸개 담 - 대할 대, 곳 처

109　힘쓸 노, 힘 력 : ① 能力(능력) ② 勢力(세력) ③ 壓力(압력) ④ 暴力(폭력) ⑤ 經歷(지날 경, 지날 력)

110　이길 극, 옷 복 : ① 克服(극복) ② 衣服(의복) ③ 屈服(굴복) ④ 降服(항복) ⑤ 幸福(다행 행, 복 복)

111　⑤ 함께 동, 다닐 행

112 ① 追憶(추억) ② 自己(자기) ③ 대할 대, 말씀 화 ④ 子息(자식) ⑤ 生角(생각)

113 ④ 처음 초, 기약할 기

114 ① 지을 작, 집 가

115 性向(성품 성, 향할 향) : ① 날 일 ② 입 구 ③ 뫼 산 ④ 실 사 ⑤ 물 수

116 ① 슬플 비, 심할 극

117 ① 指向(지향) ② 바 소, 바랄 망 ③ 渴望(갈망) ④ 使用(사용) ⑤ 色感(색감)

118 ④ 모양 형, 모양 상

119 ③ 근본 본, 이름 명 – 가장 최, 처음 초

120 ⑤ 이을 소, 낄 개 – 빛 광, 회복할 복

07 정답 및 해설

1.④	2.②	3.①	4.③	5.④	6.⑤	7.①	8.②	9.③	10.④
11.⑤	12.①	13.③	14.②	15.④	16.②	17.⑤	18.①	19.①	20.②
21.③	22.④	23.①	24.⑤	25.⑤	26.④	27.④	28.①	29.②	30.③
31.③	32.①	33.⑤	34.④	35.②	36.①	37.⑤	38.③	39.④	40.②
41.②	42.④	43.⑤	44.③	45.①	46.②	47.①	48.①	49.③	50.④
51.⑤	52.②	53.⑤	54.①	55.③	56.①	57.②	58.④	59.②	60.⑤
61.①	62.③	63.②	64.④	65.⑤	66.④	67.②	68.③	69.①	70.④
71.③	72.①	73.④	74.①	75.②	76.③	77.②	78.④	79.①	80.⑤
81.④	82.③	83.①	84.⑤	85.③	86.⑤	87.④	88.④	89.⑤	90.③
91.②	92.②	93.①	94.④	95.②	96.④	97.①	98.①	99.②	100.③
101.⑤	102.④	103.①	104.③	105.③	106.④	107.②	108.⑤	109.①	110.①
111.①	112.④	113.⑤	114.②	115.③	116.②	117.③	118.⑤	119.④	120.①

1 한자(漢字)

1 ① 시 시 ② 책 편 ③ 경계 잠 ④ 수레 거(차) ⑤ 말씀 언

2 ① 쇠 금 ② 돌 주 ③ 요일 요 ④ 예절 예 ⑤ 절 배

3 ① 필 발(부수 : 癶)

4 ③ 휘두를 휘(부수 : 手(扌))

5 밝을 명(日) : ① 때 시 ② 어두울 암 ③ 빛 경 ④ 베풀 선(宀) ⑤ 별 성

6 맑을 청(水(氵)) : ① 젖을 습 ② 샘 천 ③ 흐릴 탁 ④ 헤아릴 측 ⑤ 무리 당(黑)

7 울 곡 : ① 뼈 골(會意文字(회의문자)) ② 지름길 경 ③ 기울 경 ④ 지경 경 ⑤ 빛 경

8 과목 과 : ① 옥빛 경 ② 구멍 공(會意文字(회의문자)) ③ 구슬 경 ④ 줄기 경 ⑤ 볕 경

9 ③ 고울 선

10 ④ 건널 제

11 ④ 지을 제

12 ⑤ 증거할 증

13 ③ 답할 답

14 ② 들을 문

15 ① 본뜰 모 ② 어미 모 ③ 터럭 모 ④ 모양 형 ⑤ 그릴 모

16 ① 나눌 반 ② 위 상 ③ 반 반 ④ 돌이킬 반 ⑤ 밥 반

17 ① 변할 변 ② 성씨 변 ③ 가 변 ④ 말씀 변 ⑤ 움직일 동

18 ① 소리 음 ② 코 비 ③ 견줄 비 ④ 쓸 비 ⑤ 비석 비

19 ① 관리 리 ② 이미 사 ③ 사기 사 ④ 생각 사 ⑤ 스승 사

20 세대 세 : ① 세금 세 ② 모일 사 ③ 모양 세 ④ 해 세 ⑤ 가늘 세

21 될 화 : ① 벼 화 ② 재앙 화 ③ 지킬 보 ④ 재물 화 ⑤ 빛날 화

22 착할 선 : ① 줄 선 ② 먼저 선 ③ 가릴 선 ④ 막을 장 ⑤ 배 선

23 안전할 안 : ① 노래 가 ② 언덕 안 ③ 눈 안 ④ 얼굴 안 ⑤ 기러기 안

24 오랠 구 : ① 지경 구 ② 몰 구 ③ 개 구 ④ 살 구 ⑤ 얻을 득

25 ⑤ 밝을 명

26 ④ 권세 권

27 ④ 설 립

28 ① 이길 승

29 ② 말씀 언

30 ③ 나눌 별

31 ① 구슬 벽 ② 그림 화 ③ 붓 필 ④ 새길 조 ⑤ 새길 각

32 ① 쥘 악 ② 펼 진 ③ 줄 렬 ④ 즐거워할 오 ⑤ 즐길 락

33 ① 백성 민 ② 노래 요 ③ 사귈 교 ④ 울림 향 ⑤ 찌를 충

34 ① 소리 음 ② 향기 향 ③ 칠 박 ④ 임할 림 ⑤ 손 수

35 ① 들을 청 ② 겨울 동 ③ 무리 중 ④ 연극 연 ⑤ 날 출

36 지킬 위 : ① 지킬 수 ② 빽빽할 밀 ③ 놓을 방 ④ 의논할 의 ⑤ 뽑을 발

37 해 세 : ① 과격할 격 ② 부릴 역 ③ 군사 병 ④ 뜻 지 ⑤ 해 년

38 이을 락 : ① 엄할 엄 ② 막을 어 ③ 잇닿을 련 ④ 간략할 략 ⑤ 막을 항

39 시름 수 : ① 부탁할 탁 ② 휘두를 휘 ③ 던질 투 ④ 근심할 우 ⑤ 포로 로

40 한할 한 : ① 강할 강 ② 원망할 원 ③ 하늘 건 ④ 맺을 결 ⑤ 아름다울 미

2 어휘(語彙)

41 기록할 록(녹), 소리 음 : ① 정할 정, 구멍 혈 ② 푸를 록(녹), 그늘 음 ③ 이름 명, 바 소 ④ 피울 끽, 연기 연 ⑤ 어지러울 골, 저축할 계

42 짙을 농, 묽을 담 : ① 높을 존, 집 당 ② 귀할 귀, 아래 하 ③ 영 영, 쉴 식 ④ 희롱할 롱(농), 말씀 담 ⑤ 영 영, 사랑 애

43 샐 루(누), 서적 적 : ① 정할 정, 물건 품 ② 높을 탁, 볼 견 ③ 빠질 골, 가라앉을 몰 ④ 집 가, 늙은이 옹 ⑤ 여러 루(누), 쌓을 적

44 끝 단, 실마리 서 : ① 늙을 로(노), 어미 모 ② 잃을 실, 바랄 망 ③ 다만 단, 글 서 ④ 이길 극, 몸 기 ⑤ 천할 천, 쉴 식

45 끊을 단, 정할 정 : ① 끝 단, 바를 정 ② 졸할 졸, 원고 고 ③ 해질 폐, 모일 사 ④ 거칠 조, 섞일 잡 ⑤ 어리석을 우, 날 생

46 ① 치우칠 편, 좁을 협 ② 땅 이름 합, 내 천 ③ 좁을 협, 작을 소 ④ 좁을 협, 좁을 착 ⑤ 좁을 협, 바퀴 자국 궤

47 ① 이지러질 결, 빠질 함 ② 하품 흠, 이지러질 결 ③ 하품 흠, 자리 석 ④ 하품 흠, 곳 처 ⑤ 하품 흠, 점 점

48 혐의, 의혹, 의문 : ① 의심할 의 ② 썩을 부 ③ 먼저 선 ④ 펼 부 ⑤ 쌀 포

49 친구, 복구, 구태 : ① 혼인할 혼 ② 가지런할 정 ③ 옛 구 ④ 큰 대 ⑤ 날 출

50 공간, 공기, 공항 : ① 지나갈 과 ② 긴할 긴 ③ 바칠 공 ④ 빌 공 ⑤ 풍성할 풍

51 약속, 계약, 절약 : ① 묶을 속 ② 집 옥 ③ 속일 사 ④ 잇닿을 련 ⑤ 맺을 약

52 불구, 부족, 불안 : ① 악할 악 ② 아닐 불(부) ③ 호걸 호 ④ 벗을 탈 ⑤ 갖출 비

53 영화, 화면, 화백 : ① 탄알 탄 ② 두려울 공 ③ 증거 증 ④ 인륜 륜 ⑤ 그림 화

54 혼란, 혼미, 황혼 : ① 섞을 혼 ② 늦을 만 ③ 펼 진 ④ 대신할 대 ⑤ 가늘 섬

55 수면, 침수, 오수 : ① 굳을 확 ② 굳을 고 ③ 잠잘 수 ④ 임금 황 ⑤ 임금 제

56 의무, 강의, 정의 : ① 옳을 의 ② 바랄 희 ③ 바랄 망 ④ 깨달을 각 ⑤ 깨달을 오

57 인사, 박사, 군사 : ① 편안할 강 ② 선비 사 ③ 굳셀 건 ④ 풀 석 ⑤ 소리 성

58 모질 학, 기다릴 대 : ① 아닐 불, 닮을 초 ② 메울 가, 거둘 렴 ③ 삼갈 각, 나눌 별 ④ 뛰어날 우, 기다릴 대 ⑤ 볼 간, 지을 주

59 합할 합, 법 법 : ① 간사할 간, 간사할 특 ② 어긋날 위, 법 법 ③ 사이 간, 쉴 헐 ④ 덜 감, 덜 쇄 ⑤ 헤아릴 감, 생각할 안

60 좋을 호, 재목 재 : ① 달 감, 사탕수수 자 ② 내릴 강, 비 우 ③ 교활할 교, 교활할 활 ④ 사귈 교, 기뻐할 환 ⑤ 악할 악, 재목 재

61 좋을 호, 구를 전 : ① 거스릴 역, 구를 전 ② 글귀 구, 구절 두 ③ 잡을 구, 가로막을 애 ④ 개 구, 짖을 폐 ⑤ 건질 구, 구할 휼

62 더할 가, 더울 열 : ① 속일 궤, 말씀 변 ② 거북 귀, 볼 감 ③ 찰 랭(냉), 물리칠 각 ④ 법 규, 자 구 ⑤ 틀 균, 찢을 렬

63 물리칠 각, 아래 하 : ① 거문고 금, 가야금 슬 ② 받을 수, 다스릴 리 ③ 기 기, 기 치 ④ 높을 존, 일컬을 칭 ⑤ 봄 춘, 곳집 부

64 굳셀 강, 굳셀 건 : ① 쥘 악, 손 수 ② 가로막을 장, 가로막을 애 ③ 뛸 도, 뛸 약 ④ 부드러울 유, 약할 약 ⑤ 비뚤 왜, 굽을 곡

65 급할 급, 성품 성 : ① 엉길 응, 굳을 고 ② 거스릴 저, 닿을 촉 ③ 둘 조, 둘 치 ④ 아뢸 주, 음악 악 ⑤ 늦을 만, 성품 성

66 아전인수 : 자기 형편에 좋도록만 생각하거나 행동함
① 세울 건 ② 사귈 교 ③ 고을 조 ④ 끌 인 ⑤ 조사할 사

67 아치고절 : 아담한 풍치와 높은 절개
① 풀 해 ② 제할 제 ③ 대신할 대 ④ 말씀 변 ⑤ 맑을 아

68 안분지족 : 편한 마음으로 제 분수를 지키며 만족함을 앎
① 꺾을 절 ② 절반 반 ③ 편안할 안 ④ 기약할 기 ⑤ 기다릴 대

69 절차탁마 : 옥돌을 다듬듯 학문과 덕행을 갈고 닦음
① 끊을 절 ② 던질 투 ③ 기계 기 ④ 법 규 ⑤ 마를 제

70 정문일침 : 남의 결점을 똑바로 찌름 따끔한 충고
① 도울 조 ② 긴 장 ③ 이을 련 ④ 정수리 정 ⑤ 맺을 결

71 ③ 이를 지, 정성 성, 느낄 감, 하늘 천

72 ① 무리 중, 입 구, 어려울 난, 막을 방

73 ④ 왼 좌, 찌를 충, 오른 우, 갑자기 돌

74 ① 주인 주, 손님 객, 하나 일, 이를 치

75 ② 교묘할 교, 말씀 언, 영 령(영), 빛 색

76 ① 역지사지 : 처지를 바꾸어서 생각해 봄
② 연목구어 : 불가능한 일을 하려고 함
③ 온고지신 : 옛 것을 익히어 새 것을 앎
④ 오매불망 : 자나 깨나 잊지 못함
⑤ 양상군자 : 도둑

77 ① 어부지리 : 쌍방이 싸우는 틈에 제 삼자가 힘들이지 않고 이익을 얻음
② 감정선갈 : 재능이 출중한 사람이 빨리 쇠함
③ 남가일몽 : 허무한 한 때의 부귀영화
④ 누란지세 : 위태로운 형세
⑤ 좌지우지 : 자기 마음대로 함

78 ① 위기일발 : 아주 위급한 상황
② 화용월태 : 꽃이나 달과 같이 예쁜 미인
③ 흥진비래 : 즐거움이 다하면 슬픔이 옴
④ 곡학아세 : 학문을 왜곡시켜 세상의 속물들에게 아부함
⑤ 희노애락 : 기쁨, 노여움, 슬픔, 즐거움

79 ① 구상유취 : 말이나 행동이 유치함
② 희색만면 : 기쁜 빛이 얼굴에 가득함
③ 피골상접 : 몸이 몹시 마름
④ 필부필부 : 평범한 남녀
⑤ 필유곡절 : 반드시 까닭이 있음

80 ① 혼비백산 : 몹시 놀람
② 홀현홀몰 : 문득 나타났다가 문득 사라짐
③ 화기애애 : 여럿이 모인 자리에 온화한 기색이 넘쳐 흐르는 모양
④ 과대망상 : 스스로를 굉장히 높게 생각함
⑤ 수불석권 : 손에서 책을 놓지 않음

3 독해(讀解)

81 ① 기름 지, 기름 방 ② 엮을 편, 모을 집 ③ 염탐할 첩, 사람 자 ④ 베풀 선, 전할 전 ⑤ 찰 축, 공 구

82 ① 높을 탁, 넘을 월 ② 으뜸 패, 권세 권 ③ 팔 판, 팔 매 ④ 큰 대, 대포 포 ⑤ 사나울 학, 죽일 살

83 ① 곧을 직, 맺을 결 ② 싫어할 혐, 미워할 오 ③ 군사 군, 가죽신 화 ④ 혹독할 혹, 찰 한 ⑤ 춤출 무, 공주 희

84 ① 막을 차, 날 일 ② 반찬 찬, 먹을 식 ③ 망볼 초, 바 소 ④ 잡을 체, 잡을 포 ⑤ 낳을 산, 업 업

85 ① 초침 초, 빠를 속 ② 우나라 우, 임금 왕 ③ 꾈 유, 보낼 치 ④ 막을 저, 그칠 지 ⑤ 함대 함, 함정 정

86 ① 그을릴 초, 눈썹 미 ② 숯 탄, 구덩이 갱 ③ 단련할 련(연), 익힐 습 ④ 둥글 원, 미끄러울 활 ⑤ 곳집 창, 곳집 고

87 ④ 재화 화, 물건 물

88 ④ 심을 가, 움직일 동

89 ⑤ 자세할 정, 빽빽할 밀

90 ③ 지을 조, 배 선

91 ② 묻을 매, 감출 장

92 ② 쇠부어 만들 주, 물건 물

93 ① 즐거울 락↔괴로울 고 ② 값 치 ③ 지을 작 ④ 땅 지 ⑤ 물건 물

94 ① 이을 계 ② 아닐 불 ③ 밝을 명 ④ 좁을 협↔넓을 광 ⑤ 힘 력

95 ① 능할 능 ② 게으를 태↔부지런할 근 ③ 합할 합 ④ 몸 체 ⑤ 바늘 침

96 ① 冷凍(냉동) ② 技術(기술) ③ 發達(발달) ④ 더할 가, 장인 공 ⑤ 有望(유망)

97 ① 재앙 재, 해할 해 ② 對備(대비) ③ 食糧(식량) ④ 備蓄(비축) ⑤ 習慣(습관)

98 ① 농사 농, 지을 작 ② 收穫(수확) ③ 變化(변화) ④ 敏感(민감) ⑤ 上昇(상승)

99 ② 펼 진, 썩을 부↔벨 참, 새로울 신

100 ③ 아닐 불, 상황 황↔좋을 호, 상황 황

101 ⑤ 넓힐 확, 큰 대↔줄일 축, 작을 소

102 ① 끌 견, 마를 제 ② 빽빽할 밀, 정탐할 정 ③ 얽힐 규, 합할 합 ④ 지킬 보, 지킬 수↔가죽 혁, 새로울 신 ⑤ 대신할 섭, 정사 정

103 ① 쓸 고, 아플 통↔쾌할 쾌, 즐거울 락 ② 닦을 수, 기울 선 ③ 젖을 윤, 미끄러울 활 ④ 깨뜨릴 파, 덜 손 ⑤ 으뜸 패, 기운 기

104 ① 엮을 편, 들 입 ② 허파 폐, 불탈 렴 ③ 참혹할 참, 패할 패↔쾌할 쾌, 이길 승 ④ 떨어질 락(낙), 쓸개 담 ⑤ 떨어질 락(낙), 패 찰

105 ③ 섞을 혼, 합할 합

106 ④ 길 장, 점 점 - 가벼울 경, 쾌할 쾌

107 ① 認識(인식) ② 말씀 어, 무리 휘 ③ 造語(조어) ④ 創意(창의) ⑤ 記錄(기록)

108 ⑤ 필 발, 도달할 달 - 호반 무, 그릇 기

109 다툴 경, 다툴 쟁 : ① 擊錚(칠 격, 쇳소리 쟁) ② 戰爭(전쟁) ③ 鬪爭(투쟁) ④ 分爭(분쟁) ⑤ 論爭(논쟁)

110 어질 현, 밝을 명 : ① 現代(현재 현, 대신할 대) ② 聖賢(성현) ③ 先賢(선현) ④ 賢俊(현준) ⑤ 賢人(현인)

111 ① 막을 저, 막을 항

112 ① 鮮明(선명) ② 詩人(시인) ③ 題目(제목) ④ 뜻 의, 뜻 지 ⑤ 設立(설립)

113 ⑤ 안 내, 과녁 적

114 ② 시 시, 바람 풍

115 變貌(변할 변, 모양 모) : ① 뚫을 곤 ② 실 사 ③ 말씀 언 ④ 칠 복 ⑤ 돌 석

116 ② 혼인할 혼, 혼인할 인

117 ① 問題(문제) ② 丈人(장인) ③ 결단할 결, 판단할 판 ④ 意識(의식) ⑤ 態度(태도)

118 ⑤ 거칠 황, 당황할 당

119 ④ 정할 정, 신 신 - 잠깐 잠, 때 시

120 ① 써 이, 뒤 후 - 위로할 위, 힘쓸 로

08 정답 및 해설

1.⑤	2.③	3.②	4.④	5.⑤	6.①	7.②	8.③	9.④	10.⑤
11.①	12.②	13.④	14.③	15.⑤	16.④	17.①	18.②	19.②	20.③
21.④	22.⑤	23.②	24.①	25.①	26.⑤	27.⑤	28.②	29.③	30.④
31.④	32.②	33.①	34.⑤	35.③	36.②	37.①	38.④	39.⑤	40.③
41.③	42.⑤	43.①	44.④	45.②	46.③	47.②	48.②	49.④	50.⑤
51.①	52.③	53.①	54.②	55.④	56.②	57.③	58.⑤	59.③	60.①
61.②	62.④	63.③	64.⑤	65.④	66.⑤	67.①	68.④	69.②	70.⑤
71.④	72.⑤	73.⑤	74.②	75.④	76.④	77.③	78.⑤	79.②	80.①
81.⑤	82.④	83.②	84.②	85.④	86.①	87.⑤	88.⑤	89.①	90.④
91.③	92.③	93.②	94.⑤	95.④	96.⑤	97.③	98.②	99.③	100.④
101.①	102.⑤	103.②	104.④	105.②	106.⑤	107.③	108.①	109.②	110.②
111.②	112.⑤	113.①	114.③	115.④	116.③	117.④	118.①	119.⑤	120.②

1 한자(漢字)

1 ① 고를 주 ② 날 일 ③ 성스러울 성 ④ 지킬 수 ⑤ 작을 소

2 ① 공평할 공 ② 평가할 평 ③ 사귈 교 ④ 뜻 정 ⑤ 옳을 의

3 ② 깨끗할 결(부수 : 水(氵))

4 ④ 넓힐 확(부수 : 手(扌))

5 굴대 축(車) : ① 무리 배 ② 군사 군 ③ 가벼울 경 ④ 비교 교 ⑤ 곳집 고(广)

6 사이 간(門) : ① 들 문(人(亻)) ② 물을 문 ③ 들을 문 ④ 한가할 한 ⑤ 닫을 폐

7 살 거 : ① 실 사 ② 막을 거(形聲文字(형성문자)) ③ 스스로 자 ④ 길 장 ⑤ 밭 전

8 근거 거 : ① 고무래 정 ② 손톱 조 ③ 물건 건(形聲文字(형성문자)) ④ 솥 정 ⑤ 임금 제

9 ④ 쇠사슬 쇄

10 ⑤ 싸울 전

정답 및 해설 ◆ 469

11	⑤ 물러날 퇴
12	① 구할 수
13	④ 나라 국
14	③ 항상 상
15	① 일 사 ② 넉 사 ③ 사사로울 사 ④ 하여금 사 ⑤ 큰 대
16	① 낳을 산 ② 흩을 산 ③ 참석할 참 ④ 셈 산 ⑤ 뫼 산
17	① 참혹할 참 ② 가릴 선 ③ 착할 선 ④ 먼저 선 ⑤ 베풀 선
18	① 이룰 성 ② 곳 처 ③ 성품 성 ④ 별 성 ⑤ 성 성
19	① 선비 사 ② 끌 인 ③ 스승 사 ④ 모일 사 ⑤ 섬길 사
20	일할 로(노) : ① 늙을 로 ② 길 로 ③ 지킬 보 ④ 이슬 로 ⑤ 성낼 노
21	움직일 동 : ① 동녘 동 ② 아이 동 ③ 겨울 동 ④ 걸음 보 ⑤ 얼 동
22	짤 조 : ① 도울 조 ② 새 조 ③ 지을 조 ④ 가지 조 ⑤ 기울 보
23	짤 직 : ① 피 직 ② 알릴 보 ③ 올벼 직 ④ 직분 직 ⑤ 곧 직
24	합할 합 : ① 넓을 보 ② 대합조개 합 ③ 합 합 ④ 쪽문 합 ⑤ 좁을 합
25	① 꾸밀 장
26	⑤ 잃을 실
27	⑤ 힘쓸 무

28 ② 가지런할 정

29 ③ 될 화

30 ④ 지을 제

31 ① 적당할 적 ② 마땅할 당 ③ 섞을 혼 ④ 오를 승 ⑤ 쓸 용

32 ① 글월 문 ② 떨칠 진 ③ 글 장 ④ 묘할 묘 ⑤ 맛 미

33 ① 부를 징 ② 열매 실 ③ 느낄 감 ④ 사례 례 ⑤ 보일 시

34 ① 뼈 골 ② 바로잡을 격 ③ 살찔 비 ④ 고기 육 ⑤ 비단 폐

35 ① 세대 세 ② 지경 계 ③ 길쌈할 적 ④ 백성 민 ⑤ 겨레 족

36 창성할 창 : ① 위대할 위 ② 융성할 륭 ③ 대할 대 ④ 누릴 향 ⑤ 있을 유

37 다스릴 치 : ① 다스릴 리 ② 스스로 자 ③ 발 족 ④ 볼 시 ⑤ 깨달을 각

38 사랑할 자 : ① 겉 표 ② 뜻 의 ③ 줄일 축 ④ 사랑할 애 ⑤ 맺을 약

39 큰 대 : ① 가벼울 경 ② 쾌할 쾌 ③ 얼굴 용 ④ 쉬울 이 ⑤ 클 거

40 깨끗할 결 : ① 알 인 ② 알 식 ③ 깨끗할 정 ④ 지을 조 ⑤ 말씀 어

2 어휘(語彙)

41 다만 단, 다만 지 : ① 벌일 라(나), 벌일 렬(열) ② 큰 대, 쓸개 담 ③ 둥글 단, 땅 지 ④ 협할 협, 닥칠 박 ⑤ 이을 계, 포갤 루

42 밟을 답, 조사할 사 : ① 맏형 백, 아비 부 ② 맡을 관, 손바닥 장 ③ 둥글 원, 익을 숙 ④ 경영할 영, 기를 양 ⑤ 대답할 답, 말 사

43 빌 허, 생각할 상 : ① 빌 허, 형상 상 ② 집 우, 집 주 ③ 막을 항, 막을 거 ④ 뫼 산, 정수리 정 ⑤ 더할 증, 베풀 설

44 허락할 허, 오랠 구 : ① 맺을 결, 인연 연 ② 벼슬 관, 관리 리 ③ 속 리(이), 낯 면 ④ 빌 허, 얽을 구 ⑤ 나라 국, 복 록

45 어질 인, 사랑할 자 : ① 언덕 구, 언덕 릉 ② 어질 인, 사람 자 ③ 고를 균, 한 일 ④ 건질 구, 보호할 호 ⑤ 몸 체, 이을 계

46 ① 나눌 분, 들 야 ② 들 야, 오랑캐 만 ③ 나눌 별, 농막 서 ④ 볼 시, 들 야 ⑤ 들 야, 나물 채

47 ① 어두울 혼, 어지러울 란 ② 힘쓸 민, 힘쓸 면 ③ 어두울 혼, 미혹할 미 ④ 어두울 혼, 잠잘 수 ⑤ 어두울 혼, 끊을 절

48 경륜, 경위, 경로 : ① 자랑할 과 ② 지날 경 ③ 보일 시 ④ 벼슬 관 ⑤ 과청 아

49 고부, 고모, 마고 : ① 깍을 괄 ② 눈 목 ③ 어그러질 괴 ④ 시어미 고 ⑤ 떨어질 리

50 곡선, 곡직, 굴곡 : ① 으뜸 괴 ② 머리 수 ③ 쾌할 쾌 ④ 즐거울 락 ⑤ 굽을 곡

51 귀가, 귀천, 진귀 : ① 귀할 귀 ② 복도 랑 ③ 아래 하 ④ 매화나무 매 ⑤ 난초 란

52 금번, 금년, 금래 : ① 이슬 로 ② 나갈 출 ③ 이제 금 ④ 빌 공 ⑤ 난간 란

53 다양, 다급, 다량 : ① 많을 다 ② 화로 로 ③ 가 변 ④ 건질 구 ⑤ 도울 조

54 단검, 단조, 단명 : ① 폐할 폐 ② 짧을 단 ③ 일 업 ④ 융성할 융 ⑤ 성할 성

55 담박, 담녹, 담수 : ① 겉 표 ② 속 리 ③ 지혜 지 ④ 맑을 담 ⑤ 지혜 혜

56 취득, 이득, 득실 : ① 능할 능 ② 얻을 득 ③ 손 수 ④ 생각할 고 ⑤ 살필 찰

57 부력, 부유, 부경 : ① 난초 란 ② 풀 초 ③ 뜰 부 ④ 시험할 시 ⑤ 시험할 험

58 잡을 구, 금할 금 : ① 으뜸 패, 권세 권 ② 평평할 평, 고요할 정 ③ 쌀 포, 둘레 위 ④ 둔할 둔, 느낄 감 ⑤ 풀 석, 놓을 방

59 집을 구, 묶을 속 : ① 경사 경, 조문할 조 ② 큰 대, 쓸개 담 ③ 놓을 방, 면할 면 ④ 다리 각, 빛 광 ⑤ 얼음 빙, 과자 과

60 공 구, 마음 심 : ① 멀 원, 마음 심 ② 찾을 수, 조사할 사 ③ 먹일 사, 기를 육 ④ 불 화, 나무 목 ⑤ 살 구, 살 매

61 임금 군, 아들 자 : ① 훔칠 도, 팔 굴 ② 작을 소, 사람 인 ③ 사람 인, 인삼 삼 ④ 상자 상, 아들 자 ⑤ 건널 섭, 사냥 렵

62 팔 굴, 배 복 : ① 얽힐 규, 밝을 명 ② 기를 양, 번식할 번 ③ 간 간, 암 암 ④ 막을 저, 막을 항 ⑤ 쓸개 담, 큰 대

63 권리 권, 이로울 리 : ① 베낄 등, 베낄 사 ② 급할 급, 오를 등 ③ 옳을 의, 힘쓸 무 ④ 모두 전, 전라 라 ⑤ 가지런할 정, 다스릴 리

64 근소할 근, 적을 소 : ① 사냥 렵(엽), 총 총 ② 다스릴 치, 치료할 료 ③ 의원 의, 치료할 료 ④ 유황 유, 누를 황 ⑤ 지날 과, 많을 다

65 급할 급, 성품 성 : ① 거만할 만, 성품 성 ② 싫을 염, 증세 증 ③ 작을 미, 힘 력 ④ 도깨비 매, 미혹할 혹 ⑤ 업신여길 멸, 볼 시

66 공명정대 : 어떤 일이든 공평하고 투명하게 처리함
① 값 가 ② 건널 도 ③ 이로울 리 ④ 쇠 금 ⑤ 바를 정

67 조령모개 : 법령이 빈번하게 바뀜
① 저물 모 ② 자리 좌 ③ 지킬 보 ④ 재물 자 ⑤ 낳을 산

68 가급인족 : 집집마다 넉넉하여 살기 좋음
① 풍성할 풍 ② 부자 부 ③ 기록할 기 ④ 줄 급 ⑤ 기록할 록

69 좌정관천 : 우물 안 개구리
① 때 시 ② 볼 관 ③ 빌 공 ④ 넘을 초 ⑤ 넘을 월

70 주마가편 : 열심히 일하는 사람을 더욱 편달함
① 가르칠 교 ② 스승 사 ③ 남을 잔 ④ 그림자 영 ⑤ 채찍 편

71 ④ 나아갈 진, 물러날 퇴, 벼리 유, 골 곡

72 ② 큰바다 창, 바다 해, 하나 일, 조 속

73 ⑤ 일천 천, 생각할 려, 하나 일, 잃을 실

74 ② 하늘 천, 무너질 붕, 갈 지, 아플 통

75 ③ 토끼 토, 죽을 사, 개 구, 삶을 팽

76 ① 수구초심 : 고향을 그리워하는 마음
② 수주대토 : 주변이 없어서 변통할 줄을 모르고 굳게 지키기만 함
③ 간어제초 : 약자가 강자 틈에 끼어 괴로움을 받음
④ 천재일우 : 좀처럼 만나기 어려운 좋은 기회
⑤ 숙호충비 : 학대를 초청함

77 ① 아전인수 : 자기에게만 유리하게 생각하고 행동함
② 억강부약 : 강한 사람을 누르고 약한 사람을 도와줌
③ 취생몽사 : 한평생을 흐리멍텅하게 살아감
④ 사면초가 : 고립 상태에 빠져 있음
⑤ 유유자적 : 자기 멋대로 마음 편히 삶

78 ① 자중지란 : 자기네 패속에서 일어나는 싸움질
② 정문일침 : 따끔한 충고
③ 중과부적 : 적은 수로는 많은 수를 대적 할 수 없음
④ 천려일실 : 지혜로운 사람도 간혹 실수를 할 때도 있음
⑤ 치지도외 : 내버려두고 문제로 삼지 않음

79 ① 청출어람 : 제자나 후배가 스승이나 선배보다 뛰어남
② 항다반사 : 예사로운 일
③ 탐관오리 : 탐욕이 많고 행실이 깨끗하지 못한 관리
④ 태산북두 : 세상 사람으로부터 가장 존경을 받는 사람
⑤ 화사첨족 : 쓸데없이 군일을 하다가 도리어 실패함

80 ① 호연지기 : 천하에 부끄러운 것이 없이 활짝 펴진 기운
② 호사다마 : 좋은 일에는 방해되는 것이 많음
③ 환골탈태 : 딴 사람이 된 듯 용모가 환히 트이고 아름다워짐
④ 허장성세 : 실속은 없으면서 허세만 부림
⑤ 파안대소 : 얼굴빛은 부드럽게 하여 크게 웃음

3 독해(讀解)

81 ① 펼 부, 넘칠 연 ② 먹일 사, 사료 료 ③ 볕 양, 우산 산 ④ 꽂을 삽, 들 입 ⑤ 모일 사, 모일 회

82 ① 가늘 섬, 바 유 ② 시험 시, 시험할 험 ③ 위 위, 암 암 ④ 빽빽할 밀, 정도 도 ⑤ 즙 액, 몸 체

83 ① 쇠 금, 덩어리 괴 ② 목숨 수, 목숨 명 ③ 아리따울 요, 사악할 사 ④ 임신할 임, 아이밸 신 ⑤ 성스러울 성, 큰집 전

84 ① 높을 고, 나이 령 ② 새길 조, 새길 각 ③ 주낼 주, 풀 해 ④ 볼 진, 끊을 단 ⑤ 일 사, 법 전

85 ① 늦을 지, 막힐 체 ② 불 취, 일 사 ③ 탄생할 탄, 날 생 ④ 물 수, 수준기 준 ⑤ 두루 편, 지낼 력

86 ① 남을 여, 겨를 가 ② 필 발, 대포 포 ③ 사나울 포, 사나울 학 ④ 좁을 협, 골짜기 곡 ⑤ 길 장, 가죽신 화

87 ⑤ 집 가, 겨레 족

88 ⑤ 뜻 정, 알릴 보

89 ① 복 복, 복 지

90 ④ 지킬 보, 가로막을 장

91 ③ 어조사 우, 먼저 선

92 ③ 가로막을 장, 방해알 애

93 ① 빌 허 ② 씨 위↔지날 경 ③ 역참 우 ④ 부칠 기 ⑤ 뒤 후

94 ① 소경 맹 ② 집 가 ③ 구를 전 ④ 높을 고 ⑤ 무거울 중↔가벼울 경

95 ① 설 립 ② 밀 추 ③ 움직일 동↔굳을 고 ④ 흐를 격 ⑤ 처음 시

96 ① 貧困(빈곤) ② 原因(원인) ③ 社會(사회) ④ 全體(전체) ⑤ 물을 문, 제목 제

97 ① 勞動(노동) ② 고리 환, 지경 경 ③ 生産(생산) ④ 向上(향상) ⑤ 利益(이익)

98 ① 巨大(거대) ② 짤 조, 짤 직 ③ 人間(인간) ④ 調和(조화) ⑤ 解決(해결)

99 ③ 낮을 저, 고를 조↔높을 고, 고를 조

100 ④ 현재 현, 열매 실↔빌 공, 생각할 상

101 ① 편안할 온, 굳셀 건↔지날 과, 격할 격

102 ① 고를 균, 저울대 형 ② 벨 참, 형벌 형 ③ 날개 한, 수풀 림 ④ 속마음 충, 마음 심 ⑤ 빛날 광, 밝을 명↔어두울 암, 검을 흑

103 ① 걸음 보, 망볼 초 ② 공교할 교, 묘할 묘↔옹졸할 졸, 못할 렬 ③ 번갈을 체, 믿을 신 ④ 거둘 철, 갈 거 ⑤ 약 약, 지을 제

104 ① 막을 저, 해할 해 ② 빠질 탐, 빠질 닉 ③ 가장 최, 좋을 선 ④ 갖출 구, 몸 체↔밀 추, 코끼리 상 ⑤ 그으릴 초, 점 점

105 ④ 높을 존, 무거울 중

106 ⑤ 시기할 시, 꺼릴 기 – 미워할 질, 샘낼 투

107 ① 努力(노력) ② 待遇(대우) ③ 필 발, 펼 전 ④ 事實(사실) ⑤ 障壁(장벽)

108 ① 최고 최, 착할 선 – 뒤 후, 뉘우칠 회

109 맺을 결, 열매 과 : ① 結婚(결혼) ② 解決(풀 해, 결단할 결) ③ 凍結(동결) ④ 結論(결론) ⑤ 結合(결합)

110 열매 실, 밟을 천 : ① 現實(현실) ② 失手(잃을 실, 손 수) ③ 確實(확실) ④ 實施(실시) ⑤ 實際(실제)

111 ② 이길 극, 배 복

112 ① 都市(도시) ② 貧民(빈민) ③ 階層(계층) ④ 期待(기대) ⑤ 하늘 천, 나라 국

113 ① 들 입, 살 주

114 ③ 전할 전, 세낼 세

115 投機(던질 투, 틀 기) : ① 손 수 ② 풀 초 ③ 수레 거 ④ 나무 목 ⑤ 불 화

116 ③ 무리 류(유), 닮을 사

117 ① 詩想(시상) ② 攝理(섭리) ③ 循環(순환) ④ 다스릴 리(이), 이를 치 ⑤ 結實(결실)

118 ① 법 법, 법칙 칙

119 ⑤ 처음 시, 지을 작 – 전할 전, 거느릴 통

120 ① 필 발, 지을 작 – 뇌 뇌, 죽을 사
② 날카로울 예, 이로울 리 – 따를수, 붓 필
③ 지킬 보, 험할 험 – 의원 의, 병고칠 료
④ 맡을 관, 다스릴 리 – 자격 격, 다를 차
⑤ 정해질 정, 해 년 – 짧을 단, 줄일 축

09 정답 및 해설

1.④	2.②	3.①	4.③	5.④	6.⑤	7.①	8.②	9.③	10.④
11.⑤	12.①	13.③	14.②	15.④	16.②	17.⑤	18.①	19.①	20.②
21.③	22.④	23.①	24.⑤	25.⑤	26.④	27.④	28.①	29.②	30.③
31.③	32.①	33.⑤	34.④	35.②	36.①	37.⑤	38.③	39.④	40.②
41.②	42.④	43.⑤	44.③	45.①	46.②	47.①	48.①	49.③	50.④
51.⑤	52.②	53.⑤	54.①	55.③	56.①	57.②	58.④	59.②	60.⑤
61.①	62.③	63.②	64.④	65.⑤	66.④	67.⑤	68.③	69.①	70.④
71.③	72.①	73.④	74.①	75.②	76.③	77.②	78.④	79.①	80.⑤
81.④	82.③	83.①	84.⑤	85.③	86.⑤	87.④	88.④	89.⑤	90.③
91.②	92.②	93.①	94.④	95.②	96.④	97.①	98.①	99.①	100.③
101.⑤	102.④	103.①	104.③	105.③	106.④	107.②	108.⑤	109.①	110.①
111.①	112.④	113.⑤	114.②	115.③	116.②	117.③	118.⑤	119.④	120.①

1 한자(漢字)

1   ① 공경할 경 ② 절 배 ③ 기릴 찬 ④ 엎드릴 복 ⑤ 날릴 양

2   ① 버금 중 ② 놀 유 ③ 지킬 보 ④ 빌 기 ⑤ 빌 도

3   ① 대할 대(부수 : 寸)

4   ③ 배울 학(부수 : 子)

5   자리 위(人(亻)) : ① 어질 인 ② 같을 상 ③ 모양 상 ④ 합할 합(口) ⑤ 다칠 상

6   있을 존(子) : ① 아이벨 잉 ② 효도 효 ③ 뜰 부 ④ 맏 맹 ⑤ 좋을 호(女)

7   들 거 : ① 세울 건(會意文字(회의문자)) ② 아득할 망 ③ 묻을 매 ④ 누이 매 ⑤ 중매 매

8   굳을 견 : ① 사나울 맹 ② 어깨 견(會意文字(회의문자)) ③ 맹세 맹 ④ 힘쓸 면 ⑤ 잘 면

9   ③ 두터울 후

10   ④ 재물 화

11 ④ 책 편

12 ⑤ 갈래 파

13 ③ 나아갈 취

14 ② 살필 찰

15 ① 이를 도 ② 달아날 도 ③ 정도 도 ④ 배 선 ⑤ 질그릇 도

16 ① 얼 동 ② 모일 사 ③ 마룻대 동 ④ 오동나무 동 ⑤ 구리 동

17 ① 마음 심 ② 깊을 심 ③ 심할 심 ④ 살필 심 ⑤ 더할 익

18 ① 경계할 계 ② 밟을 리 ③ 배나무 리 ④ 속 리 ⑤ 떠날 리

19 ① 재물 재 ② 매양 매 ③ 팔 매 ④ 살 매 ⑤ 누이 매

20 남녘 남 : ① 사내 남 ② 통할 통 ③ 쪽 람(남) ④ 넘칠 람(남) ⑤ 물이름 남

21 허수아비 괴 : ① 괴이할 괴 ② 무너질 괴 ③ 변할 변 ④ 덩어리 괴 ⑤ 부끄러울 괴

22 받들 봉 : ① 봉할 봉 ② 봉우리 봉 ③ 만날 봉 ④ 붙을 착 ⑤ 벌 봉

23 위 상 : ① 집 가 ② 서로 상 ③ 생각 상 ④ 장사 상 ⑤ 모양 상

24 따를 연 : ① 못 연 ② 늘릴 연 ③ 탈 연 ④ 그럴 연 ⑤ 길 로

25 ⑤ 재주 예

26 ④ 높을 존

27 ④ 근원 원

28　① 다할 진

29　② 이마 액

30　③ 갖출 비

31　① 볼 간 ② 막을 거 ③ 쉴 식 ④ 깨끗할 결 ⑤ 힘쓸 노

32　① 높을 숭 ② 멜 담 ③ 볼 람 ④ 머무를 류 ⑤ 힘쓸 면

33　① 터럭 발 ② 질 부 ③ 날 비 ④ 쏠 사 ⑤ 베풀 설

34　① 붙일 속 ② 깊을 심 ③ 인연 연 ④ 바를 정 ⑤ 인할 인

35　① 숨을 온 ② 곧을 직 ③ 살 거 ④ 참을 인 ⑤ 견딜 내

36　급할 급 : ① 빠를 속 ② 뜻 지 ③ 잡을 조 ④ 벨 할 ⑤ 사양할 양

37　짝 우 : ① 줄일 축 ② 맺을 약 ③ 찔 증 ④ 기운 기 ⑤ 짝 배

38　가난할 빈 : ① 영화로울 영 ② 기릴 예 ③ 다할 궁 ④ 삼갈 근 ⑤ 삼갈 신

39　층 층 : ① 공손할 공 ② 겸손할 겸 ③ 묘할 묘 ④ 섬돌 계 ⑤ 재주 기

40　싸움 투 : ① 기울 보 ② 다툴 쟁 ③ 닦을 수 ④ 젖을 습 ⑤ 법도 도

2 어휘(語彙)

41　장수 장, 군사 병 : ① 새길 각, 뼈 골 ② 길 장, 군사 병 ③ 잡을 구, 묶을 속 ④ 꾀 책, 꾀할 모 ⑤ 빽빽할 밀, 벌 봉

42　지킬 보, 풀릴 석 : ① 두루 주, 돌 선 ② 어길 위, 법 헌 ③ 징계할 징, 벌 벌 ④ 보배 보, 돌 석 ⑤ 갑자기 홀, 그러할 연

43 역사 사, 헤아릴 료 : ① 잠잠할 묵, 생각할 상 ② 돌아올 환, 줄 급 ③ 그림자 영, 전할 향 ④ 벼루 연, 물방울 적 ⑤ 생각 사, 헤아릴 료

44 사를 연, 사를 소 : ① 흙을 산, 꾀 책 ② 깎을 삭, 덜 감 ③ 해 년(연), 작을 소 ④ 가죽 피, 살갗 부 ⑤ 씻을 세, 씻을 탁

45 벼슬 관, 관리 리 : ① 주관할 관, 다스릴 리 ② 새벽 효, 하늘 천 ③ 천거할 천, 들 거 ④ 마를 고, 잎 엽 ⑤ 뽕나무 상, 바다 해

46 ① 돌이킬 반, 살필 성 ② 덜 생, 예절 례 ③ 살필 성, 살필 찰 ④ 스스로 자, 살필 성 ⑤ 느낄 감, 살필 성

47 ① 좋아할 요, 뫼 산 ② 즐길 오, 즐길 락 ③ 쏠 고, 즐길 락 ④ 즐길 락(낙), 볼 관 ⑤ 즐길 락(낙), 동산 원

48 영원, 요원, 원격 : ① 멀 원 ② 볼 람 ③ 칠 박 ④ 뛰어날 우 ⑤ 가질 지

49 최근, 인근, 접근 : ① 굳을 확 ② 갈 왕 ③ 가까울 근 ④ 쏠 사 ⑤ 바퀴 륜

50 빈곤, 빈혈, 빈약 : ① 쉴 식 ② 기릴 송 ③ 벼슬 직 ④ 가난할 빈 ⑤ 한가할 한

51 부귀, 치부, 부자 : ① 찾을 탐 ② 도둑 적 ③ 말씀 변 ④ 양식 량 ⑤ 부유할 부

52 비난, 곤란(난), 재난 : ① 찰 만 ② 어려울 난 ③ 멜 담 ④ 볼 감 ⑤ 엎드릴 복

53 안이, 용이, 간이 : ① 두터울 후 ② 재물 화 ③ 책 편 ④ 거리 가 ⑤ 쉬울 이

54 내용, 내부, 내각 : ① 안 내 ② 닭 계 ③ 거짓 가 ④ 사례할 사 ⑤ 깊을 심

55 소외, 외면, 외모 : ① 도울 원 ② 가릴 택 ③ 바깥 외 ④ 붉을 홍 ⑤ 이을 접

56 완화, 완충, 완만 : ① 느릴 완 ② 근원 원 ③ 머무를 류 ④ 이지러질 결 ⑤ 열매 과

57 긴급, 급등, 급격 : ① 꾈 유 ② 급할 급 ③ 미혹할 혹 ④ 증거할 증 ⑤ 근거 거

58 이길 승, 이로울 리 : ① 짝 배, 짝 우 ② 가늘 세, 허리 요 ③ 모실 시, 따를 종 ④ 패할 패, 등 배 ⑤ 착할 선, 이웃 린

59 서로 상, 대할 대 : ① 날카로울 예, 날카로울 이 ② 끊을 절, 대할 대 ③ 더욱 우, 심할 심 ④ 윤택할 윤, 윤택할 택 ⑤ 위태할 위, 위태할 태

60 느낄 감, 성품 성 : ① 재앙 화, 복 복 ② 위엄 위, 협할 협 ③ 통할 투, 통할 철 ④ 감독할 독, 재촉할 촉 ⑤ 다스릴 리(이), 성품 성

61 밀 추, 모양 상 : ① 갖출 구, 몸 체 ② 따를 축, 사슴 록 ③ 빼앗을 탈, 가질 취 ④ 열 계, 계몽할 몽 ⑤ 빛날 란(난), 흩어질 만

62 옳을 의, 힘쓸 무 : ① 구름 운, 안개 무 ② 줄 사, 약 약 ③ 권세 권, 이로울 리 ④ 염병 역, 병 질 ⑤ 돌 운, 나를 수

63 근원 원, 인할 인 : ① 짐승 금, 짐승 수 ② 맺을 결, 열매 과 ③ 대할 대, 비출 조 ④ 부드러울 유, 따를 순 ⑤ 쪽 람(남), 푸를 벽

64 안 내, 얼굴 용 : ① 비평할 비, 비평할 평 ② 항복할 항, 엎드릴 복 ③ 뜰 부, 가라앉을 침 ④ 모양 형, 법 식 ⑤ 지칠 피, 곤할 곤

65 넓힐 확, 큰 대 : ① 쌓을 저, 쌓을 축 ② 더러울 오, 흐릴 탁 ③ 사라질 소, 쓸 비 ④ 들을 청, 따를 종 ⑤ 줄일 축, 작을 소

66 정저지와 : 우물 안 개구리
① 실을 재 ② 달 감 ③ 오히려 상 ④ 우물 정 ⑤ 닫을 폐

67 신상필벌 : 상벌을 공정하고 엄중히 함
① 밝을 철 ② 찔 증 ③ 피리 적 ④ 얼굴 안 ⑤ 상줄 상

68 사필귀정 : 만사는 반드시 정리로 돌아감
① 서늘할 량 ② 꿈 몽 ③ 돌아갈 귀 ④ 아낄 석 ⑤ 떨칠 진

69 임전무퇴 : 한 번 싸움에 임하면 물러서지 않음
① 물러날 퇴 ② 토끼 토 ③ 자취 적 ④ 만날 우 ⑤ 우러를 앙

70 백절불굴 : 수없이 꺾어도 굽히지 않음
① 앉을 좌 ② 나아갈 취 ③ 보배 진 ④ 굽을 굴 ⑤ 칠 박

71 ③ 일만 만, 이랑 경, 푸를 창, 물결 파

72 ① 큰 대, 옳을 의, 이름 명, 나눌 분

73 ④ 변방 새, 늙은이 옹, 갈 지, 말 마

74 ① 넉 사, 낯 면, 초나라 초, 노래 가

75 ② 깨뜨릴 파, 대나무 죽, 갈 지, 모양 세

76 ① 십벌지목 : 열 번 찍어 안 넘어가는 나무가 없음
② 회자정리 : 만남이 있으면 헤어짐도 있음
③ 개과천선 : 허물을 고치고 새롭게 됨
④ 오비이락 : 우연한 일치로 남의 의심을 받게 됨
⑤ 동병상련 : 어려운 사람끼리 동정하고 도움

77 ① 일석이조 : 한 가지 일을 하여 두가지 이익을 거둠
② 갈이천정 : 갈급한 사람이 이것저것 찾음
③ 어부지리 : 쌍방이 다투는 틈을 타서 제3자가 애쓰지 않고 가로챈 이득
④ 금의환향 : 출세를 하고 고향에 돌아옴
⑤ 연목구어 : 불가능한 일을 하려고 함

78 ① 백년하청 : 아무리 시간을 들여도 나아지는 기미가 없음
② 군계일학 : 평범한 사람 가운데의 뛰어난 사람을 이름
③ 난형난제 : 인물이나 사물의 우열을 가리기 어려움
④ 낭중지추 : 마음속에 뭔가를 숨기며 기회를 엿봄
⑤ 남가일몽 : 덧없는 꿈

79 ① 외유내강 : 겉으로는 부드러우나 속으로는 강함
② 탁상공론 : 실제적인 해결책 없이 책상에 앉아 의논만 함
③ 맥수지탄 : 나라의 멸망을 한탄함
④ 모순지설 : 말의 앞뒤가 맞지 않는 것
⑤ 목불식정 : 낫 놓고 기역자도 모름

80 ① 반포지효 : 자식이 부모가 길러 준 은혜를 갚는 효성
② 금상첨화 : 비단 위의 꽃이 얹어진 것처럼 좋은 일이 더해짐
③ 소탐대실 : 작은 이익에 욕심을 내어 큰 이익을 놓침
④ 수구초심 : 고향이나 근본을 잊지 않음
⑤ 허장성세 : 겉으로는 있어 보이나 사실 아무것도 없음

3 독해(讀解)

81 ① 법 규, 법 정 ② 재앙 재, 해칠 해 ③ 밟을 답, 조사할 사 ④ 대할 대, 말씀 화 ⑤ 위태로울 위, 험할 험

82 ① 가질 치, 욕될 욕 ② 부드러울 유, 연할 연 ③ 근원 원, 인할 인 ④ 깨뜨릴 파, 무너질 괴 ⑤ 부지런할 근, 힘쓸 면

83 ① 나타날 현, 열매 실 ② 나눌 할, 마땅 당 ③ 질 부, 멜 담 ④ 흥할 흥, 떨칠 분 ⑤ 쌀 포, 머금을 함

84 ① 쌓을 저, 쌓을 축 ② 바꿀 무, 바꿀 이 ③ 일컬을 칭, 기릴 찬 ④ 남을 여, 넉넉할 유 ⑤ 맺을 약, 묶을 속

85 ① 닦을 수, 꾸밀 식 ② 재주 기, 공교할 교 ③ 정사 정, 다스릴 치 ④ 벗을 탈, 다할 진 ⑤ 간여할 참, 비출 조

86 ① 멀 유, 오랠 구 ② 긴할 긴, 요긴할 요 ③ 짐승 금, 짐승 수 ④ 납 연, 붓 필 ⑤ 사라질 소, 쓸 비

87 ④ 나타날 저, 펼 술

88 ④ 막을 저, 막을 항

89 ⑤ 항상 항, 항상 상

90 ③ 도울 부, 기를 양

91 ② 흐를 격, 힘쓸 려

92 ② 익을 숙, 잠잘 면

93 ① 쇠할 쇠↔성할 성 ② 바다 해 ③ 둥글 원 ④ 아닐 비 ⑤ 살 매

94 ① 쾌할 쾌 ② 새 조 ③ 뒤 후 ④ 더할 익↔덜 손 ⑤ 뜰 정

95 ① 등 배 ② 어두울 암↔밝을 명 ③ 셈 산 ④ 어제 작 ⑤ 무리 중

96 ① 今年(금년) ② 有別(유별) ③ 暴雪(폭설) ④ 입을 피, 해할 해 ⑤ 地域(지역)

97 ① 농사 농, 마을 촌 ② 歸農(귀농) ③ 人口(인구) ④ 活力(활력) ⑤ 部分(부분)

98 ① 한가할 한, 겨를 가 ② 牧場(목장) ③ 風景(풍경) ④ 追憶(추억) ⑤ 想起(상기)

99 ② 맺을 결, 열매 과 ↔ 근원 원, 인할 인

100 ③ 참을 인, 견딜 내 ↔ 조급할 조, 급할 급

101 ⑤ 클 거, 사람 인 ↔ 작을 소, 사람 인

102 ① 잠시 잠, 사이 간 ② 참을 인, 견딜 내 ③ 없을 막, 그러할 연 ④ 거스를 역, 다닐 행 ↔ 따를 순, 다닐 행 ⑤ 떠날 리(이), 흩을 산

103 ① 검을 흑, 빛 색 ↔ 흰 백, 빛 색 ② 잠잠할 잠, 있을 재 ③ 지혜 지, 슬기로울 혜 ④ 닫을 폐, 익힐 습 ⑤ 찾을 탐, 찾을 색

104 ① 우아할 아, 풍류 악 ② 어릴 유, 어릴 치 ③ 아래 하, 다닐 행 ↔ 위 상, 다닐 행 ④ 숨길 은, 빽빽할 밀 ⑤ 찍을 인, 인쇄할 쇄

105 ③ 입 구, 열매 실

106 ④ 성품 성, 격식 격 – 배울 학, 익힐 습

107 ① 理解(이해) ② 씨 핵, 마음 심 ③ 體系(체계) ④ 基本(기본) ⑤ 創意(창의)

108 ⑤ 이로울 리(이), 몸 기 – 탐낼 탐, 욕심 욕

109 가질 지, 이을 속 : ① 依支(의지할 의, 지탱할 지) ② 維持(유지) ③ 支持(지지) ④ 持分(지분) ⑤ 堅持(견지)

110 생각 상, 모양 상 : ① 大賞(큰 대, 상줄 상) ② 豫想(예상) ③ 發想(발상) ④ 思想(사상) ⑤ 構想(구상)

111 ① 섞일 혼, 들 입

112 ① 存在(존재) ② 價値(가치) ③ 發展(발전) ④ 밀칠 배, 물리칠 척 ⑤ 分析(분석)

113 ⑤ 일 사, 법식 례

114 ② 모을 종, 합할 합

115 觀察(볼 관, 살필 찰) : ① 보일 시 ② 등질 발 ③ 갓 면 ④ 집 엄 ⑤ 삐침 별

116 ② 틀 기, 능할 능

117 ① 學文(학문) ② 順應(순응) ③ 모일 사, 모일 회 ④ 發見(발견) ⑤ 實利(실리)

118 ⑤ 근본 본, 사람 인

119 ④ 뜻 정, 알릴 보 - 생각할 념(염), 생각할 려

120 ① 지금 현, 열매 실 - 응할 응, 도울 원
 ② 새벽 효, 별 성 - 희박할 희, 엷을 박
 ③ 뿌릴 파, 씨 종 - 빌 축, 하례할 하
 ④ 만날 봉, 욕될 욕 - 욀 송, 읊을 영
 ⑤ 힘쓸 면, 힘쓸 려 - 푸를 벽, 시내 계

10 정답 및 해설

1.⑤	2.③	3.②	4.④	5.⑤	6.①	7.②	8.③	9.④	10.⑤
11.①	12.②	13.④	14.③	15.⑤	16.③	17.①	18.②	19.②	20.③
21.④	22.⑤	23.②	24.①	25.①	26.⑤	27.⑤	28.②	29.③	30.④
31.④	32.②	33.①	34.⑤	35.③	36.②	37.①	38.④	39.⑤	40.③
41.③	42.⑤	43.①	44.④	45.②	46.③	47.②	48.②	49.④	50.⑤
51.①	52.③	53.①	54.②	55.④	56.②	57.①	58.⑤	59.③	60.①
61.②	62.④	63.③	64.⑤	65.①	66.⑤	67.①	68.④	69.②	70.⑤
71.④	72.③	73.⑤	74.②	75.③	76.④	77.③	78.⑤	79.②	80.①
81.⑤	82.④	83.②	84.①	85.④	86.①	87.③	88.⑤	89.①	90.④
91.③	92.②	93.②	94.⑤	95.③	96.⑤	97.③	98.②	99.③	100.④
101.①	102.⑤	103.②	104.④	105.④	106.⑤	107.③	108.①	109.②	110.②
111.②	112.⑤	113.①	114.③	115.④	116.③	117.④	118.①	119.⑤	120.②

1 한자(漢字)

1 ① 백성 민 ② 겨레 족 ③ 복 복 ④ 소리 음 ⑤ 굳을 고

2 ① 보배로울 보 ② 피 혈 ③ 따를 순 ④ 가장 최 ⑤ 높을 고

3 ② 읽을 독(부수 : 言)

4 ④ 감독할 독(부수 : 目)

5 재 회(火) : ① 연기 연 ② 그릴 연 ③ 재앙 재 ④ 비출 조 ⑤ 말씀 담(言)

6 꺾을 절(手(扌)) : ① 홀로 독(犬(犭)) ② 잡을 구 ③ 막을 거 ④ 막을 항 ⑤ 근거 거

7 노래 가 : ① 무리 류 ② 거리 가(形聲文字(형성문자)) ③ 기를 육 ④ 맏 윤 ⑤ 성씨 윤

8 새길 각 : ① 마땅 의 ② 의심할 의 ③ 물리칠 각(形聲文字(형성문자)) ④ 옳을 의 ⑤ 이로울 리

9 ④ 제비 연

10 ⑤ 남을 잔

11 ⑤ 힘쓸 무

12 ① 샘 천

13 ④ 갈 왕

14 ③ 항상 상

15 ① 더울 서 ② 펼 서 ③ 맹세 서 ④ 용서할 서 ⑤ 찢을 렬

16 ① 행할 행 ② 다행 행 ③ 하례할 하 ④ 살구 행 ⑤ 성낼 행

17 ① 잘 숙 ② 서녘 서 ③ 글 서 ④ 천천히 서 ⑤ 차례 서

18 ① 길 도 ② 도울 원 ③ 정도 도 ④ 도읍 도 ⑤ 인도할 도

19 ① 창성할 창 ② 칠 목 ③ 비롯할 창 ④ 창 창 ⑤ 곳집 창

20 꽃부리 영 : ① 길 영 ② 경영할 영 ③ 옛 구 ④ 거느릴 령(영) ⑤ 편안할 녕(영)

21 성할 성 : ① 성품 성 ② 재 성 ③ 성스러울 성 ④ 가 변 ⑤ 소리 성

22 옮길 운 : ① 구름 운 ② 음운 운 ③ 이를 운 ④ 떨어질 운 ⑤ 끊을 단

23 아들 자 : ① 스스로 자 ② 될 화 ③ 사람 자 ④ 재물 자 ⑤ 글자 자

24 과목 과 : ① 땅 지 ② 모을 종 ③ 쇠북 종 ④ 마칠 종 ⑤ 마루 종

25 ① 굽힐 굴

26 ⑤ 정성 성

27 ⑤ 위엄 위

28 ② 슬플 비

29 ③ 떨칠 진

30 ④ 쪼갤 석

31 ① 멜 하 ② 짝 필 ③ 엮을 편 ④ 울 곡 ⑤ 돌아볼 고

32 ① 두려울 구 ② 아침 단 ③ 칠 박 ④ 작을 미 ⑤ 쇠할 쇠

33 ① 밝을 소 ② 위로할 위 ③ 씻을 탁 ④ 빼앗을 탈 ⑤ 갖출 해

34 ① 거짓 가 ② 볼 간 ③ 이지러질 결 ④ 끝 단 ⑤ 번역할 역

35 ① 떠날 리 ② 춤출 무 ③ 뿌리 주 ④ 숨길 비 ⑤ 본디 소

36 이을 련(연) : ① 쉴 식 ② 맬 계 ③ 지경 역 ④ 이마 액 ⑤ 근원 원

37 미울 증 : ① 증오할 오 ② 재물 자 ③ 섞일 잡 ④ 임금 제 ⑤ 직분 직

38 생각 사 : ① 칠 토 ② 굳을 확 ③ 재물 화 ④ 생각 상 ⑤ 바랄 희

39 짤 조 : ① 화할 협 ② 물결 파 ③ 모습 태 ④ 비롯할 창 ⑤ 짤 직

40 밟을 리(이) : ① 쌓을 적 ② 젖 유 ③ 지날 력(역) ④ 거스릴 역 ⑤ 베풀 설

2 어휘(語彙)

41 물을 문, 제목 제 : ① 세 조, 세금 세 ② 주릴 기, 주릴 아 ③ 글월 문, 제목 제 ④ 가질 휴, 찰 대 ⑤ 더딜 지, 새길 각

42 사사로울 사, 쓸 용 : ① 빠질 함, 빠질 몰 ② 쓸 수, 요긴할 요 ③ 격할 격, 힘쓸 려 ④ 벼루 연, 물방울 적 ⑤ 하여금 사, 쓸 용

43 받을 봉, 섬길 사 : ① 받들 봉, 일 사 ② 바칠 공, 드릴 헌 ③ 넓을 보, 두루 편 ④ 몰 구, 쫓을 추 ⑤ 병 증, 모양 상

44 신령 령(영), 빛 광 : ① 화할 화, 화목할 목 ② 갈 마, 멸할 멸 ③ 부드러울 유, 부드러울 연 ④ 빛날 영, 빛 광 ⑤ 칠 정, 칠 벌

45 의원 의, 스승 사 : ① 씨뿌릴 파, 씨 종 ② 옳을 의, 선비 사 ③ 천거할 천, 들 거 ④ 꾈 모, 꾀 책 ⑤ 낮을 비, 천할 천

46 ① 변할 변, 고칠 경 ② 고칠 경, 번갈아들일 질 ③ 다시 갱, 날 생 ④ 고칠 경, 새로울 신 ⑤ 고칠 경, 베풀 장

47 ① 살필 성, 도울 도 ② 생략할 략(약), 덜 생 ③ 돌아갈 귀, 살필 성 ④ 사나울 맹, 살필 성 ⑤ 별 신, 살필 성

48 장관, 성장, 총장 : ① 가질 취 ② 길 장 ③ 버릴 사 ④ 부딪칠 충 ⑤ 칠 격

49 증가, 추가, 참가 : ① 잡을 구 ② 묶을 속 ③ 아뢸 소 ④ 더할 가 ⑤ 송사할 송

50 방송, 운송, 수송 : ① 혼인 혼 ② 쓸 수 ③ 없을 막 ④ 그러할 연 ⑤ 보낼 송

51 감상, 현상, 수상 : ① 상줄 상 ② 많을 여 ③ 바랄 망 ④ 구름 운 ⑤ 안개 무

52 이익, 국익, 수익 : ① 만날 봉 ② 욕될 욕 ③ 더할 익 ④ 펼 신 ⑤ 베풀 장

53 직접, 솔직, 정직 : ① 곧을 직 ② 어리석을 우 ③ 물을 문 ④ 누를 진 ⑤ 누를 압

54 진정, 안정, 정숙 : ① 깨끗할 정 ② 고요할 정 ③ 될 화 ④ 넓힐 확 ⑤ 흩을 산

55 추락, 하락, 누락 : ① 속일 사 ② 속일 기 ③ 짙을 농 ④ 떨어질 락 ⑤ 묽을 담

56 안부, 안녕, 안정 : ① 맥 맥 ② 편안할 안 ③ 이을 락 ④ 겨레 족 ⑤ 족보 보

57 전선, 전투, 전율 : ① 꾸밀 장 ② 꾸밀 식 ③ 싸울 전 ④ 찾을 심 ⑤ 찾을 방

58 가까울 근, 들 야 : ① 날카로울 예, 민첩할 민 ② 흥할 흥, 높을 륭 ③ 본뜰 모, 본뜰 방 ④ 어리석을 우, 둔할 둔 ⑤ 멀 원, 들 야

59 다스릴 리(이), 성품 성 : ① 깎을 삭, 덜 감 ② 자주 빈, 빈번할 번 ③ 느낄 감, 성품 성 ④ 펼 진, 썩을 부 ⑤ 만날 봉, 욕될 욕

60 바탕 질, 의심할 의 : ① 응할 응, 답할 답 ② 마땅 의, 마땅 당 ③ 잠잠할 묵, 그림 화 ④ 쌓을 적, 실을 재 ⑤ 배부를 포, 찰 만

61 거둘 수, 들 입 : ① 넘칠 람(남), 칠 벌 ② 지탱할 지, 나갈 출 ③ 새벽 효, 별 성 ④ 벗을 탈, 돌아올 환 ⑤ 주릴 기, 주릴 아

62 평평할 평, 화할 화 : ① 아낄 석, 패할 패 ② 간절할 간, 말씀 담 ③ 청렴할 렴(염), 깨끗할 결 ④ 싸움 전, 다툴 쟁 ⑤ 잡을 포, 잡을 착

63 쓸 수, 요긴할 요 : ① 오히려 유, 미리 예 ② 천거할 천, 들 거 ③ 이바지할 공, 줄 급 ④ 맑을 아, 맑을 담 ⑤ 씻을 세, 씻을 탁

64 넓힐 확, 큰 대 : ① 쫓을 추, 사슴 록 ② 속일 기, 그물 망 ③ 땀 한, 찔 증 ④ 겸손할 겸, 빌 허 ⑤ 줄일 축, 작을 소

65 들 입, 입 구 : ① 나갈 출, 입 구 ② 놀 유, 희롱할 희 ③ 지을 작, 집 가 ④ 우레 뢰(뇌), 소리 성 ⑤ 힘쓸 면, 힘쓸 려

66 백발백중 : 하는 일마다 실패 없이 잘 됨
① 일컫을 칭 ② 기릴 찬 ③ 모래 사 ④ 사막 막 ⑤ 무리 중

67 살신성인 : 자기를 희생하여 착한 일을 함
① 몸 신 ② 범죄 범 ③ 허물 죄 ④ 빌 축 ⑤ 하례할 하

68 마이동풍 : 남이 말하는 것을 귀담아 듣지 않고 지나쳐 흘려버림
① 간절할 간 ② 끊을 절 ③ 숨을 은 ④ 귀 이 ⑤ 빽빽할 밀

69 속수무책 : 어쩔 도리가 없어 꼼짝 못함
① 쌓을 축 ② 손 수 ③ 대 대 ④ 감독할 독 ⑤ 재촉할 촉

70 자업자득 : 자기가 해 놓은 일로 자기가 돌려 받음
① 있을 유 ② 미혹할 혹 ③ 이을 유 ④ 가질 지 ⑤ 일 업

71 ④ 숨을 은, 참을 인, 스스로 자, 무거울 중

72 ② 술 주, 못 지, 고기 육, 수풀 림

73 ⑤ 하늘 천, 모 방, 땅 지, 굴대 축

74 ② 하늘 천, 옷 의, 없을 무, 꿰맬 봉

75 ③ 대나무 죽, 말 마, 연고 고, 벗 우

76 ① 혼전신성 : 아침, 저녁으로 부모의 안부를 물어 살피는 효도
    ② 회자인구 : 은혜의 고마움이 뼈에 사무쳐 잊혀지지 아니함
    ③ 회자정리 : 만나면 언젠가는 헤어지게 됨
    ④ 파죽지세 : 거침없는 기세
    ⑤ 후생가외 : 후배가 선배보다 더 나아 나중에 두려운 존재가 될 수 있음

77 ① 백절불굴 : 실패를 거듭해도 뜻을 꺾지 않음
    ② 가가호호 : 집집마다
    ③ 표리부동 : 겉과 속이 다름
    ④ 사면초가 : 고립 상태에 빠지게 됨
    ⑤ 화사첨족 : 쓸데없는 일을 하다가 도리어 실패함

78 ① 사필귀정 : 무슨 일이든지 결국 바르게 처리됨
    ② 선견지명 : 앞의 일을 예측하며 나아감
    ③ 상전벽해 : 세상일의 변천이 심함
    ④ 수불석권 : 손에서 책을 놓지 않음
    ⑤ 풍수지탄 : 부모가 이미 세상을 떠나 효도를 할 수 없음

79 ① 수어지교 : 고기와 물처럼 친한 사이
    ② 하석상대 : 임시변통으로 이리저리 둘러맞춤
    ③ 수주대토 : 시류에 따른 융변의 조처를 못함
    ④ 막무가내 : 도무지 어찌할 수 없음
    ⑤ 후안무치 : 부끄러움과 뻔뻔함을 모름

80 ① 학수고대 : 몹시 기다림
    ② 개선광정 : 좋도록 고치고 바로 잡음
    ③ 감지덕지 : 대단히 고맙게 여김
    ④ 감탄고토 : 비위에 맞으면 좋아하고 싫으면 내어버림
    ⑤ 갑남을녀 : 평범한 사람들

3 독해(讀解)

81 ① 이지러질 결, 자리 석 ② 갑자기 돌, 깨뜨릴 파 ③ 쌓을 저, 쌓을 축 ④ 경계할 경, 살필 찰 ⑤ 사랑 애, 나라 국

82 ① 보일 시, 들을 청 ② 끓을 재, 끓을 단 ③ 본뜰 모, 법 범 ④ 대신할 대, 겉 표 ⑤ 섬돌 계, 층계 단

83 ① 과장할 과, 베풀 장 ② 마칠 졸, 일 업 ③ 다시 부, 살 활 ④ 꾸밀 장, 꾸밀 식 ⑤ 매달 현, 상줄 상

84 ① 농사 농, 마을 촌 ② 남을 여, 넉넉할 유 ③ 섞일 잡, 기록할 지 ④ 가릴 선, 선택할 택 ⑤ 준할 준, 갖출 비

85 ① 패할 패, 달아날 배 ② 더울 열, 바랄 망 ③ 물러날 퇴, 시내 계 ④ 등 배, 경치 경 ⑤ 다룰 조, 자유로울 종

86 ① 홀로 독, 섬 도 ② 미리 예, 헤아릴 측 ③ 찍을 인, 인쇄할 쇄 ④ 사나울 맹, 짐승 수 ⑤ 어두울 암, 검을 흑

87 ⑤ 굳셀 건, 편안할 강

88 ⑤ 반드시 필, 요긴할 요

89 ① 가르칠 교, 스승 사

90 ④ 공손할 공, 겸손할 손

91 ③ 씨 종, 눈 목

92 ③ 힘쓸 노, 힘 력

93 ① 재주 기, 재주 술 ② 아닐 부, 정할 정↔즐길 긍, 정할 정 ③ 때 시, 급할 급 ④ 하여금 사, 목숨 명 ⑤ 세대 세, 버릇 기

94 ① 사무칠 투, 볼 시 ② 응할 응, 쓸 용 ③ 이름 명, 기를 예 ④ 지탱할 지, 도울 원 ⑤ 아닐 미, 결단할 결↔이미 기, 결단할 결

95 ① 부를 소, 목숨 명 ② 구를 전, 틀 기 ③ 평평할 평, 무릇 범↔특이할 기, 뽑을 발 ④ 나아갈 취, 일 업 ⑤ 오로지 전, 칠 공

정답 및 해설 ◆ 493

96 ① 韓國(한국) ② 世界(세계) ③ 經濟(경제) ④ 均衡(균형) ⑤ 바칠 공, 드릴 헌

97 ① 財政(재정) ② 법 규, 본뜰 모 ③ 每年(매년) ④ 增加(증가) ⑤ 趨勢(추세)

98 ① 企業(기업) ② 대할 대, 밖 외 ③ 輸出(수출) ④ 貿易(무역) ⑤ 寄與(기여)

99 ③ 입을 피, 해할 해↔더할 가, 해할 해

100 ④ 다스릴 리(이), 성품 성↔느낄 감, 성품 성

101 ① 닫을 폐, 쇠사슬 쇄↔열 개, 놓을 방

102 ① 뽑을 발, 무리 군 ② 외로울 고, 고요할 적 ③ 줄 부, 부탁할 탁 ④ 조 속, 쌀 미 ⑤ 짝 우, 셈 수↔기특할 기, 셈 수

103 ① 헐 훼, 덜 손 ② 배부를 포, 먹을 식↔주릴 기, 주릴 아 ③ 보리 맥, 싹 아 ④ 뾰족할 첨, 끝 단 ⑤ 넓을 광, 넓을 막

104 ① 맛볼 상, 맛 미 ② 부끄러울 참, 부끄러울 괴 ③ 구멍 혈, 살 거 ④ 더러울 오, 물들 염↔맑을 청, 깨끗할 결 ⑤ 뉘우칠 회, 고칠 개

105 ④ 밑 저, 힘 력

106 ⑤ 둥글 단, 합할 합 - 아닐 불, 상황 황

107 ① 援助(원조) ② 支援(지원) ③ 나라 국, 집 가 ④ 由來(유래) ⑤ 自負(자부)

108 ① 느낄 감, 사례할 사 - 군셀 건, 편안할 강

109 볼 시, 들 야 : ① 無視(무시) ② 場市(마당 장, 저자 시) ③ 監視(감시) ④ 視覺(시각) ⑤ 重視(중시)

110 사람 인, 날 생 : ① 個人(개인) ② 忍耐(참을 인, 견딜 내) ③ 人物(인물) ④ 人事(인사) ⑤ 人權(인권)

111 ② 공경할 경, 공경할 건

112　① 純粹(순수) ② 恩寵(은총) ③ 昇華(승화) ④ 禮讚(예찬) ⑤ 백성 민, 겨레 족

113　① 안 내, 낯 면

114　③ 외로울 고, 홀로 독

115　本質(근본 본, 바탕 질) : ① 하나 일 ② 눈 목 ③ 사람 인 ④ 조개 패 ⑤ 물 수

116　③ 홀로 독, 아들 자

117　① 停車(정거) ② 病院(병원) ③ 退院(퇴원) ④ 돌아갈 귀, 고향 향 ⑤ 爆發(폭발)

118　① 돌아올 회, 생각할 상

119　⑤ 탈 초, 마를 조 – 분할 분, 성낼 노

120　① 의지할 의, 의뢰할 뢰 – 얼굴 안, 빛 색
　　② 아비 부, 뜻 정 – 위로할 위, 일할 로
　　③ 도울 원, 도울 조 – 볼 관, 살필 찰
　　④ 정묘할 미, 묘할 묘 – 가리킬 지, 휘두를 휘
　　⑤ 번성할 번, 영화로울 영 – 아름다울 미, 모양 모

공무원시험/자격시험/독학사/검정고시/취업대비 동영상강좌 전문 사이트

공무원
- 9급 공무원
- 관리운영직 일반직 전환
- 서울시 기능직 일반직 전환
- 사회복지직 공무원
- 각 시·도 기능직 일반직 전환
- 우정사업본부 계리직
- 교육청 기능직 일반직 전환
- 서울시 기술계고 경력경쟁

기술직 공무원
- 물리
- 화학
- 생물
- 기술계 고졸자 물리/화학/생물

경찰·소방공무원
- 소방특채 생활영어
- 소방학개론

군 장교, 부사관
- 육군부사관
- 공군 학사사관후보생
- 공군부사관
- 공군 조종장학생
- 해군부사관
- 공군 예비장교후보생
- 부사관 국사(근현대사)
- 공군 국사 및 핵심가치

NCS, 공기업, 기업체
- 공기업 NCS
- 국민건강보험공단
- 공기업 고졸 NCS
- 국민연금공단
- 코레일(한국철도공사)
- LH한국토지주택공사
- 한국수력원자력
- 한국전력공사

자격증
- 임상심리사 2급
- 국어능력인증시험
- 텔레마케팅관리사
- 신변보호사
- 건강운동관리사
- 청소년상담사 3급
- 사회복지사 1급
- 전산회계
- 사회조사분석사
- 관광통역안내사
- 경비지도사
- 전산세무
- 한국사능력검정시험
- 국내여행안내사
- 경호관리사

무료강의
- 국민건강보험공단
- 사회복지직 기출문제
- 한국사능력검정시험 백발백중 실전 연습문제
- 사회조사분석사 기출문제
- 농협 인적성검사
- 독학사 1단계
- 지역농협 6급
- 한국사능력검정시험 실전 모의고사
- 대입수시적성검사
- 기업체 취업 적성검사

서원각 www.goseowon.co.kr
QR코드를 찍으면 동영상강의 홈페이지로 들어가실 수 있습니다.